大语文整本书阅读解读手册

趣问红楼梦

罗王军 著

ZHEJIANG UNIVERSITY PRESS
浙江大学出版社
·杭州·

图书在版编目（CIP）数据

大语文整本书阅读解读手册. 趣问红楼梦 ／ 罗王军
著. — 杭州 ：浙江大学出版社，2023.8
ISBN 978-7-308-21949-5

Ⅰ.①大… Ⅱ.①罗… Ⅲ.①阅读课－高中－教学参
考资料 Ⅳ.①G634.333

中国国家版本馆 CIP 数据核字（2023）第 057315 号

大语文整本书阅读解读手册　趣问红楼梦

DAYUWEN ZHENGBENSHU YUEDU JIEDU SHOUCE　QUWEN HONGLOUMENG

罗王军　著

策划编辑	戴　田
责任编辑	戴　田
文字编辑	胡宏娇
责任校对	汪　潇
封面设计	刘依群
出版发行	浙江大学出版社
	（杭州市天目山路 148 号　邮政编码 310007）
	（网址：http://www.zjupress.com）
排　　版	杭州星云光电图文制作有限公司
印　　刷	杭州宏雅印刷有限公司
开　　本	787mm×1092mm　1/16
印　　张	24.5
插　　页	8
字　　数	388 千
版 印 次	2023 年 8 月第 1 版　2023 年 8 月第 1 次印刷
书　　号	ISBN 978-7-308-21949-5
定　　价	96.00 元

序

罗王军老师喜欢读《红楼梦》，也很喜欢提问题。两者一结合，于是就有了《大语文整本书阅读解读手册——趣问红楼梦》这本书。

所谓"趣问"，就是依据《红楼梦》文本，从第一回到第一百二十回，依据回目提出尽量有趣的问题。每个回目一般有四到五个问题，其中"值得一问"部分既有回答又有解析，回答简练规范，解析生动有趣，颇有见地；"考点"部分则仅是提出问题，拟出参考答案，言简意赅，点到即止。所以，这本书不仅仅有"趣问"，还有"妙答"。

其实，自浙江省推行新课程以来，关于"《红楼梦》整本书阅读"的书多不胜数。相较而言，罗王军老师这本书的最大特色就是通俗好读！

首先，这本书很适合中学生读。因为，它既紧紧围绕着《红楼梦》文本内容，徐徐展开，又贴近中学生阅读《红楼梦》的真实学情。比如，《红楼梦》一回中涉及的情节有时候较复杂，罗老师的书里开头即设"情节概要"模块，用简明扼要的语言概括出相应回目的情节内容。同学们读文本之前看情节概要，则提纲挈领、心中有数；读文本之后看情节概要，则归纳总结、深刻印象。再比如，《红楼梦》每回里都有几处潜藏的匠心妙笔，罗老师的书里就用"值得一问"的方式，将问题摆出，再分要点一一解答。而这些问题往往是同学们很感兴趣的问题，也是涉及《红楼梦》文本理解重难点的问题。同学们如果以功利考试的角度看"值得一问"，则关注回答的要点和思路，感受其逻辑之清晰、语言之精练；以欣赏审美的角度看"值得一问"，则关注其分析的内容和层次，品味其角度之新颖、语言之幽默。再比如，整本书阅读《红楼梦》最终涉及考试评价，罗老师的书里则有"考点"模块，设置问题，再拟出参考答案。同学们可以将之作为《红楼梦》阅读之后的作业，训练思维，巩固知识。

其次，这本书很适合中学语文老师读。因为这本书围绕着《红楼梦》提出了几百个问题(当然,关于《红楼梦》的问题绝不止这些),它的最大价值就是给语文老师们提供一些《红楼梦》的教学思路,老师们既可以采用书中已有的问题展开课堂讨论,也可以借助书中的问题衍生出新的问题,从而引发进一步思考。

当然,这本书也很适合想看《红楼梦》却深感畏惧的普通读者读。我觉得,我们普通人更应该把《红楼梦》当作小说读,而不是将之当作学术研究的对象读。罗老师的这本书就牢牢抓住小说阅读的特点,将《红楼梦》置于一个你我都感兴趣,都轻松愉悦的阅读语境中,用一个又一个有趣的问题,不知不觉间将我们引入小说情境的妙处。既得其趣,亦解其味!

最后,也衷心祝愿罗王军老师在此后的语文教学中,继续得其趣,不断解其味。

肖培东

自　序

我们都有一颗"八卦"的心。

所以，我原本很想给这本书取"八卦红楼梦"的名字，但是被一众老师无情地否定了，否定的理由无一例外，那就是"俗"。没有办法，我只好在自序里保留这一说法并解释一番了。

其实，《红楼梦》本身就是一部世俗人情小说，鲁迅先生在他的《中国小说史略》中就把《红楼梦》定义为"人情小说"，而我认为《红楼梦》里的人情，首先就是我们世俗的人情。几百年来，世俗的人情没有变。所以，《红楼梦》里的人情之悲，我们依然能深切地感受到；《红楼梦》里的人情之乐，我们也依然能真切地感受到。然而，《红楼梦》里的人情绝不止于世俗的人情，它的"雅"正是基于"俗"的。所谓未知其俗，焉得其雅？我们原本就是世俗之人，我们唯有深入《红楼梦》中的世俗人情，才有可能品味出其中的高情雅致。

然而不得不承认的是，《红楼梦》真的不好读。

借用周汝昌先生的话，那就是《红楼梦》不好读有三个主要原因：第一，思想内容与众不同，有着千人千面的说法；第二，它的笔法艺术独具特色；第三，它是一个未完的作品，后四十回散轶了。因为我是中学教师，我更了解中学生，中学生觉得《红楼梦》难读，除了上述原因之外，他们还觉得《红楼梦》里的情节太平淡，《红楼梦》里的人物太多，《红楼梦》里的人物关系太复杂，《红楼梦》里的诗词歌赋太难懂，《红楼梦》里的生活方式太遥远……像我，要不是小时候家里太穷买不起电视，估计也不会读《红楼梦》。现在想来，真心感谢当时买不起电视！回忆阅读《红楼梦》的感受，直到今天还能记得《红楼梦》里的食物，真香！《红楼梦》里的聚会，真热闹！

所以，《红楼梦》真的很好读，哪怕只是读到里面的"食物"和"聚会"。

后来随着文化水平的增长，我读《红楼梦》就不仅仅是读里面的吃和玩儿了。以前跳着看的诗词也逐渐能读懂了，觉得写得好的诗词篇目甚至熟而能诵。以前读不懂的情节和人心也逐渐能懂了，就像开始觉得林黛玉在贾府里锦衣玉食的，有什么"风刀霜剑严相逼"的呢？后来明白黛玉的煎熬是心灵的煎熬，更艰难，也更悲苦。再后来就当了高中的语文老师，又有了整本书阅读《红楼梦》的教学任务，而我在《红楼梦》教学的时候才惊奇地发现，我所带的两个班级竟然没有一位同学读过《红楼梦》。仔细一想也好懂，现在的学生阅读《红楼梦》的难度，比我们当年只有更甚！他们什么娱乐没见识过？电光声色、玄幻修仙、网游桌游，只有你想不到的，没有他们不知道的。《红楼梦》那么厚，情节的起伏又潜藏在平波之下，说实话，他们压根儿没有兴趣，也没有耐心读。

但是，像我这样贴心的语文老师，怎么会不想办法帮助学生读《红楼梦》呢？早在"整本书阅读"出来前，我就开始以"问题"的形式，来激发学生阅读《红楼梦》的兴趣了。虽然，零零碎碎不够系统，但是我惊喜地发现，每一届学生都非常喜欢我提出的问题，因为我提出的问题常常就是他们想问的，或者是他们很想知道答案却不知道如何提问的，或者是问题呈现出来他们才发现很感兴趣，但平常阅读却从来没有想过的。因为我提出的这些问题，他们喜欢听我讲《红楼梦》，也喜欢上了阅读《红楼梦》，更喜欢和我讨论《红楼梦》。《红楼梦》进入了必修上册的第四单元后，我系统整理了之前课堂上提出的《红楼梦》里的问题，以一百二十回《红楼梦》回目为纲，一个回目一篇讲义，既照顾学生感兴趣的问题，又顾及文本的核心内容。每篇都由"情节概要""值得一问""考点""学习笔记"四部分构成。自己讲得开心，也想给其他语文教师讲《红楼梦》提供一个参照，促发老师们提出新的问题，起到一个抛砖引玉的作用；而让学生带着感兴趣的问题去读，去思考，起码能让同学们读得开心，方向明确。基于此，这本书中涉及的五百来个关于《红楼梦》的问题，都是我在课堂上实践过的，在考试检测方面起到的作用也很好。

毕竟，我们读《红楼梦》的初心就是把它当作小说读，不妨暂且用一颗"八卦"的心，围绕着"人物""情节""主旨""细节""心理""语言""神态""环境""衣着打扮"等内容，体会其中的"世俗人情"与"高情雅致"，好不快哉！

《红楼梦》当然可以这样读。

罗王军

捋捋人物和关系

读《红楼梦》，很多人读到里面的人名就先蒙圈儿了，再想到他们之间的关系干脆就直接放弃阅读了。所以，很多人读《红楼梦》都只在前五回打转，而读完五回的基本就能读完整本《红楼梦》了。那么，我来先帮大家打破只能读到前五回的怪圈儿。

小孩儿坐的摇摇车上面经常会唱"爸爸的爸爸叫爷爷，爸爸的妈妈叫奶奶，妈妈的姐妹叫阿姨"，搞不清楚这些关系不怪你，怪你没坐过摇摇车！

言归正传，我自己看贾府关系图就犯晕，所以用文字为大家表述。

贾府宁国府第一代是贾演，贾演生贾代化，贾代化生贾敬（爱好炼丹），贾敬生贾珍和贾惜春（兄妹二人年龄差距很大），贾珍生贾蓉。尤氏是贾珍的继室，无后。尤氏有一个继母，尤老娘；尤氏还有两个妹妹，尤二姐、尤三姐。尤二姐和尤三姐都是尤老娘和前夫的孩子，尤氏和此三人都无血缘关系。贾蓉娶了秦可卿，没来得及生孩子，秦可卿就病死了。

贾府荣国府第一代是贾源，贾源生贾代善，贾代善和贾母（史氏）结婚生贾赦、贾政和贾敏。贾赦生贾琏、贾迎春，邢夫人是贾赦的继室，无后。贾政和王夫人结婚生贾珠、贾元春和贾宝玉，贾政和赵姨娘生了贾探春和贾环。贾敏嫁给林如海生了林黛玉。贾珠娶了李纨生了贾兰，不久病逝。贾琏娶了王熙凤生了巧姐。

贾蔷是宁国府的正派玄孙，贾芹、贾芸都是贾府的旁支，有点儿落魄。

其实也不用觉得烦，贾府的第一代名字里带三点水；第二代是"代"字辈；第三代名字里都带反文旁；第四代名字里一般带王字旁（斜玉旁）；第五代名字里一般带草字头，贾兰的兰的繁体有草字头，而且"兰"就是草。简单吧！

史家最重要的人是贾母和史湘云，史湘云的父母（很早去世，不知姓名）叫贾母姑姑，史湘云叫贾母姑奶奶。

1

王家重要的人物有王子腾,他是王夫人的哥哥;薛姨妈是王夫人的妹妹;王子胜(无能之人)是王子腾的弟弟,王夫人和薛姨妈的兄弟;王熙凤是王夫人的侄女,王熙凤叫王夫人和薛姨妈姑姑;王熙凤还有一个亲哥叫王仁(泼皮无赖)。

薛家重要的人是薛姨妈,嫁给薛某(不知名,开篇已死)生了薛蟠和薛宝钗。薛蝌、薛宝琴是薛宝钗叔叔的子女,是薛蟠和薛宝钗的堂弟和堂妹。

需要说明的是,林黛玉是贾宝玉姑姑贾敏的女儿,他们是姑表关系;薛宝钗是贾宝玉姨妈的女儿,他们是姨表关系。按照古时礼法,姑表比姨表更亲。史湘云的父亲和宝玉的父亲是表兄弟,所以史湘云和贾宝玉是"表表"兄妹。

值得一提的是,宝玉的小厮有李贵、茗烟(焙茗)、锄药、扫红、墨雨、引泉、扫花、伴鹤等。茗烟最受器重,李贵是班头。贾琏的小厮有兴儿、隆儿等,贾珍的小厮有喜儿、寿儿等。

宝玉的四大丫鬟是袭人(原名珍珠,贾母送给宝玉)、晴雯(赖嬷嬷送给贾母,贾母给宝玉)、麝月和秋纹。迎春的丫鬟有司棋、绣橘、莲花儿等,探春的丫鬟有侍书、艾官、翠墨和小蝉等,惜春的丫鬟有入画、彩屏和彩儿等,黛玉的丫鬟有紫鹃、雪雁、藕官等,宝钗的丫鬟有莺儿、文杏、蕊官等,史湘云的丫鬟有翠缕、葵官等,凤姐的丫鬟有平儿、丰儿、小红(从宝玉处要来的)、善姐(折磨尤二姐者)等,李纨的丫鬟有素云等,尤氏的丫鬟有银蝶、炒豆儿、茄官等,王夫人的丫鬟有金钏儿、玉钏儿、彩云、彩霞等,贾母的丫鬟有鸳鸯、琥珀、翡翠、玻璃、傻大姐等。

赖大是荣国府的总管,周瑞是荣国府管家,周瑞家的是王夫人的陪房(随嫁的婢仆),王善保家的是邢夫人的陪房,也是司棋的外婆。赖二(赖升、来升)是宁国府的总管,焦大是宁国府仆人。

带着这两页纸读《红楼梦》,里面的主要人物关系应该基本能搞清了。

目 录

第一回　甄士隐梦幻识通灵　　贾雨村风尘怀闺秀 ………… 1

第二回　贾夫人仙逝扬州城　　冷子兴演说荣国府 ………… 4

第三回　贾雨村夤缘复旧职　　林黛玉抛父进京都 ………… 7

第四回　薄命女偏逢薄命郎　　葫芦僧乱判葫芦案 ………… 10

第五回　游幻境指迷十二钗　　饮仙醪曲演红楼梦 ………… 13

第六回　贾宝玉初试云雨情　　刘姥姥一进荣国府 ………… 16

第七回　送宫花贾琏戏熙凤　　宴宁府宝玉会秦钟 ………… 19

第八回　比通灵金莺微露意　　探宝钗黛玉半含酸 ………… 22

第九回　恋风流情友入家塾　　起嫌疑顽童闹学堂 ………… 25

第十回　金寡妇贪利权受辱　　张太医论病细穷源 ………… 28

第十一回　庆寿辰宁府排家宴　　见熙凤贾瑞起淫心 ………… 31

第十二回　王熙凤毒设相思局　　贾天祥正照风月鉴 ………… 34

第十三回　秦可卿死封龙禁尉　　王熙凤协理宁国府 ………… 37

第十四回　林如海捐馆扬州城　　贾宝玉路谒北静王 ………… 40

第十五回　王凤姐弄权铁槛寺　　秦鲸卿得趣馒头庵 ………… 43

第十六回　贾元春才选凤藻宫　　秦鲸卿夭逝黄泉路 ………… 46

第十七回至十八回　大观园试才题对额　　荣国府归省庆元宵 ………… 49

第十九回　情切切良宵花解语　　意绵绵静日玉生香 ………… 53

第二十回　王熙凤正言弹妒意　　林黛玉俏语谑娇音 ………… 56

第二十一回　贤袭人娇嗔箴宝玉　　俏平儿软语救贾琏 ………… 59

第二十二回　听曲文宝玉悟禅机　　制灯谜贾政悲谶语 ………… 62

第二十三回　西厢记妙词通戏语　　牡丹亭艳曲警芳心 ………… 65

第二十四回　醉金刚轻财尚义侠　　痴女儿遗帕惹相思 ………… 68

第二十五回　魇魔法姊弟逢五鬼　　红楼梦通灵遇双真 ………… 71

第二十六回　蜂腰桥设言传心事　　潇湘馆春困发幽情 ………… 74

第二十七回　滴翠亭杨妃戏彩蝶　埋香冢飞燕泣残红 …………………… 77

第二十八回　蒋玉菡情赠茜香罗　薛宝钗羞笼红麝串 …………………… 80

第二十九回　享福人福深还祷福　痴情女情重愈斟情 …………………… 84

第三十回　宝钗借扇机带双敲　龄官划蔷痴及局外 …………………… 87

第三十一回　撕扇子作千金一笑　因麒麟伏白首双星 …………………… 90

第三十二回　诉肺腑心迷活宝玉　含耻辱情烈死金钏 …………………… 93

第三十三回　手足眈眈小动唇舌　不肖种种大承笞挞 …………………… 96

第三十四回　情中情因情感妹妹　错里错以错劝哥哥 …………………… 99

第三十五回　白玉钏亲尝莲叶羹　黄金莺巧结梅花络 …………………… 102

第三十六回　绣鸳鸯梦兆绛芸轩　识分定情悟梨香院 …………………… 105

第三十七回　秋爽斋偶结海棠社　蘅芜苑夜拟菊花题 …………………… 108

第三十八回　林潇湘魁夺菊花诗　薛蘅芜讽和螃蟹咏 …………………… 111

第三十九回　村姥姥是信口开河　情哥哥偏寻根究底 …………………… 114

第四十回　史太君两宴大观园　金鸳鸯三宣牙牌令 …………………… 117

第四十一回　栊翠庵茶品梅花雪　怡红院劫遇母蝗虫 …………………… 120

第四十二回　蘅芜君兰言解疑癖　潇湘子雅谑补馀香 …………………… 123

第四十三回　闲取乐偶攒金庆寿　不了情暂撮土为香 …………………… 126

第四十四回　变生不测凤姐泼醋　喜出望外平儿理妆 …………………… 129

第四十五回　金兰契互剖金兰语　风雨夕闷制风雨词 …………………… 132

第四十六回　尴尬人难免尴尬事　鸳鸯女誓绝鸳鸯偶 …………………… 135

第四十七回　呆霸王调情遭苦打　冷郎君惧祸走他乡 …………………… 138

第四十八回　滥情人情误思游艺　慕雅女雅集苦吟诗 …………………… 142

第四十九回　琉璃世界白雪红梅　脂粉香娃割腥啖膻 …………………… 146

第五十回　芦雪广争联即景诗　暖香坞雅制春灯谜 …………………… 149

第五十一回　薛小妹新编怀古诗　胡庸医乱用虎狼药 …………………… 153

第五十二回　俏平儿情掩虾须镯　勇晴雯病补雀金裘 …………………… 157

第五十三回　宁国府除夕祭宗祠　荣国府元宵开夜宴 …………………… 160

第五十四回　史太君破陈腐旧套　王熙凤效戏彩斑衣 …………………… 163

第五十五回　辱亲女愚妾争闲气　欺幼主刁奴蓄险心 …………………… 167

第五十六回　敏探春兴利除宿弊　时宝钗小惠全大体 …………………… 171

第五十七回　慧紫鹃情辞试忙玉　慈姨妈爱语慰痴颦 …………………… 175

第五十八回　杏子阴假凤泣虚凰　茜纱窗真情揆痴理 …………………… 178

第五十九回　柳叶渚边嗔莺咤燕　绛芸轩里召将飞符……………182

第六十回　茉莉粉替去蔷薇硝　玫瑰露引来茯苓霜……………186

第六十一回　投鼠忌器宝玉瞒赃　判冤决狱平儿行权……………190

第六十二回　憨湘云醉眠芍药裀　呆香菱情解石榴裙……………194

第六十三回　寿怡红群芳开夜宴　死金丹独艳理亲丧……………197

第六十四回　幽淑女悲题五美吟　浪荡子情遗九龙珮……………201

第六十五回　贾二舍偷娶尤二姨　尤三姐思嫁柳二郎……………205

第六十六回　情小妹耻情归地府　冷二郎一冷入空门……………208

第六十七回　见土仪颦卿思故里　闻秘事凤姐讯家童……………211

第六十八回　苦尤娘赚入大观园　酸凤姐大闹宁国府……………214

第六十九回　弄小巧用借剑杀人　觉大限吞生金自逝……………217

第七十回　林黛玉重建桃花社　史湘云偶填柳絮词……………221

第七十一回　嫌隙人有心生嫌隙　鸳鸯女无意遇鸳鸯……………225

第七十二回　王熙凤恃强羞说病　来旺妇倚势霸成亲……………229

第七十三回　痴丫头误拾绣春囊　懦小姐不问累金凤……………233

第七十四回　惑奸谗抄检大观园　矢孤介杜绝宁国府……………236

第七十五回　开夜宴异兆发悲音　赏中秋新词得佳谶……………240

第七十六回　凸碧堂品笛感凄清　凹晶馆联诗悲寂寞……………244

第七十七回　俏丫鬟抱屈夭风流　美优伶斩情归水月……………247

第七十八回　老学士闲征姽婳词　痴公子杜撰芙蓉诔……………250

第七十九回　薛文龙悔娶河东狮　贾迎春误嫁中山狼……………253

第八十回　美香菱屈受贪夫棒　王道士胡诌妒妇方……………256

第八十一回　占旺相四美钓游鱼　奉严词两番入家塾……………259

第八十二回　老学究讲义警顽心　病潇湘痴魂惊噩梦……………262

第八十三回　省宫闱贾元妃染恙　闹闺阃薛宝钗吞声……………265

第八十四回　试文字宝玉始提亲　探惊风贾环重结怨……………268

第八十五回　贾存周报升郎中任　薛文起复惹放流刑……………271

第八十六回　受私贿老官翻案牍　寄闲情淑女解琴书……………274

第八十七回　感秋深抚琴悲往事　坐禅寂走火入邪魔……………277

第八十八回　博庭欢宝玉赞孤儿　正家法贾珍鞭悍仆……………280

第八十九回　人亡物在公子填词　蛇影杯弓颦卿绝粒……………283

第九十回　失绵衣贫女耐嗷嘈　送果品小郎惊叵测……………286

第九十一回　　纵淫心宝蟾工设计　　布疑阵宝玉妄谈禅……289

第九十二回　　评女传巧姐慕贤良　　玩母珠贾政参聚散……293

第九十三回　　甄家仆投靠贾家门　　水月庵掀翻风月案……296

第九十四回　　宴海棠贾母赏花妖　　失宝玉通灵知奇祸……299

第九十五回　　因讹成实元妃薨逝　　以假混真宝玉疯癫……302

第九十六回　　瞒消息凤姐设奇谋　　泄机关颦儿迷本性……305

第九十七回　　林黛玉焚稿断痴情　　薛宝钗出闺成大礼……308

第九十八回　　苦绛珠魂归离恨天　　病神瑛泪洒相思地……311

第九十九回　　守官箴恶奴同破例　　阅邸报老舅自担惊……314

第一○○回　　破好事香菱结深恨　　悲远嫁宝玉感离情……317

第一○一回　　大观园月夜感幽魂　　散花寺神签惊异兆……320

第一○二回　　宁国府骨肉病灾褉　　大观园符水驱妖孽……323

第一○三回　　施毒计金桂自焚身　　昧真禅雨村空遇旧……326

第一○四回　　醉金刚小鳅生大浪　　痴公子馀痛触前情……329

第一○五回　　锦衣军查抄宁国府　　骢马使弹劾平安州……332

第一○六回　　王熙凤致祸抱羞惭　　贾太君祷天消祸患……335

第一○七回　　散馀资贾母明大义　　复世职政老沐天恩……338

第一○八回　　强欢笑蘅芜庆生辰　　死缠绵潇湘闻鬼哭……341

第一○九回　　候芳魂五儿承错爱　　还孽债迎女返真元……344

第一一○回　　史太君寿终归地府　　王凤姐力诎失人心……347

第一一一回　　鸳鸯女殉主登太虚　　狗彘奴欺天招伙盗……350

第一一二回　　活冤孽妙尼遭大劫　　死雠仇赵妾赴冥曹……353

第一一三回　　忏宿冤凤姐托村妪　　释旧憾情婢感痴郎……356

第一一四回　　王熙凤历幻返金陵　　甄应嘉蒙恩还玉阙……359

第一一五回　　惑偏私惜春矢素志　　证同类宝玉失相知……362

第一一六回　　得通灵幻境悟仙缘　　送慈柩故乡全孝道……365

第一一七回　　阻超凡佳人双护玉　　欣聚党恶子独承家……368

第一一八回　　记微嫌舅兄欺弱女　　惊谜语妻妾谏痴人……371

第一一九回　　中乡魁宝玉却尘缘　　沐皇恩贾家延世泽……374

第一二○回　　甄士隐详说太虚情　　贾雨村归结红楼梦……377

考点答案…………………………………………………381

4

第一回

甄士隐梦幻识通灵　贾雨村风尘怀闺秀

📑 **情节概要**

1.讲述《石头记》的来历,所以将真事隐去,借"通灵"之说,敷演出一段故事。

2.女娲补天练成了顽石三万六千五百零一块,女娲用了三万六千五百块,只剩了一块弃在青埂峰下,顽石已有灵性,日夜悲号。

3.一僧一道在顽石前谈论红尘富贵,顽石想历经一番,苦求两位神仙。僧道二人将之变成扇坠大小的美玉,飘然而去。

4.过了几世几劫,空空道人从青埂峰下经过,看到石头上字迹分明,书写了一个完备的故事。空空道人抄录下来,改《石头记》为《情僧录》;东鲁孔梅溪题之《风月宝鉴》,曹雪芹题曰《金陵十二钗》。

5.甄士隐在书房梦见一僧一道讲述神瑛侍者要下凡,绛珠仙草也因为神瑛侍者的灌溉之恩要下凡报还神瑛侍者一生的眼泪,僧道二人想将石头夹带其中下凡经历之事。

6.中秋之夜,甄士隐邀请贾雨村小酌,并资助贾雨村五十两银子参加会试。

7.第二年元宵节,甄士隐家家奴霍启带了甄氏之女英莲看花灯,弄丢了英莲;葫芦庙起火烧了甄家,甄士隐投奔岳父封肃。后甄士隐随了跛足道人而去。

----- 👆 值得一问 -----

首先,为什么要用女娲补天的神话作为小说的背景?

第一,避开现实的政治因素。清朝的文字狱非常厉害,如果关涉了现实政治,那么这部小说不仅仅是能不能流传的问题,还有可能会引来杀身之祸。第二,增加了神秘而玄幻的色彩。借助女娲补天的神话故事作为小说的缘起,小说的前因后果则显得既亲切又陌生。亲切的是中国人几乎都知道女娲补天的故事,而神话的要素又增添了小说的离奇特质,让人因捉摸不到情节的走向而感到陌生。第三,赋予小说中的美玉以灵性,使得情节更加合理。小说中贾宝玉佩戴的宝玉是整部小说的一个"容器",所有历经之事都是记录在这块宝玉上的,所以这部小说才被称作《石头记》。而一块石头之所以有如此的神力,是因为作者借助"女娲补天"的神话故事,让石头有了"灵性"。第四,给情节的发展以更大的自由,给读者想象的空间。神话的背景是超越现实存在的,这也就给小说主题部分以更大的自由,它既可以是现实的,也可以是超越现实的。小说超越现实的"不合理"也就因为有了神话的背景而显得合情合理;而超越现实的部分,实际上是用"假"来投射"真",是更加真实的部分,这就需要读者发挥想象力才能真正理解了。第五,营造了悲剧的氛围。石头在仙界的经历就是悲剧的,女娲为了补天炼了三万六千五百零一块,人家三万六千五百块都被用了,独独剩了它这一块,三万六千多的概率,它都完美避开,多么悲剧!因此也暗示了石头在凡间经历的悲剧性,《红楼梦》就是充满了悲剧色彩的。

其次,跛足道人为什么夸赞甄士隐注解《好了歌》"解得切"?

第一,《好了歌》的思想和甄士隐的注解高度一致。我们读《好了歌》一"好"一"了",世人认为的"好",实际上伴随着结束的"了"。而甄士隐的注解则将"美好"和"结束"以具体的情境表现出来:曾经的"笏满床"到如今的"陋室空房",曾经的"歌舞场"到如今的"衰草枯杨",曾经的"破袄"到如今的"紫蟒",都是为他人作嫁衣裳。第二,甄士隐融入了自我生命经历的真实感触。甄士隐的注解之所以能深刻到让跛足道人叫好,是因为甄士隐真切地历经了

考点答案

第一回
甄士隐梦幻识通灵　贾雨村风尘怀闺秀

1. 因为娇杏多看了贾雨村两眼，贾雨村认为娇杏慧眼识英雄，有意于自己，所以狂喜。

2. ①仗义爱才，认为贾雨村有才华，仗义出资五十两帮助贾雨村；②不善理家，败落后只知道读书，不知道经营，以至于潦倒；③颇有慧根，听了跛足道人的《好了歌》就顿悟，跟着道士走了。

3. ①呼应，与第五回贾宝玉听了十二支《红楼梦》曲子的情节相呼应；②"红楼"象征着贾府豪门贵族的地位和生活，也象征着贾府众女子的生活环境；③"红"与主人公贾宝玉关系紧密，其住所为"怡红院"，宝玉对"红"深有癖好；④符合主旨情感，"红楼梦"暗示着所有人世繁华恍如一梦的情感主旨。

第二回
贾夫人仙逝扬州城　冷子兴演说荣国府

1. 因为林黛玉的母亲叫贾敏，黛玉为了避母亲的名讳。

2. ①贾雨村为了说明甄宝玉也是"正气"和"邪气"相交而生的人；②和贾宝玉形成呼应，为塑造贾宝玉同样叛逆的形象做了铺垫。

第三回
贾雨村夤缘复旧职　林黛玉抛父进京都

1. ①说明了黛玉的机敏小心，因为黛玉

问贾母姐妹们读了什么书，贾母回答只要不是睁眼瞎罢了，黛玉听后觉得要谦虚因而改了口；②黛玉的博学聪慧，黛玉初进贾府年纪很小就读了"四书"，可见其博学聪慧。

2. ①写出贾府的兴盛是有历史年代的，是世代的贵族而不是暴发户；②半旧的陈设更富庄严感，凸显了贾政和王夫人端庄稳重的人物形象；③营造了压抑的氛围，暗示了贾府将由兴盛逐渐走向衰落。

第四回
薄命女偏逢薄命郎　葫芦僧乱判葫芦案

1. 拐子先把英莲卖予冯渊，冯渊要等第三天是好日子了再接人，结果拐子在这期间转手又将英莲卖予薛蟠，冯渊和薛蟠争夺英莲，薛蟠素来横行霸道，结果就把冯渊打死了。

2. ①为了送薛宝钗进京待选；②为了探望姨父、姨母等贾府中的亲戚；③为了打点京中的生意和账目，薛蟠父亲死后，京城中的生意日渐消耗；④最主要的是为了游览京城的风光。

第五回
游幻境指迷十二钗　饮仙醪曲演红楼梦

1. ①领着宝玉去"薄命司"看上中下三等女子的终身册籍；②让宝玉喝"千红一窟"茶、"万艳同悲"酒，听《红楼梦》曲子；③传授他云雨之事，让他在梦中和秦可卿的幻象缠绵。

2.（1）原本是为了去荣国府接"绛珠

草"的生魂。(2)遇见了宁国公和荣国公之灵,他们说子孙没人可以继承家业,只有宝玉有希望,求警幻仙姑帮助宝玉归入正途。

第六回
贾宝玉初试云雨情　刘姥姥一进荣国府

1.(1)①因为女婿狗儿的日子过得穷,没有钱置办过冬的物品;②狗儿的祖上跟王夫人的父亲连了宗,属于宗亲的关系。(2)刘姥姥通过周瑞家的引荐,进了贾府见了凤姐。

2.刘姥姥称呼板儿为凤姐的侄儿,周瑞家的认为过于唐突,认为贾蓉才是凤姐的侄儿。

第七回
送宫花贾琏戏熙凤　宴宁府宝玉会秦钟

1.黛玉觉得宫花是别人挑剩下的最后才送给自己,是对自己的不尊重,所以宁可不要。

2.①认为冷香丸的方子要求的内容太巧了,比如需要雨水那日的雨水,霜降那日的霜,白露那日的露水,小雪那日的雪,觉得等十来年都未必能有这么巧的事;②认为冷香丸的配方过于繁复,工序极为复杂。

第八回
比通灵金莺微露意　探宝钗黛玉半含酸

1.(1)明着说紫鹃,实际上暗指宝钗,意思是宝钗劝你宝玉不要喝冷酒你就马上听从。(2)明着说雪雁,实际上暗指宝玉,意思是我平常劝你宝玉的话你都当耳旁风。

2.①不要让李嬷嬷扰乱了大家的兴致,难得在薛姨妈家喝酒且正高兴;②贾母平常也让宝玉喝酒,不会因为这个责怪宝玉;③薛姨妈不是外人是亲人,招待宝玉喝酒合情合理;④黛玉能控制好宝玉喝

酒的度,宝玉会听从她的话不会喝过量。

第九回
恋风流情友入家塾　起嫌疑顽童闹学堂

1.《诗经·小雅·鹿鸣》中的原文是"呦呦鹿鸣,食野之苹",李贵背错了,所以引得众人大笑。

2.①宝玉要去学堂读书,袭人见不到宝玉觉得孤单不舍,所以发闷;②担心宝玉一味玩闹,不认真读书被贾政责罚;③害怕奴才们照顾不周,宝玉读书操劳伤了身体。

第十回
金寡妇贪利权受辱　张太医论病细穷源

1.①金家贫穷,在贾府的学堂既能免费读书又能省出吃穿用度;②贾府富贵,能结交薛蟠这样的人帮衬,另外金家得罪不起贾府;③金荣母亲认为金荣要是被赶出了这个学堂,就再也找不到读书的地方。

2.冯紫英。

第十一回
庆寿辰宁府排家宴　见熙凤贾瑞起淫心

1.①秦可卿病重,凤姐认为可能无法治愈;②凤姐认为准备后事来冲一冲,说不定能好。

2.①贾母听到凤姐说"暂且无妨",说明病情严重,好不了;②贾母素来喜欢秦可卿,感到非常悲痛。

第十二回
王熙凤毒设相思局　贾天祥正照风月鉴

1.①骗贾瑞到西边的穿堂,冻了贾瑞整整一夜;②骗贾瑞到屋后过道的空屋,又安排了贾蔷和贾蓉来捉拿贾瑞。

2.因为林如海病重想见黛玉一面,所以写信给贾府要接回黛玉。

第十三回
秦可卿死封龙禁尉　王熙凤协理宁国府

1.①朝廷的腐败和混乱,太监干政,甚至可以卖官鬻爵;②戴权贪婪狡猾,暗示贾珍龙禁尉的价码是一千五百两;③贾珍面子大,和戴权的关系好,戴权不给永兴节度使却将其卖予贾珍。

2.①尤氏犯了旧疾,不能料理,贾珍担心照顾不周被人笑话;②凤姐能力突出且长期在荣国府理家,贾珍相信凤姐一定能够胜任。

第十四回
林如海捐馆扬州城　贾宝玉路谒北静王

1.①说明宁国府丧事办得隆重,杂事繁多;②说明凤姐能力很强,在凤姐的安排下,众人井然有序。

2.①因为白天有人在,凤姐不好意思细问贾琏的事;②凤姐担心贾琏在外花天酒地,吩咐昭儿看着点。

第十五回
王凤姐弄权铁槛寺　秦鲸卿得趣馒头庵

1.张财主先把女儿金哥许配给了守备之子,后来长安府府太爷的小舅子李衙内看上了金哥,非要娶她。在张财主左右为难之际,守备不分青红皂白就大骂张财主一个女儿卖两处人家,张财主赌气要退定礼,便想让凤姐给长安节度使云光通气,让节度使跟守备说一声,让守备家退亲。

第十六回
贾元春才选凤藻宫　秦鲸卿夭逝黄泉路

1.①反映出黛玉清高的个性特点,在黛玉的心中北静王也只是"臭男人";②黛玉的心中只有宝玉,其他男人的东西黛玉都不接受,宝玉的则例外。

第十七回至十八回
大观园试才题对额　荣国府归省庆元宵

1.①反映了贾政严父的形象,贾政对宝玉是饱含期望的,所以总是以严厉的态度对他;②明贬实褒,看似否定实际上内心是赞赏的,希望宝玉不要骄傲自满;③给清客们面子,贾政对宝玉的否定照顾了清客的颜面,不让他们尴尬。

2.(1)因为宝玉题匾的"红香绿玉"元春不喜欢,所以改成了"怡红快绿",此时再写"绿玉"就冒犯了元春。(2)宝钗建议将"绿玉"改成"绿蜡"。

第十九回
情切切良宵花解语　意绵绵静日玉生香

1.①不要再说"死""化成灰"这些狠话;②在老爷或别人跟前装出一个喜欢读书的样子;③不要毁僧谤道,调脂弄粉,不要吃人嘴上的胭脂,改掉爱红的毛病。

2.①工于心计,故意借赎回之事与宝玉约法三章;②善解人意,温柔体贴,照顾宝玉熟练老道,无微不至;③谙于世故,知道李嬷嬷吃了宝玉留的酥酪故意说自己不能吃。

第二十回
王熙凤正言弹妒意　林黛玉俏语谑娇音

1.①李嬷嬷吃了宝玉留给晴雯的豆腐皮包子及喝了枫露茶,宝玉生气,李嬷嬷心中不悦;②李嬷嬷又吃了宝玉留给袭人的酥酪,晴雯上前阻止,李嬷嬷赌气;③李嬷嬷来到宝玉住处,袭人生病没能起来招呼,李嬷嬷借机大闹;④李嬷嬷想要强调自己是宝玉乳母的身份而得到大家的尊重。

第二十一回
贤袭人娇嗔箴宝玉　俏平儿软语救贾琏

1.①宝玉梳洗等事向来由袭人服侍,

袭人因宝玉用不到自己而感到失落;②看见宝玉又要吃胭脂,违背了曾经的约法三章,因而生气;③袭人估量着她早晚是宝玉的妾,看到宝玉总在黛玉处,不免难过;④袭人希望宝玉好好读书走仕途,但宝玉总和姐妹厮混,不合礼教。

第二十二回
听曲文宝玉悟禅机　制灯谜贾政悲谶语

1.①首先是贾母的谜语,谜底是荔枝,谐音离枝;②元春出的谜底是炮仗,暗指短暂的热闹;③迎春出的谜底是算盘,暗指纷闹;④探春出的谜底是风筝,暗指漂泊;⑤惜春出的谜底是佛前海灯,暗指皈依佛门;⑥薛宝钗出的谜底是更香,暗指孤苦。

第二十三回
西厢记妙词通戏语　牡丹亭艳曲警芳心

1.薛宝钗——蘅芜苑;林黛玉——潇湘馆;李纨——稻香村;贾宝玉——怡红院;贾迎春——缀锦楼;贾探春——秋爽斋;贾惜春——蓼风轩。

第二十四回
醉金刚轻财尚义侠　痴女儿遗帕惹相思

1.因为"玉"字犯了林黛玉、贾宝玉的名字。

2.①心理层面,侧面写出小红对贾芸萌生了爱意;②人物形象,表现了小红大胆且敢于追求爱情的形象;③情节层面,为后文小红交代丢失手帕埋下伏笔,为贾芸确实捡了手帕的情节做铺垫。

第二十五回
魇魔法姊弟逢五鬼　红楼梦通灵遇双真

1.①写出了马道婆的贪婪;②表现出赵姨娘生活的拮据,被人看不起;③为后文两人合伙谋害宝玉和凤姐做铺垫。

第二十六回
蜂腰桥设言传心事　潇湘馆春困发幽情

1.晴雯。

2.①联系了小红和贾芸两个人的爱情;②写出了小红敢于追求爱情的个性,以及宝钗的工于心计和坠儿的单纯;③情节上串联了"遗帕惹相思""蜂腰桥传心事""滴翠亭索谢礼"等情节。

第二十七回
滴翠亭杨妃戏彩蝶　埋香冢飞燕泣残红

1.薛宝钗。

2.①对春花落尽的无尽悲伤;②对时间飞逝,春光消散的感慨;③对自我高洁品质以及悲惨命运的怜惜。

第二十八回
蒋玉菡情赠茜香罗　薛宝钗羞笼红麝串

1.优伶指的是琪官蒋玉菡,公子指的是贾宝玉。

2.①写出贾宝玉和蒋玉菡二人互相交好,情谊非同寻常;②为后文忠顺王府的人找琪官而不得和宝玉挨打的情节做铺垫;③为蒋玉菡和花袭人最终喜结连理的情节埋下伏笔。

第二十九回
享福人福深还祷福　痴情女情重愈斟情

1.薛宝钗。

2.①通过心理描写,生动地写出了二人的误解和对彼此的深情;②从读者角度来看,读者会为他们不能言说的误解引发共鸣,感到着急;③塑造人物形象,写出宝玉、黛玉二人心思细腻,深爱对方。

第三十回
宝钗借扇机带双敲　龄官划蔷痴及局外

1.龄官。

2.①宝玉拍门,半天没有人应,心中恼火;②丫头们当时不给黛玉开门,惹恼了黛玉,黛玉建议宝玉教训丫头;③金钏儿因宝玉挨打,宝玉心情非常不好;④宝玉并不知道开门的人是袭人。

第三十一回
撕扇子作千金一笑　因麒麟伏白首双星

1.①宝玉去清虚观的时候,张道士赠予他一盘礼物,其中就有金麒麟;②宝玉在蔷薇花下看龄官划"蔷",丢了金麒麟;③翠缕和湘云聊天,走到蔷薇架下,发现了宝玉丢失的金麒麟。

第三十二回
诉肺腑心迷活宝玉　含耻辱情烈死金钏

1.薛宝钗。

2.①黛玉在心里已经明白宝玉想要讲的话,所以直接离开了;②黛玉离开后,宝玉精神恍惚,错把袭人当作了黛玉;③增强戏剧性,让袭人心中感到又惊又畏。

第三十三回
手足眈眈小动唇舌　不肖种种大承笞挞

1.焙茗。

2.指宝玉和琪官互赠汗巾子的事。

第三十四回
情中情因情感妹妹　错里错以错劝哥哥

1.①袭人觉得宝玉骄纵,确实该教训一番;②袭人认为宝玉长大了,应该搬出大观园,不能跟姐妹们厮混;③袭人提醒王夫人贾府人多口杂,要保护宝玉的名声。

2.①感动,对宝玉交心关怀的感动;②伤心,对寄居贾府无依无靠的伤心;③担忧,借"湘妃哭舜"表达对自己终身大事没有着落的担忧。

第三十五回
白玉钏亲尝莲叶羹　黄金莺巧结梅花络

1.指的是袭人将要成为宝玉姨娘的事。

2.①写出贾府的富贵、奢侈和格调,吃个莲叶羹都需要三四十样银模具;②突出凤姐的细致、周全和奉承,全程安排细致周到,博得贾母的赞赏;③为宝玉哄玉钏儿吃莲叶羹而和好,以及打翻莲叶羹引起傅家婆子奚落宝玉的情节埋下伏笔。

第三十六回
绣鸳鸯梦兆绛芸轩　识分定情悟梨香院

1.①宝玉挨了打,伤没有完全恢复;②宝玉没有参加贾赦的生日,也就不好参加薛姨妈的生日;③宝玉嫌天气太热又要穿得体衣服,嫌麻烦;④最终决定去,是因为袭人告诉宝玉,宝钗在宝玉睡觉的时候来看过他,宝玉觉得过意不去。

2.①史湘云不舍得离开贾府,贾母、贾宝玉等人待湘云很好;②史湘云父母双亡,叔父和婶婶对她不好,所以她不想回家。

第三十七回
秋爽斋偶结海棠社　蘅芜苑夜拟菊花题

1.李纨——稻香老农,探春——蕉下客,黛玉——潇湘妃子,宝钗——蘅芜君,迎春——菱洲,惜春——藕榭,宝玉——怡红公子〔宝玉的别号很多,比如绛洞花主(宝玉小时候的旧号)、怡红公子(因宝玉后来住在大观园中的怡红院)、富贵闲人(宝钗给宝玉取的)等。〕

2.①"碾冰为土玉为盆","冰""玉"写了林黛玉志趣高洁;②"梨蕊""梅花"象征着黛玉品质的高雅、坚贞;③"秋闺怨女""娇羞默默"写了黛玉内心的痛苦和无人诉说的寂寞。

第三十八回
林潇湘魁夺菊花诗　薛蘅芜讽和螃蟹咏

1. 薛宝钗《忆菊》《画菊》，黛玉《问菊》《菊梦》《咏菊》，宝玉《访菊》《种菊》，探春《簪菊》《残菊》，史湘云《对菊》《供菊》《菊影》。

2. 林黛玉和薛宝钗。

第三十九回
村姥姥是信口开河　情哥哥偏寻根究底

1. ①写出了宝玉的单纯和善良，以及对茗玉的同情和关爱；②呼应了标题"村姥姥是信口开河"，茗烟找不到是因为刘姥姥是顺口胡诌的；③对比，宝玉的简单纯粹和刘姥姥的老于世故形成了对比，突出二者的人物形象；④突出喜剧效果，要寻茗玉的庙结果却是一座"瘟神庙"，让人倍感幽默。

2. ①刘姥姥送贾府瓜果，本质上是想从贾府拿得更多好处；②刘姥姥见到平儿立马"跳下"，是顾及平儿的身份，希望从中获得好处；③刘姥姥给贾母讲新奇的故事，是为了讨贾母欢心，最终也是为了获得利益。

第四十回
史太君两宴大观园　金鸳鸯三宣牙牌令

1. ①鸽子蛋又滑又小，不好夹；②凤姐给刘姥姥的是镶金的象牙筷子，又光滑又重，所以不好夹。

2. （1）几乎没有什么装饰，质朴清雅，如"雪洞一般"。（2）作用：①写出了薛宝钗生活朴素、志趣清雅的形象特点；②突出宝钗冷静而冷漠的性格特征。

第四十一回
栊翠庵茶品梅花雪　怡红院劫遇母蝗虫

1. ①说宝玉有自知之明，知道能喝到好茶是托宝钗、黛玉的福；②妙玉对宝玉

情愫的掩饰，不想自己的情感被他人知晓，有意拉开和宝玉的距离；③内心的失落，对于宝玉回答只领宝钗、黛玉的情而感到失落。

2. ①突出茄鲞的做法之繁复，味道之鲜美；②显示了贾府生活的富贵和极度奢靡；③对比突出刘姥姥的惊讶及其生活的贫困。

第四十二回
蘅芜君兰言解疑癖　潇湘子雅谑补馀香

1. 平儿和鸳鸯。

2. ①大姐儿得了病，刘姥姥觉得取个贱名儿好养活，所以给取了"巧哥儿"的名字；②为后面贾家败落后，刘姥姥出手救巧姐的情节埋下伏笔。

第四十三回
闲取乐偶攒金庆寿　不了情暂撮土为香

1. 王熙凤。

2. ①对比衬托，以凤姐生日的热闹突出金钏儿生日的凄凉；②突出宝玉的深情及其内心深处的悲伤；③设下悬念，引起读者的阅读兴趣。

第四十四回
变生不测凤姐泼醋　喜出望外平儿理妆

1. 鲍二家的。

2. ①宝玉"喜"是因为能在平儿受委屈的时候尽到心意，安慰平儿，所以他感到欣慰；②"悲"是因为平儿为人很好，却夹处贾琏和凤姐之间，受到了莫大的委屈，所以他感到悲伤。

第四十五回
金兰契互剖金兰语　风雨夕闷制风雨词

1. 她之前说宝玉穿着蓑衣像渔翁，若说自己像渔婆的话，渔翁、渔婆是夫妻，这样就

影射了宝玉与自己的关系,所以羞红了脸。

2.《春江花月夜》。

第四十六回
尴尬人难免尴尬事　鸳鸯女誓绝鸳鸯偶

1.说贾母会调理人,把鸳鸯调理得跟水葱似的,怨不得人想要。

2.①鸳鸯嫁给贾赦会有享不尽的富贵;②如果不嫁,鸳鸯只能配个小厮;③鸳鸯是家生的奴才,可以很好地控制鸳鸯的家人。

第四十七回
呆霸王调情遭苦打　冷郎君惧祸走他乡

1.贾蓉。

2.①酒喝多了,朋友间打架是正常的事,不值得兴师动众;②找王夫人出面,别人会认为薛姨妈仗势欺人;③薛蟠过于放纵,吃一次亏也是灭一灭他的气焰,有好处;④要出气也可以找贾珍备了东道,找柳湘莲赔礼道歉。

第四十八回
滥情人情误思游艺　慕雅女雅集苦吟诗

1.贾雨村给石呆子编织了拖欠官银的罪名,抄了石呆子的扇子,交给了贾赦。

2.①宝钗将女子写诗看作不务正业,所以不完全支持香菱写诗;②黛玉从骨子里喜欢诗,非常支持香菱学诗;③从写诗的水平看,黛玉的写诗水平要比宝钗略高一筹。

第四十九回
琉璃世界白雪红梅　脂粉香娃割腥啖膻

1.史湘云。

2.①红梅的鲜艳与雪的白形成对比,写出大观园红梅白雪的美丽景致;②为后文宝玉作诗落第,被罚去栊翠庵讨红梅做了铺垫。

第五十回
芦雪广争联即景诗　暖香坞雅制春灯谜

1.史湘云。

2.(1)宝玉联诗输了,所以被罚。(2)妙玉为人乖僻,别人跟着反而得不到梅花。

第五十一回
薛小妹新编怀古诗　胡庸医乱用虎狼药

1.因为晴雯生病了,怕被王夫人知道而遣回家去养病。所以没有经过总管房来请,而是宝玉偷偷派人请的。

2.①袭人是宝玉的大丫鬟,身份尊贵,不能降了身份;②为了凸显贾府的气派,不能丢了贾府的颜面;③凤姐是贾府的当家人,为了凸显自己的周到能耐;④有意拉拢袭人,主动给予袭人恩惠。

第五十二回
俏平儿情掩虾须镯　勇晴雯病补雀金裘

1.坠儿。

2.①"喜"是因为平儿处处为宝玉考虑,担心宝玉面子过不去;②"气"是因为自己房里的坠儿偷了平儿的虾须镯;③"叹"是因为坠儿如此聪明伶俐的人,可惜做了贼。

第五十三回
宁国府除夕祭宗祠　荣国府元宵开夜宴

1.贾敬。

2.(1)王夫人认薛宝琴做了干女儿,所以她有资格参加。(2)其他人都见怪不怪了,以他们的眼睛来描述会显得生硬;薛宝琴是新来的,通过她的眼睛写出的祭祀场景更新奇,更细致,更生动。

第五十四回
史太君破陈腐旧套　王熙凤效戏彩斑衣

1.①路途遥远,鸳鸯的母亲远在南

京,所以无法奔丧;②贾母不同意,贾母离不开鸳鸯的照顾,鸳鸯不能擅自离开;③身份不同,袭人是准姨娘,而鸳鸯只是贾母的大丫鬟。

2.①反映了贾府等级尊卑森严,不能乱了礼法;②体现了宝玉身份的尊贵,以及贾母对宝玉的关爱;③贾府下人的势利,老婆子看人下菜,秋纹也有恃无恐。

第五十五回
辱亲女愚妾争闲气　欺幼主刁奴蓄险心

1.①看探春是个年轻的姑娘,不把探春放在眼里;②想看看探春办事的能力;③有意想让探春出错,看探春笑话。

2.①写出了贾探春雷厉风行、公正无私、有魄力、有远见的人物形象;②表达了凤姐对贾探春由衷的敬佩;③对比,与下文感叹贾探春是庶出形成对比。

第五十六回
敏探春兴利除宿弊　时宝钗小惠全大体

1.贾探春。

2.(1)管理的人得了利钱,一方面要承担大观园中相应部分的开销,另一方面每人拿出若干贯钱,凑在一起,分给没有管事的妈妈们。(2)意义:①一年能为贾府省下四百两银子,又不失大家族的体统;②能为管事的妈妈们补贴家用;③不管事的妈妈们也会出力,且得到好处内心高兴。

第五十七回
慧紫鹃情辞试忙玉　慈姨妈爱语慰痴颦

1.薛蟠进京的主要目的是将妹妹薛宝琴嫁与梅翰林之子,梅家没有回京,薛蟠没有完成妹妹的婚事,不愿意自己先成亲。

2.①邢岫烟是跟着贾探春和邢夫人

生活的,史湘云若闹起来,怕探春和邢夫人没面子;②得罪了贾府的奴才,邢岫烟在贾府又没有身份地位,会更加被奴才们欺负;③宝钗害怕别人觉得是自己挑唆史湘云去打抱不平的,所以极力阻止。

第五十八回
杏子阴假凤泣虚凰　茜纱窗真情揆痴理

1.芍官。

2.(1)宝玉认为祭祀主要是"心诚"。(2)宝玉去水仙庵,焚了一炉香,祭祀了金钏儿。

第五十九回
柳叶渚边嗔莺咤燕　绛芸轩里召将飞符

1.薛宝钗、薛姨妈。

2.①以极小的事来说明主人不在时的贾府非常杂乱,奴才们纷纷闹事;②塑造人物形象,写出了平儿善于处理事务、干练的人物形象;③给读者想象的空间,吸引读者的阅读兴趣。

第六十回
茉莉粉替去蔷薇硝　玫瑰露引来茯苓霜

1.①柳家的想通过芳官将自己的女儿柳五儿弄到怡红院去当差;②芳官对柳五儿有恩情,要了宝玉的玫瑰露给柳五儿治病。

2.①她觉得茉莉粉也是好东西,况且自己不是有心换的,是因为确实用完了,所以认为自己没有错;②她看不起赵姨娘,觉得赵姨娘也是奴才,并没有比自己高贵,所以敢和她抗衡;③她有贾宝玉和晴雯等人的支持,贾宝玉对芳官的偏心照顾,让芳官有恃无恐。

第六十一回
投鼠忌器宝玉瞒赃　判冤决狱平儿行权

1.贾探春。

2.①凤姐身体不好,因为过于操心,流产了;②平儿认为凤姐终究是贾赦的儿媳妇,在王夫人这边过于操心是吃力不讨好;③平儿认为,凤姐过于较真,会招致小人的怨恨。

第六十二回
憨湘云醉眠芍药裀　呆香菱情解石榴裙

1.袭人。

2.(1)原因:因为晴雯手巧,能补雀金裘。(2)含义:①明着是夸赞晴雯手巧,能补绣娘都不敢接的雀金裘;②暗里是指责晴雯懒,袭人支使她做针线,她从来不做;③说晴雯表面装傻实际上精明,趁着自己不在的时候,就讨好宝玉。

第六十三回
寿怡红群芳开夜宴　死金丹独艳理亲丧

1.芙蓉花。

2.①牡丹花富丽堂皇,美艳之极,象征了薛宝钗相貌的美丽和气质的富贵,所以说她是"艳冠群芳";②"无情"是说薛宝钗理性的处事方法,比如面对金钏儿跳井,她的分析非常冷静,几乎没有同情;③"动人"则是既指薛宝钗的美貌,也指她圆滑的处世态度,比如宝钗帮助湘云张罗螃蟹宴,帮助邢岫烟等,对待他人非常热心,讨人喜欢。

第六十四回
幽淑女悲题五美吟　浪荡子情遗九龙珮

1.西施、虞姬、王昭君、绿珠、红拂。

2.①率直泼辣,骂贾蓉并要赶着撕烂他的嘴;②睿智精明,明辨是非,知道贾琏的不可靠和贾蓉的别有用心。

第六十五回
贾二舍偷娶尤二姨　尤三姐思嫁柳二郎

1.兴儿。

2.①对贾珍和贾琏想玩弄自己的极度不满;②对将来的生活无望,想要及时行乐;③尤三姐心中着意柳湘莲,想要摆脱当下的生活。

第六十六回
情小妹耻情归地府　冷二郎一冷入空门

1.柳湘莲。

2.①薛蟠正好在为柳湘莲寻一门亲事,柳湘莲自己也有意于此;②贾琏是宝玉的哥哥,又和薛蟠是亲戚,所以柳湘莲信任他;③薛蟠是柳湘莲的结拜兄弟,薛蟠极力促成这门亲事;④柳湘莲想娶一个绝色女子,贾琏保证尤三姐有绝世姿色。

第六十七回
见土仪颦卿思故里　闻秘事凤姐讯家童

1.兴儿。

2.(1)不矛盾。(2)①"并不在意"反映了薛宝钗内在的冷漠,在她看来尤三姐和柳湘莲的遭遇都是咎由自取;②好好请客则是薛宝钗外在的热情,她看重外在的礼仪,不愿落人话柄。

第六十八回
苦尤娘赚入大观园　酸凤姐大闹宁国府

1.贾蓉。

2.①凤姐是荣国府的管事者,且深受贾母疼爱,身份尊贵;②尤氏是尤二姐名义上的姐姐,尤二姐偷嫁贾琏,尤氏觉得理亏;③尤二姐是贾珍、贾蓉牵线嫁给贾琏的,尤氏没能劝阻,亏欠凤姐。

第六十九回
弄小巧用借剑杀人　觉大限吞生金自逝

1.指的是凤姐是害死尤二姐最大的嫌疑人,贾蓉让贾琏不要大声讲话,免得隔墙有耳,被凤姐听见。

2.①平儿一向善待尤二姐,因尤二姐的死而有所触动,感到伤心;②平儿看贾琏悲伤,又没有钱财处理丧事而伤心难过;③好笑是看贾琏窝囊,连自己的体己都被凤姐搜刮走了;④笑贾琏不辨场合,在凤姐面前哭,是自讨苦吃。

第七十回
林黛玉重建桃花社　史湘云偶填柳絮词

1. 林黛玉。

2.①林黛玉经历过亲人的离丧,所以写诗特别哀伤;②薛宝琴写诗的风格更接近旷达、积极的"蘅芜体",《桃花行》不像她的风格;③虽然宝琴有这样的才情,但是薛宝钗不会允许宝琴写这样的伤悼诗句。

第七十一回
嫌隙人有心生嫌隙　鸳鸯女无意遇鸳鸯

1. 司棋。

2.①怕得罪邢夫人,告诉贾母就是明摆着告自己婆婆的状,凤姐不敢;②不合礼仪,邢夫人是婆婆,凤姐告状不合规矩,贾母会有看法;③凤姐相信,有人会传到贾母耳朵里,鸳鸯这一问,所以必然知道原委,鸳鸯说比自己说更合适。

第七十二回
王熙凤恃强羞说病　来旺妇倚势霸成亲

1.(1)不答应是因为来旺的儿子吃酒赌钱,品行不好。(2)最终答应是因为来旺是凤姐的陪房,凤姐替来旺做的主。

2.①来旺的儿子相貌丑陋,品行不端;②彩霞心中已经有了意中人贾环。

第七十三回
痴丫头误拾绣春囊　懦小姐不问累金凤

1.①害怕贾府的名誉受损,贾府是高

门,绣春囊有辱门楣;②对大观园有这样的物件而感到出乎意料。

2.①林之孝家的是大观园中管事的媳妇,园中出现了赌博是她管事不力;②三个大头家里就有林之孝的两姨亲家,所以连带着被斥责。

第七十四回
惑奸谗抄检大观园　矢孤介杜绝宁国府

1.①司棋与潘又安的关系被鸳鸯撞破过,她有一定的心理建设;②司棋对潘又安是真爱,她觉得这些定情之物并不是见不得人的。

2.①写出晴雯泼辣的性格特点;②反映了被王夫人责骂之后,晴雯内心的气愤;③反映了晴雯内心的光明磊落,以及对查抄者的极度不满。

第七十五回
开夜宴异兆发悲音　赏中秋新词得佳谶

1. 因为绣春囊事件,王夫人出面搜查大观园,虽然没有查抄薛宝钗的地方,但是薛宝钗作为客人,为了避嫌所以要搬出大观园。

2.①拮据是为了说明贾府的逐渐衰落,寅吃卯粮;②八月十五过节时的奢华是为了说明贾府的奢侈;③这样的对比,是为了说明贾府即使明知经济拮据也依然不能节约,暗示了贾府败落的必然。

第七十六回
凸碧堂品笛感凄清　凹晶馆联诗悲寂寞

1. 妙玉。

2.①凸碧堂在山的高处,凹晶馆在低洼近水处,与字义照应;②凸碧堂和凹晶馆,名称对比又呼应,逸趣横生;③凸和凹用字新颖不落窠臼,而且出自典故,充满雅趣。

第七十七回
俏丫鬟抱屈夭风流　美优伶斩情归水月

1. 晴雯。

2. ①觉得自己时日不多,所以和宝玉交换信物,彼此有个念想;②大家都误解她是狐狸精,与宝玉有染,不如做实,交换了袄子就是宝玉的人了;③这是对封建礼教的反抗,对不公命运的抗争。

第七十八回
老学士闲征姽婳词　痴公子杜撰芙蓉诔

1. ①模样好,性格爽利;②针线手工非常出众。

2. ①薛姨妈身体不好,需要可靠的人照顾;②薛蟠要娶老婆,家里的活计需要宝钗操持;③为了宝钗方便,园子的小角门总开着,会不安全。

第七十九回
薛文龙悔娶河东狮　贾迎春误嫁中山狼

1. 孙绍祖。

2. ①从家世来看,夏家是同在户部挂名的皇商,门当户对;②从品貌看,夏金桂读书识字且长相非常漂亮;③夏金桂的母亲非常喜欢薛蟠,对薛蟠很好,薛蟠对夏家印象很好。

第八十回
美香菱屈受贪夫棒　王道士胡诌妒妇方

1. 贾赦欠了孙绍祖五千两银子还不出来。

2. ①突出贾宝玉对女子关爱和体贴的形象;②表现贾宝玉对夏金桂的不满,对香菱的深切同情;③营造了幽默的氛围,讽刺了世人的愚昧。

第八十一回
占旺相四美钓游鱼　奉严词两番入家塾

1. 贾探春、李纹、李绮、邢岫烟。

2. ①南边的先生过于平和,镇不住调皮的宝玉;②贾代儒学问还可以,也能镇得住宝玉;③按照老辈的做法,一般不在外面选先生,而选本家有年纪有学问的人掌管私塾。

第八十二回
老学究讲义警顽心　病潇湘痴魂惊噩梦

1. "后生可畏""吾未见好德如好色者也"。

2. ①她非常同情香菱的遭遇,且黛玉是自小一起长大的,可以讨论;②她担忧自己的命运,觉得宝玉会娶黛玉,而自己将是宝玉的妾,她想探探黛玉的口风。

第八十三回
省宫闱贾元妃染恙　闹闺阃薛宝钗吞声

1. 总是一场空。

2. ①写出了贾府的奢侈和富贵,达到了尽人皆知的地步;②对比,贾府外在的富贵形象和内在的亏空形成对比;③提示主旨,这首歌的结尾,揭示了荣华富贵都是一场空的主旨。

第八十四回
试文字宝玉始提亲　探惊风贾环重结怨

1. ①贾元春非常喜欢宝玉,贾母希望能给元春一个交代;②宝玉的年龄也大了,到了说亲的年纪;③希望宝玉能像之前的贾政那样,娶亲之后改了脾性。

2. ①贾母心中已经有了合适的人选——宝钗;②张大老爷的女儿过于娇生惯养,贾母害怕性情不好;③张大老爷想要招一个入赘的女婿,贾母断然不能接受。

第八十五回
贾存周报升郎中任　薛文起复惹放流刑

1. 宝玉将要娶宝钗的事。

2. ①溜须拍马,竟然认宝玉为父亲;②觉得贾芸躲躲藏藏,想见又不敢见,觉得他别有所图。

第八十六回
受私贿老官翻案牍　寄闲情淑女解琴书

1. ①因为张三多看了蒋玉菡儿眼,惹怒了薛蟠;②又因为张三换酒迟了,薛蟠借此骂了张三;③张三不依伸了头让薛蟠打,薛蟠拿碗砸了张三的头,张三就死了。

2. ①孔子借《猗兰操》抒发自己生不逢时的感慨,触动了黛玉的生不逢时之感;②看着花,想到自己的身体多病娇弱,不禁悲伤。

第八十七回
感秋深抚琴悲往事　坐禅寂走火入邪魔

1. 因为妙玉喜欢宝玉。

2. ①黛玉看宝玉身上的挂件都被小厮拿走,误会宝玉将自己做的香囊也送人了;②宝玉赌气,把放在衣服里的香囊丢给了黛玉;③黛玉生气,拿了剪刀就把香囊给剪了。

第八十八回
博庭欢宝玉赞孤儿　正家法贾珍鞭悍仆

1. ①惜春喜欢佛门的事务,对抄经很自信也感兴趣;②为惜春最终出家的情节做了铺垫。

2. ①鲍二因为果子核对账目的问题跟周瑞发生了争执;②何三是周瑞的干儿子,为了给干爹出气就跟鲍二打了起来。

第八十九回
人亡物在公子填词　蛇影杯弓颦卿绝粒

1. ①暗示了黛玉已经听到了雪雁她们的对话;②鹦鹉的话吓了紫鹃、雪雁二人一跳,形成了紧张的氛围;③舒缓了叙事节奏,在紧张之余又给人幽默之感,充满趣味。

2. 侍书。

第九十回
失绵衣贫女耐嗷嘈　送果品小郎惊叵测

1. ①侧面督促薛蝌赶紧认真地把薛蟠的事处理好;②对邢岫烟受苦的心疼,想快点促成二人婚事;③对薛蝌表示感谢并借此表达将来依靠薛蝌的心意。

2. 王熙凤。

第九十一回
纵淫心宝蟾工设计　布疑阵宝玉妄谈禅

1. ①突出案情紧急严重,薛蟠的案子被道里驳回,情况更加紧急;②突出政府的腐败,人命官司也可以凭借金钱和人情关系而任意审改;③为薛宝钗因此而急火攻心生了病做铺垫。

2. ①因为薛蟠的事,薛姨妈心中烦乱;②因为宝玉的身份变化了,以前是薛姨妈的外甥,如今是未过门的女婿。

第九十二回
评女传巧姐慕贤良　玩母珠贾政参聚散

1. 司棋一心想嫁给潘又安,司棋的母亲不同意,结果司棋一头撞在墙上死了。

2. ①突出贾府的奢侈和富贵,所以冯紫英一有这样的宝物会想着卖给贾府;②贾府无力购买,也写出了贾府的衰落;③突出冯紫英身份高贵,有非凡的物品,毕竟是神武将军冯唐之子。

第九十三回
甄家仆投靠贾家门　水月庵掀翻风月案

1. 凤姐在馒头庵收了三千两银子答应静虚帮助张财主退亲，结果间接害死了金哥和守备之子这一对痴情男女。凤姐以为当年收受贿赂的事情东窗事发，所以急火攻心。

2. ①写出蒋玉菡演出的水平非常高，技艺精湛；②借助《占花魁》写出蒋玉菡是一个"情种"，一个非常重情之人；③借卖油郎秦种娶得王美娘的事为蒋玉菡娶得花袭人做铺垫。

第九十四回
宴海棠贾母赏花妖　失宝玉通灵知奇祸

1. ①紫鹃觉得宝玉见一个爱一个，不够专情；②紫鹃担心黛玉不能如愿嫁给宝玉而加重病情；③紫鹃担心自己将来不知着落何处，感到烦恼。

2. 悲：宝玉想到晴雯死的那年海棠死，海棠复生而晴雯不能死而复生，从而感到悲伤。喜：看见贾母喜欢，各人有兴头而感到喜；想到凤姐要把五儿补到怡红院，此花也许为她而开，所以宝玉又感到喜。

第九十五回
因讹成实元妃薨逝　以假混真宝玉疯癫

1. 因为皇帝宠爱，身体发福；时常发痰疾，起居劳乏；侍宴回宫，偶感寒气，勾起旧病，太医调治没有效果，最终病逝。

2. ①贾母认为造假玉的人是贫穷人家，没办法才骗钱；②贾母害怕惩罚了这个人，以后有人得了真玉也不敢送来。

第九十六回
瞒消息凤姐设奇谋　泄机关颦儿迷本性

1. ①傻大姐在大观园里捡到"绣春囊"，导致了搜查大观园的事情，从而司棋

被逐，晴雯病死；②傻大姐告诉黛玉宝玉结亲的事，导致了黛玉焚稿断痴情，泪尽而死；③傻大姐的形象天真可爱，与大观园众女子的聪慧形成对比，让读者忍俊不禁。

2. ①贾母更疼宝玉，林黛玉远没有宝玉重要；②在贾母看来，林黛玉好处理，她知道了也不会闹出什么事；③贾宝玉性格偏执、固执，如果知道娶宝钗肯定不依；④侧面反映了宝玉对黛玉真挚而深刻的爱。

第九十七回
林黛玉焚稿断痴情　薛宝钗出闺成大礼

1. ①婚礼不是按照正常的形式办理，宝钗觉得委屈；②宝钗知道宝玉喜欢的是黛玉，内心失落难过；③宝钗心中已经知道了调包计的安排，觉得饱受屈辱；④此时的宝玉非彼时的宝玉，已经变得痴傻，宝钗为自己的将来担忧。

2. 凤姐用的是调包计，想要派紫鹃来搀扶宝钗，就可以让宝玉以为自己娶的是黛玉，从而完成婚礼仪式。

第九十八回
苦绛珠魂归离恨天　病神瑛泪洒相思地

1. ①宝钗自小跟黛玉相识，且跟黛玉关系不错，所以内心悲痛；②宝钗也是悲叹自己，宝玉痴傻，心中却只装着黛玉。

2. ①宝玉正在结亲，贾母两头为难，最终认为宝玉更亲，选择照看宝玉；②王熙凤担心贾母身体，故意骗贾母说宝玉找她。

第九十九回
守官箴恶奴同破例　阅邸报老舅自担惊

1. ①是同乡人，并且素来交好；②周琼的儿子长得好，且原先就提过这件亲事；③周琼调任海疆，和贾府门当户对。

2. 因为贾政廉洁,州县馈送一概不收,导致门房签押等人无油水可捞。

第一○○回
破好事香菱结深恨　悲远嫁宝玉感离情

1. ①王夫人为了安慰贾母,说明贾探春的远嫁未必不是一件好事;②写出了孙绍祖的残暴可恶,以及贾迎春的悲惨命运;③暗含贾府势力的衰微,孙绍祖对贾迎春的虐待反映了他完全不把贾府放在眼里;④凸显了贾赦的冷漠无情,为了五千两银子而置女儿迎春的生死于不顾。

2. ①薛蟠跟香菱关系好,东西托香菱看管,香菱也为他缝洗衣物;②夏金桂强行拖住薛蝌,想行不轨之事时被香菱撞见,薛蝌得以逃脱。

第一○一回
大观园月夜感幽魂　散花寺神签惊异兆

1. ①渲染了大观园此时极致的冷清和孤寂,没几个人住在园中了;②呼应前文秦可卿死前托梦,暗示了贾府的败落,秦可卿的提醒正是贾府败落的表现;③秦可卿的话说明贾府中贪图享受的人多而谋划基业的人无。

2. ①因为凤姐要走了怡红院的小红,想用五儿补小红的缺;②五儿长得很像晴雯,宝玉非常喜欢她。

第一○二回
宁国府骨肉病灾禭　大观园符水驱妖孽

1. ①"悲"是因为探春远嫁,园中姐妹日少,宝玉非常不舍得;②"喜"是因为宝玉有所悟,明白姐妹们终有一天是要嫁人的;③宝玉认为,探春远嫁也许能有好的归宿。

2. ①贾政是元妃的父亲,皇帝念及旧情格外开恩;②皇帝觉得贾政初次外任,不懂得吏治,是被属员蒙蔽。

第一○三回
施毒计金桂自焚身　昧真禅雨村空遇旧

1. ①夏金桂让宝蟾熬了两碗汤,一碗给香菱一碗给自己;②宝蟾不爽,将给香菱喝的汤里多放了一把盐捉弄香菱,并做了记号;③夏金桂支开了宝蟾,给没多放盐的那碗下了毒;④宝蟾一看夏金桂拿多放了盐的那碗自己要喝,宝蟾怕被骂所以趁机调换了汤,结果夏金桂毒死了自己。

2. 宝钗责问宝蟾夏金桂首饰下落的时候,宝蟾说夏金桂都拿给娘家了,并说了夏金桂让过继的弟弟买毒药的事。夏金桂的母亲畏惧,因而改口说是宝蟾毒死了夏金桂。

第一○四回
醉金刚小鳅生大浪　痴公子馀痛触前情

1. ①"仗势欺人"指的是王熙凤收了三千两,帮助张财主悔婚之事;②"盘剥小民"指的是贾赦为了古董扇子,害死了石呆子的事;③"强娶有夫之妇"指的是贾琏不顾尤二姐已经许给张华,偷娶尤二姐之事。

2. 因为当年贾雨村在都中就与冷子兴相识,且后来贾雨村在林如海家当黛玉的老师时,曾和冷子兴在扬州城外的酒店中相遇,并谈及贾府诸事。所以,冷子兴和贾雨村有交情。

第一○五回
锦衣军查抄宁国府　骢马使弹劾平安州

1. ①凤姐此时生病未愈,受到刺激,身体虚弱而昏死;②凤姐害怕自己私藏的借票财物等被查抄,成为罪证,急火攻心而昏死。

2. ①赵堂官一心想整垮贾府,而西平王处处维护,赵堂官敢怒不敢言;②赵堂官以为北静王会帮他彻底查抄贾府,所以感到很高兴。

第一〇六回
王熙凤致祸抱羞惭　贾太君祷天消祸患

1.鲍二和周瑞的干儿子何三打架,贾珍打了鲍二和何三各五十鞭子,并撵了他们,鲍二怀恨在心,所以告发了贾珍。

2.①老太太年老不得安,老爷太太遭此劫难让宝玉很是心疼;②众姐妹离散,园中的人日少,异常冷清,尤其是想到黛玉之死,宝玉心疼无比;③眼见宝钗忧兄思母,心里不忍,最终号啕大哭。

第一〇七回
散馀资贾母明大义　复世职政老沐天恩

1.①贾母非常精明周全,资产分配一清二楚,谁多谁少合情合理;②贾母非常大度宽容,舍得将资产都拿出来分配,且不责怪凤姐;③贾母非常疼爱宝玉,将所剩金银单独留给宝玉。

2.①皇帝将剥夺的贾赦的爵位给了贾政,说明了皇恩犹在;②众亲戚的趋炎附势、见风使舵。

第一〇八回
强欢笑蘅芜庆生辰　死缠绵潇湘闻鬼哭

1.①大家说话容易说到不好的事情上去;②让鸳鸯行酒令,大家热闹些讨贾母的欢心;③鸳鸯擅长行酒令,当年金鸳鸯三宣牙牌令的时候,非常热闹。

2.①想到了之前做的关于"金陵十二钗"的梦,与现实对照深有感触;②看到眼前的人剩下的不多了,感到冷清;③想到黛玉已经去世,一时按捺不住情绪,流下泪。

第一〇九回
候芳魂五儿承错爱　还孽债迎女返真元

1.①因为宝钗的生日多吃了东西而

感到胸口发闷;②得知迎春去世,从而加剧病情最终去世。

2.①史湘云的丈夫得了痨病,只有四五年光景;②贾母此时病重,琥珀害怕刺激到贾母。

第一一〇回
史太君寿终归地府　王凤姐力绌失人心

1.①贾政深受儒家的丧葬观影响,认为葬礼不在于物质的奢侈,而在于情感的悲伤;②贾府此时刚受劫难,经济有限,不宜大肆铺张,落人口舌;③留下的钱买祭田,以后回去也有退路。

2.①想起往日贾母待她的好,心疼贾母的去世;②想起自己命苦,才貌双全的丈夫得了不治之症。

第一一一回
鸳鸯女殉主登太虚　狗彘奴欺天招伙盗

1.①因为和鲍二争执,何三挨了贾珍的打,并被赶出贾府,心中有恨;②何三爱赌博又囊中羞涩,加上有人唆使他去偷盗,一拍即合。

2.秦可卿。

第一一二回
活冤孽妙尼遭大劫　死雠仇赵妾赴冥曹

1.①这句话暗讽惜春看家没有看好,失了职责,遭了盗贼;②这句话暗指家里遭盗贼正是因为和惜春要好的妙玉要从腰门过而引起,职责在惜春。

2.(1)包勇认为主子让他看园子,腰门开来开去不安全。(2)看腰门的老婆子知道惜春和妙玉要好,怕得罪了惜春,所以央求让妙玉进来,包勇没有办法。

第一一三回
忏宿冤凤姐托村姬　释旧憾情婢感痴郎

1.①他知道妙玉被掳走之后,以妙玉

的个性一定是凶多吉少;②宝玉想到大观园的女孩子,死的死,嫁的嫁,如今园子甚是冷清。

2.①紫鹃知道了宝玉的婚事是众人在他病得糊涂的时候骗他成的;②紫鹃看到宝玉总是因思念黛玉而伤心,非负心之人;③宝玉总是向紫鹃询问黛玉死时的情状,他的柔情打动了紫鹃。

第一一四回
王熙凤历幻返金陵　甄应嘉蒙恩还玉阙

1.①薛家因为薛蟠在狱中,不好大办婚宴;②贾府遭了抄家的罪责,众人没有兴致,薛家不好宴请;③邢岫烟在邢夫人处太苦了,薛家想尽快办了婚礼。

2.(1)因为秋桐是贾赦赐予贾琏的,身份要更高贵。(2)平儿为了帮助贾琏典当了自己的东西,贾琏非常感动。而秋桐却处处为难平儿,贾琏才心生厌恶。

第一一五回
惑偏私惜春矢素志　证同类宝玉失相知

1.麝月说的"亏的当初没有砸破",勾起了宝玉当年初见黛玉时的回忆,宝玉因而再次昏死。

2.①贾宝玉发现甄宝玉和自己体貌非常相似,很有好感;②贾宝玉跟甄宝玉梦中见过,觉得和他同心,引为知己;③甄宝玉夸赞贾宝玉清雅,贾宝玉觉得这是夸赞女孩儿的话,很受用;④甄宝玉最终说的仕途经济的话让贾宝玉觉得甄宝玉是禄蠹。

第一一六回
得通灵幻境悟仙缘　送慈柩故乡全孝道

1.惜春认为应该影射了宝玉将入佛门。

2.①认为宝玉无情,看到黛玉灵柩回去也并不伤心;②紫鹃独自伤心,也不见宝玉来安慰一番;③觉得那天宝玉在门外对黛玉的深情回忆也是虚假的。

第一一七回
阻超凡佳人双护玉　欣聚党恶子独承家

1.王仁。

2.因为妙玉对宝玉的态度很好,对贾环却正眼都不瞧他一下,所以贾环讨厌妙玉。

第一一八回
记微嫌舅兄欺弱女　惊谜语妻妾谏痴人

1.①紫鹃的抉择让宝玉想起了黛玉,所以哭;②宝玉认为紫鹃跟着惜春出家是很好的归宿,所以支持。

2.①平儿看那几个人的样子,判断不像是来自皇族宗室的王府;②平儿心底觉得王仁、邢大舅等人不靠谱,从而留心打探;③平儿通过向其他的丫头婆子打听,知道了事情的真相。

第一一九回
中乡魁宝玉却尘缘　沐皇恩贾家延世泽

1.(1)刘姥姥。(2)计策是平儿带着巧姐儿先躲到刘姥姥的村里,再派人写信送给贾琏。

2.①宝玉走失,王夫人形容枯槁,探春非常难过;②看到惜春道姑打扮,探春心里非常不舒服。

第一二〇回
甄士隐详说太虚情　贾雨村归结红楼梦

1.指的是香菱难产而死,甄士隐将之接引到警幻仙姑那里的事。

2.喜是因为贾政得知贾宝玉和贾兰都考中了举人;悲是因为贾宝玉走散,不知所终。

从"人世美好"到"人间地狱"的过程。他将自己体会的苦难和认知融入《好了歌》的注解中,尤其深刻。第三,甄士隐的注解道出了人世间的普遍真实。这样的体验不是甄士隐个人的,而是一种普遍性的存在。我们以纵向的历史看生活,不难发现:生活不可控,苦难经常有。

✅ **考 点**

1. 贾雨村为什么看到甄府的丫鬟娇杏看他两眼就"狂喜不尽"?

_____

_____

2. 结合本回说说甄士隐的人物形象。

_____

_____

3. 《红楼梦》一书有多个名字,然而如今的一百二十回通行本一般都以"红楼梦"为书名,请结合小说谈谈原因。

_____

_____

🍃 **学习笔记**

第二回

贾夫人仙逝扬州城　冷子兴演说荣国府

情节概要

1. 贾雨村做了知府，封了银两要娶娇杏做二房，后因为贪酷被革职，故而游览天下胜迹。

2. 贾雨村当了林黛玉的老师，在一处酒肆中遇见了周瑞的女婿冷子兴，冷子兴跟他讲了贾府的情况。

3. 冷子兴着重讲了衔玉而生的贾宝玉，并评价其为"色鬼"。贾雨村不以为然，并讲了一番大道理。

4. 贾雨村跟冷子兴讲了关于甄宝玉不肯读书而跟女子极好的话，冷子兴则介绍了贾元春、贾迎春、贾探春和贾惜春等人。

值得一问

首先，贾雨村讲的那一番话有什么作用呢？

冷子兴说了贾宝玉衔玉而生的离奇经历，并说宝玉抓周只挑远处的脂粉钗环，以及宝玉认为"女儿是水作的骨肉，男人是泥作的骨肉"，因此断定贾宝玉是"色鬼"。贾雨村不以为然，进而引发了一段关于"邪气""正气""应劫而生""应运而生"的长篇大论。我们现在读着觉得这一理论毫无科学依据，简直胡说八道，直接跳着看了。但实际上这一段大有用意。第一，暗示了主题。

我们一直强调《红楼梦》的主题非常博大，我们很难说它就是反映了某一个主题，但是"大旨谈情"这个方向是不错的。贾雨村明确指出这样的人如果生在了"公侯富贵之家"，那就是情痴情种。贾宝玉他们正是出生在这样的人家，所以这一段为小说的主题"谈情"定下了基调，当然，这个"情"的含义很广。第二，暗示《红楼梦》中的人物群像。贾雨村的这番话，其实既指向现实人的性情，又指向《红楼梦》中人的性情。它实际上是对传统小说、对人性非正即邪的突破，《红楼梦》中人物的性情大多属于"邪气""正气"相合的类型，没有绝对的"圣"，也没有绝对的"邪"。第三，为贾宝玉的出场做了铺垫。贾宝玉作为《红楼梦》里的主角，那是很有排场的！在出场之前，冷子兴的介绍就吊足了胃口，冷子兴的话更是向我们展示了很多人对宝玉的评价。但是，贾雨村却将之断然否定，给贾宝玉的性格以理论的基础，为我们呈现了更加全面而饱满的贾宝玉的人物形象。第四，给读者想象的空间。贾宝玉到底是一个怎样的人？这是我们读了这番论述之后最想知道的。如果说冷子兴对宝玉是世俗的评价，那么贾雨村则是超越世俗的理论建构。正是因为这些理论，让我们对宝玉乖张的性情有了更多探索的空间。第五，显示了贾雨村的博学和过人的眼光。我不喜欢贾雨村这个人，攀权附贵，落井下石。但是不妨碍贾雨村确实眼界不凡，有真才实学。其实，贾雨村的见识既成就了他也毁灭了他。

其次，让冷子兴来介绍贾府情形有什么好处？

第一，设下悬念。这是有限视角下的贾府情状，通过冷子兴的介绍，我们知道了贾府的概况，以及他人对贾府众人的评价。与作者直接介绍贾府的情形不同，通过冷子兴的介绍，我们所知道的贾府，仅仅局限于冷子兴所知道的。那么，冷子兴所说的内容、所作的评价到底中肯不中肯，客观不客观，全面不全面，都是我们需要思考的问题。第二，活泼生动。八卦之心人皆有之，冷子兴和贾雨村一个讲八卦，一个听八卦，而我们也跟着听贾府的八卦，这样的处理方式比作者絮絮叨叨地说要有趣得多。第三，举目张纲。冷子兴极具概括性地将贾府的历史给我们梳理了一遍，涉及了贾府中最主要的人物。可以说，小说就是依据冷子兴列举的纲目而徐徐展开的。第四，对比呼应。冷子兴谈及贾府的人事，既有对比的地方，也有呼应的地方，比如他眼中的贾宝玉,其实就是世俗人的一般看法,这和我们后来看到的贾宝玉是形成对比的。而冷子兴说贾府做事的少、享福的多,也和贾府的败落形成了呼应。不得不说冷子兴的嘴真毒,一语成谶!

☑ **考　点**

1. 林黛玉为什么写"敏"字故意减一二笔,念"敏"字则故意念成"密"?

_____

_____

2. 贾雨村介绍甄府里的甄宝玉有什么用意?

_____

_____

🍃 **学习笔记**

第三回

贾雨村夤缘复旧职　林黛玉抛父进京都

📋 **情节概要** ------------------------------

1. 黛玉母亲贾敏去世，贾母派人来接黛玉。林如海请贾雨村同行，并写信给贾政为雨村谋求复职。

2. 黛玉进贾府，不肯多说一句话、多行一步路，怕被人耻笑。见到黛玉，贾母众人不免伤感。

3. 黛玉见了大舅母邢夫人（贾赦之妻）、二舅母王夫人（贾政之妻）、李纨（贾珠之妻）、迎春、探春、惜春，后又见了王熙凤。晚饭后，宝黛初见，均有似曾相识之感。

4. 宝玉问黛玉是否有玉，听到黛玉说没有，宝玉则痛骂那块玉是"劳什子"，并哭闹着当众摔玉，经众人劝解才作罢。

👆 **值得一问** ------------------------------

首先，为什么虚写林黛玉的容貌？

我们发现在这一回，作者既借助林黛玉的眼睛看了众人，也借助众人的眼睛看了林黛玉。只是林黛玉眼中的众人形象较为清晰，比如贾母是满头银发的贵太太，迎春身材微胖、腮凝新荔，探春长挑身材、俊眼修眉，惜春身量未足、形容尚小，王熙凤丹凤三角眼、柳叶吊梢眉。但是众人眼中的黛玉形象却比较模糊，先是凤姐的一句"天下真有这样标致的人物，我今儿才算见了"，再是宝玉眼中的黛玉，"似蹙非蹙罥烟眉""似泣非泣含露目""姣花照水""弱柳扶风"，可以说都是侧面描写，都是虚写。作者这样安排有什么用意？第一，为了突出黛玉的美貌。可以说，黛玉的美貌已经非正面的描写可以写出，所以借助了侧面烘托的形式来写黛玉的美貌。通过他人的感触和反应写黛玉，更能衬托出黛玉容貌的惊艳。大家可以想啊，凤姐可以说是阅人无数了吧，连她都赞叹没有见过，可见黛玉容貌之惊艳！第二，给读者留下广阔的想象空间。虚写的好处就是想象的空间大，都说一千个读者心中有一千个哈姆雷特，这个说法同样可以套用在黛玉身上。依据虚写的大致形象，我们可以勾勒出我们心目中的黛玉形象。第三，为了突出黛玉的内在形象。这一回虚写黛玉的外在形象，其实更是为了让我们聚焦黛玉性格的谨慎小心。

其次，写宝玉摔玉有什么用意？

初次读宝玉摔玉的情节令人大为吃惊。而正是这样的情节安排，可以实现很多目的。第一，写出了宝玉性情的乖张和阴晴不定。作者写宝玉的形象用了抑扬结合的手法，先是王夫人的话，把亲儿子数落得一无是处；再是黛玉初见宝玉，宝玉给黛玉留下了极好的印象；然后是两首《西江月》的词，又把宝玉狠批了一通；紧接着宝玉跟黛玉聊天，我们发现他太会说话了，引经据典，还给黛玉取字"颦颦"，别说黛玉了，各位读者读到这里恐怕也无不是带着"姨母笑"阅读的；最后宝玉砸玉，这一砸，宝玉的好形象几乎被毁。第二，写出了宝玉对黛玉的重视。在宝玉的心中，如同神仙一样的黛玉也是应该有玉的，这样自己的玉才有了价值。结果黛玉没有玉，这让他大失所望。第三，象征着宝玉对束缚的极力挣脱，拥有平等的意识。这块玉让宝玉变得独特，而宝玉砸玉正是他极力想要挣脱这种独特之束缚的表现，他同时希望姐姐妹妹们都有玉，如果不是，那么他宁愿自己也没有。

✔ 考 点

1. 贾母问黛玉读了什么书，黛玉回答刚读了"四书"；而宝玉问黛玉读了什么书时，黛玉却说不曾读，只认识几个字。黛玉前后回答的变化说明了什么？

2. 作者借黛玉的眼睛看贾政居室的陈设，多处使用"半旧"来修饰，有何用意呢？

_____

_____

🍃 **学习笔记**

第四回

薄命女偏逢薄命郎　葫芦僧乱判葫芦案

📋 情节概要

1. 贾雨村刚刚到任,就受理英莲被拐一案而牵扯的人命官司。

2. 小乡宦冯渊买了英莲,还未领回家,那拐子又把英莲卖给金陵一霸薛蟠。

3. 冯薛双方抢夺英莲,薛蟠打死了冯渊。贾雨村正准备缉拿要犯时,被手下门子止住。

4. 门子拿出一张本省的"护官符",并向贾雨村讲述四大家族的密切关系。

5. 贾雨村惧怕四大家族的势力,不思甄士隐赠银之恩,乱断了案。薛蟠夺走英莲后,随母亲薛姨妈、妹妹宝钗进京,在荣国府东北角梨香院住下。

👆 值得一问

首先,贾雨村在处理英莲一案时,他的态度经历了怎样的变化?

刚开始时,贾雨村想要秉持正义。在听到冯渊家人的陈述之后,贾雨村的本能反应是大怒,认为天下竟然有"这样放屁的事",因为明眼人都看得出来,过错方在薛蟠和拐子,冯渊简直就是冤大头。而且这样的案子居然告了一年都没人审理,所以贾雨村准备立马发签抓捕薛蟠。紧接着,贾雨村畏惧四大家族的势力心生犹豫。当得知薛蟠是四大家族之一薛家的人，以及薛家和贾家、史家、王家的关系后，贾雨村显得手足无措。一方面他刚到任，想要得民心服众；另一方面他又畏惧四大家族的势力，毕竟贾雨村曾经被革职，是贾政出手相助才谋得应天府知府的职位，所以才多次询问门子的处理意见。可见，贾雨村也乱了阵脚。最终，贾雨村选择向权贵低头，胡乱判了案。从最后的结果来看，贾雨村还是选择了听门子的话，并没有坚守所谓的正义，并且把断案的结果写信告诉了王子腾和贾政。

其次，从中我们可以看出贾雨村什么样的人物形象？

第一，虚伪冷漠。甄士隐是贾雨村的大恩人，恩人的女儿遭遇这样的不幸，他却全然不顾，可见其是一个冷漠的人；心中早就有了向权贵低头的心思，却口口声声"不忍废法"，可见其虚伪。第二，徇情枉法，为人狡诈。贾雨村固然是迫于压力才胡乱断案，我们固然可以说是官场的生态不好，但是贾雨村放弃了为官的原则，又想要维系为官的声名，这就做实了他卑鄙小人的人物形象！第三，攀权附贵，唯利是图。贾雨村为了自己的官位和利益，选择了向权贵低头，并且将徇私断案的情况写信给王子腾和贾政讨好邀功，体现了他的趋炎附势。

最后，贾雨村为什么要赶走给他出主意的门子？

给贾雨村出主意的那个门子，是当年葫芦庙里的小沙弥，可以说和他是旧相识。贾雨村判了案子之后，就找了个由头把他充军发配了。贾雨村赶走门子，主要有以下几方面的原因。第一，门子知道贾雨村当年的落魄和不堪。此时的贾雨村可是知府，君子不惧贫贱之交，但是小人可不能忍受。他需要维护为官的气派和威严。第二，门子是判这件案子的主要谋划者。就是说，贾雨村在这件案子上的徇私舞弊，门子是一清二楚的，这就相当于有把柄在门子手上，这也是贾雨村不能忍受的。第三，门子出言不逊，贾雨村不想受到门子制约。这个门子情商是真低！贾雨村问他怎么办的时候，门子居然说："老爷当年何其明决，今日何反成了个没主意的人了！"贾雨村多么高傲的人，他觉得我问你是给你脸，你居然敢讽刺我？还敢表现得比我聪明！他不会留这样的人在身边，所以门子也是自寻死路。

☑ 考 点

1. 说说薛蟠为什么打死了冯渊。

_____

_____

2. 说说薛蟠进京的目的都有哪些。

_____

_____

🍂 学习笔记

第五回

游幻境指迷十二钗　饮仙醪曲演红楼梦

情节概要

1. 贾母对黛玉一如宝玉,宝玉和黛玉格外亲近;相比黛玉,下人们更喜欢宝钗。

2. 宁国府园内开了梅花,尤氏请贾母等人赏梅花,宝玉想午睡,因不满于准备好的房间,秦可卿就带宝玉去了自己的房间。

3. 宁荣二公之灵托警幻仙姑警醒宝玉,警幻仙姑遂引宝玉梦入太虚幻境。宝玉看了一些判词,又喝了"千红一窟"茶、"万艳同悲"酒,听了《红楼梦》曲子,做了云雨之事。当夜叉要将宝玉拖入迷津时,宝玉大叫"可卿救命"。

值得一问

本回中出现的判词指的都是哪些人?

"霁月难逢,彩云易散。心比天高,身为下贱。风流灵巧招人怨。寿夭多因毁谤生,多情公子空牵念"是晴雯的判词。第一,"心比天高"是说晴雯很清高。第二,"身为下贱"是指晴雯奴婢的身份,她是赖嬷嬷送给贾母的,地位十分低下。第三,"风流灵巧招人怨"是说晴雯长相美丽,神似黛玉,加上心灵手巧,烧破的雀金裘只有晴雯能补。第四,"寿夭多因毁谤生"是说晴雯因被王善保家的诽谤而被王夫人逐出贾府,最终病死的事。

"枉自温柔和顺,空云似桂如兰。堪羡优伶有福,谁知公子无缘。"前两句是说袭人的温柔和善解人意。后两句是说袭人最后嫁给了蒋玉菡,与贾宝玉无缘。

"根并荷花一茎香,平生遭际实堪伤。自从两地生孤木,致使香魂返故乡。"这是香菱的判词。前两句指的是香菱从小被拐子拐走,后又嫁给薛蟠,饱受折磨的事。后两句是说香菱被夏金桂折磨致死,这和后四十回的续写不同。

"可叹停机德,堪怜咏絮才。玉带林中挂,金簪雪里埋。"这是林黛玉和薛宝钗的判词,二者相容。第一,"停机德"出自《后汉书·列女传·乐羊子妻》,指的是东汉乐羊子妻停下织机不织布来劝勉丈夫求学的故事,这里指的是薛宝钗。"咏絮才"则指林黛玉的卓越才华和高洁品质。第二,"玉带林中挂,金簪雪里埋",分别指林黛玉和薛宝钗的凄苦命运:前者惨死,后者守寡。

"二十年来辨是非,榴花开处照宫闱。三春争及初春景,虎兕相逢大梦归。"这是元春的判词。第一句是说元春二十岁已经通达人情世故,光彩照人,因而被选入宫中。后三句则暗示了元春之死。

"才自精明志自高,生于末世运偏消。清明涕送江边望,千里东风一梦遥。"这是探春的判词。前两句是说探春才情出众却可惜生在贾府的末世,又是庶出,命运不好。后两句则暗示着探春的远嫁。

"富贵又何为,襁褓之间父母违。展眼吊斜晖,湘江水逝楚云飞。"这是史湘云的判词。第一句说史湘云即使生在富贵人家,也因为父母早亡而得不到温暖。后三句是说史湘云婚后,幸福的日子很短暂,转眼间夫妻离散。

"欲洁何曾洁,云空未必空。可怜金玉质,终陷淖泥中。"这是妙玉的判词。前两句说妙玉追求高洁,皈依佛门却心许宝玉。后两句说妙玉最终被贼人掳走的悲惨命运。

"子系中山狼,得志便猖狂。金闺花柳质,一载赴黄粱。"这是迎春的判词,说迎春嫁给了忘恩负义的孙绍祖并被折磨致死。

"勘破三春景不长,缁衣顿改昔年妆。可怜绣户侯门女,独卧青灯古佛旁。"这是惜春的判词,第一句是说她看透了其他三个姐妹的命运,后三句说她的结局是出家为尼。

"凡鸟偏从末世来,都知爱慕此生才。一从二令三人木,哭向金陵事更哀。"这是凤姐的判词。前两句说凤姐有本事却生不逢时,后两句暗示凤姐从风光无比到落魄而死的命运。

"事败休云贵,家亡莫论亲。偶因济刘氏,巧得遇恩人。"这是巧姐的判词。前两句说巧姐被卖之事,后两句指巧姐被刘姥姥所救之事。

"桃李春风结子完,到头谁似一盆兰。如冰水好空相妒,枉与他人作笑谈。"这是李纨的判词,前两句说李纨一心养育贾兰,后两句说李纨一生三从四德,到老荣华来了却随即死去,白白给世人作谈资笑料。

"情天情海幻情身,情既相逢必主淫。漫言不肖皆荣出,造衅开端实在宁。"这是秦可卿的判词,前两句说秦可卿在天香楼跟贾珍偷情之事,此情节被曹雪芹删掉了,后两句暗指不长进的人不仅仅出自荣国府,宁国府才是败坏的开端,不要忘记贾珍可是贾氏的族长!

---- ☑ 考　点 ----------

1. 警幻仙姑为了让宝玉了悟都带宝玉做了哪些事情?

_____

_____

2. 警幻仙姑下凡原本是为了什么? 为什么变成警示宝玉了呢?

_____

_____

🍃 学习笔记

第六回

贾宝玉初试云雨情　刘姥姥一进荣国府

情节概要

1. 贾宝玉将警幻仙姑所授云雨之事与袭人试了一番，从此二人对待彼此更为亲密。

2. 王成的父亲和王夫人的父亲连了宗，王成的儿子狗儿因家资无法办冬事，岳母刘姥姥建议去贾府打秋风。

3. 刘姥姥带着板儿通过周瑞家的见到了凤姐，凤姐安排他们吃了早饭，并给了二十两银子。

4. 周瑞家的责备刘姥姥不会说话，刘姥姥解释是因为见到凤姐心里喜爱而乱说话。

值得一问

首先，为什么写宝玉和袭人的云雨之事？

《红楼梦》中的云雨之事写得非常隐晦，很多笔触甚至似有若无，所以很多情节引发了学者们的争论。但是，袭人和宝玉的这段关系是书中直接交代，毋庸置疑的。第一，为了交代警幻仙姑想要使宝玉了悟而没有成功。警幻仙姑先是引导宝玉进"薄命司"看府中众女子的判词，然后请他饮茶喝酒，接着给他听《红楼梦》并引子和结尾共十四支曲子，最后授他云雨之事，希望宝玉明白声色皆空的道理,从而能改过自新。宝玉到底有无了悟,小说没有明讲,但是通过本回宝玉和袭人云雨之事,可见宝玉没有了悟。第二,为了交代袭人和宝玉的特殊关系。袭人是贾母给宝玉的,其实就是准姨娘的身份,所以,袭人自己也觉得此举并非越礼。第三,和晴雯被赶走的情节遥相呼应,形成对比。《红楼梦》的魅力就是草蛇灰线,伏脉千里。晴雯被赶走,是因为王夫人认为晴雯妖冶,引诱宝玉。然而实际上,宝玉和晴雯之间清清白白。要真找出一个引诱宝玉的,更应该是袭人。然而讽刺的是,王夫人一心把袭人当好孩子看待,而对晴雯深怀偏见。我想,袭人虽然知道自己没有越礼,但是她知道自己越了情。王夫人绝对不能容许自己的儿子有这样的男女之事,所以,后来的袭人一直是以清白者的姿态出现在王夫人面前的。

其次,叙写刘姥姥一进荣国府有什么用意?

刘姥姥一共三次进贾府,每一次都极具意义。我们先看这一次。第一,借助刘姥姥的眼睛来展现贾府的奢华。刘姥姥是乡下人,她看见的贾府和林黛玉看见的贾府是有区别的。林黛玉看见的是贾府宏观的结构和文化,刘姥姥看见的则是贾府细节上的富贵和奢华。刘姥姥看见平儿穿金戴银,看见满桌的鱼、肉,看见凤姐屋子里金碧辉煌的装饰和摆设,这些都深深震撼了这位乡下老妇人,并刷新了她的认知。说实话,不同阶层的人需要相应阶层人的眼睛带着看贾府才能有共鸣,我跟着刘姥姥看贾府是真的有共鸣!第二,写出了凤姐的周全和妥帖。凤姐一开始对待刘姥姥不知道用怎样的礼数。我们知道"礼数"的价值就是亲疏有别,尊卑有序。所以凤姐就支开了刘姥姥,询问周瑞家的关于刘姥姥的情况,当得知是连宗的亲戚之后,就拿出了二十两银子给刘姥姥。凤姐处理得井井有条,有礼有节。第三,以小见大,写出贾府事物的繁杂和处事之难。刘姥姥的事情是贾府每天一二十件事情中极小的一件,以此来写出凤姐处理事物之繁杂。而凤姐口中的大家庭的难处,虽然有夸张的嫌疑(此时贾府的经济状况还是不错的),但是盯牢大家族想捞点儿好处的穷亲戚也是不少的。第四,为刘姥姥二进贾府做了铺垫。因为有了这次进贾府得了好处的铺垫,才有了第三十九回,刘姥姥二进贾府答谢而引发的系列趣事。第五,写出了刘姥姥贫贱、乐观、大胆、莽撞的人物形象。刘姥姥的"贫"是穷,"贱"是地位卑微,要放弃所有的尊严去求贾府。但是从另一方面也可以看到刘姥姥的乐观和大胆,她敢去这样的豪门,并能安慰自己大不了当长见识,这样的刘姥姥给我们的感觉,更多的还是可爱!

☑ 考 点

1.刘姥姥为什么想着去贾府打秋风?又是如何进的贾府?

_____

_____

2.周瑞家的为什么责备刘姥姥不会说话?

_____

_____

🍃 学习笔记

第七回

送宫花贾琏戏熙凤　宴宁府宝玉会秦钟

情节概要

1. 周瑞家的送走刘姥姥后找王夫人回话，遇见薛宝钗，宝钗跟她讲了自己的热毒以及炮制冷香丸的方法，周瑞家的听了感慨不已。

2. 薛姨妈托周瑞家的将堆纱的宫花十二支送给姑娘们戴，周瑞家的依次送给迎春、探春、惜春、凤姐、黛玉。凤姐从四支中拿出两支给秦可卿，黛玉则表示不要。

3. 尤氏邀请凤姐去宁国府逛逛，凤姐带着宝玉一起去见了秦可卿的弟弟秦钟，宝玉感叹秦钟的品貌出众。

4. 宝玉、秦钟二人谈定了一起到贾府私塾读书的事，离开的时候焦大因为被派遣送秦钟而趁着酒兴破口大骂。

值得一问

首先，写周瑞家的送宫花有何用意呢？

第一，写出了薛宝钗打扮朴素，不喜欢花儿粉儿的人物形象。这是跟薛宝钗服的"冷香丸"放在一起交代的，先是周瑞家的问出宝钗正在吃的药是冷香丸，后是薛姨妈回答周瑞家的宝钗不喜欢花儿粉儿。其实这是再次突出宝钗外热内冷的个性特点，冷香丸的冷艳和宝钗是相符的，外在打扮的朴素也符合宝钗"冷美人"的特点。第二,隐晦地写出了贾琏和凤姐小夫妻的甜蜜生活和平儿的特殊身份。很多人看到这里的时候也许看不懂是什么意思,其实《红楼梦》反映的是世俗生活,从丰儿守在凤姐门槛上不让周瑞家的进去,到平儿叫丰儿舀水,再到奶妈摇头不说话,最后是一阵笑声里有贾琏的声音。这样的描写真是隐晦而传神!周瑞家的是老江湖了,当然明白这是凤姐和贾琏小夫妻的甜蜜相处日常。同时,我们也知道了平儿作为通房丫头的特殊身份,她是不避讳的。第三,暗示了惜春最终的命运。周瑞家的给惜春送宫花的时候,她正在和小尼姑智能玩,并说了句玩笑话,说自己也想剃了头当姑子去,可巧又送了花儿来。虽说是一句玩笑话,但是我们也可以看出惜春对像智能这样的姑子的生活,起码是感兴趣的,这也为最终惜春出家埋了伏笔。第四,写出了黛玉孤高、不通世俗人情的性格,以及她不受待见的处境。当周瑞家的送花儿来时,黛玉首先的反应不是看看花好看不好看,而是问别人都有还是就她有。这可以反映出黛玉敏感好强的性格,她是寄人篱下的,格外担心被人看不起,所以黛玉的自我保护意识特别强烈,发展到极致就形成了孤高的个性,宁可不要,也不要别人挑剩下的。这一点晴雯和她特别像!其实,黛玉的敏感也是有原因的,周瑞家的送完"三春"后,明明黛玉的住处更顺路,反而先去了凤姐那里,人都是势利的,由此也可以从侧面看出,寄人篱下的黛玉在贾府生活确实不易。

其次,从焦大的醉骂中可以看出什么?

第一,可以看出焦大忠义、耿直、火暴的人物形象。焦大把老太爷从死人堆里背出来,有东西给主人吃,找来水给主人喝。所以,他对贾府是忠心耿耿的。而面对贾府不肖子孙日益骄纵的情况,焦大忧心忡忡,甚至口不择言,在凤姐等主子面前也敢破口大骂,可见焦大性情的耿直,脾气的火暴。第二,贾府中存在着种种乱象。焦大骂人的内容揭示了很多贾府的信息,都指向了贾府的生活作风问题。第三,贾府对待奴才的态度还是很宽容的。凭良心说,贾府对待下人确实不错!一般的人家,奴才对主子不管有多大的恩,说出这样的话,估计小命就不保了。而贾府却能容忍焦大到这个地步,顶多是填了满满的一嘴马粪。

✔ 考　点

1. 周瑞家的给黛玉送宫花，黛玉为什么不要？

　　_____

　　_____

2. 周瑞家的听了"冷香丸"的制作方法，为什么直念"阿弥陀佛"？

　　_____

　　_____

🍃 学习笔记

第八回

比通灵金莺微露意　探宝钗黛玉半含酸

📋 **情节概要**

1. 宝玉去梨香院看望宝钗，宝钗想看宝玉身上的玉。玉上面写着"莫失莫忘，仙寿恒昌"，和宝钗戴的金锁上的句子"不离不弃，芳龄永继"正好凑成一对儿。

2. 林黛玉来看宝钗，遇见宝玉也在，心里吃醋，故意讥讽宝玉。

3. 薛姨妈给宝玉他们准备了鹅掌鸭信和酒，雪雁送了暖炉，黛玉趁机又奚落了宝玉一番。

4. 宝玉回去，得知给晴雯留的豆腐皮包子和早上留的枫露茶都被李嬷嬷吃了，不禁大怒，摔破了茶杯，袭人谎称是自己滑倒回了贾母并安慰宝玉方罢。

5. 第二天贾蓉带着秦钟来见宝玉，一起拜见了贾母，入了贾府私塾。

👆 **值得一问**

首先，宝玉去梨香院看宝钗，为什么写了那么多的闲笔？

一会儿交代遇见贾政的清客詹光和单聘仁，一会儿又写宝玉遇见吴新登、钱华等人。第一，说明贾府的富贵，依附的人和处理事务的人之多。第二，写出了宝玉对贾政的畏惧。宝玉绕远路就是为了避开贾政，詹光等人说贾政在睡午觉，不妨事的，说得宝玉都笑了。

其次,听到清客们的话后,宝玉为什么笑了?

第一,开心,贾政在睡觉就不会来管自己。第二,难为情,自己对父亲的畏惧清客们都心知肚明,他还是不好意思的。第三,呼应了晴雯贴斗方儿的情节。钱华夸赞宝玉的斗方儿写得好,与后文宝玉回家后,晴雯抱怨帮宝玉贴斗方儿手冻得很疼的情节有了呼应,也才引出了宝玉因为心疼晴雯而想起了先前为晴雯留的豆腐皮包子,继而引发了宝玉对李嬷嬷的不满。

再次,宝玉为什么讨厌李嬷嬷,要撵走了她?

宝玉讨厌李嬷嬷是很好理解的,本质上就是青春期和更年期的碰撞。第一,宝玉在自己的姨妈家吃饭喝酒,原本是很开心的事情,李嬷嬷却总是制止宝玉喝酒,这让宝玉心里很不痛快。第二,宝玉给晴雯专门留的豆腐皮包子,李嬷嬷却自作主张拿给自己的孙子吃。晴雯在宝玉心里的地位应该是仅次于袭人的,或者说是并重的。他知道晴雯喜欢吃豆腐皮的包子,所以特地留下给晴雯。李嬷嬷却拿给自己的孙子吃,这就不识相了。第三,宝玉早上留的枫露茶也被李嬷嬷喝了,导致宝玉彻底生气了。李嬷嬷太不把自己当仆人了,宝玉吃过她的奶尊重她,那是体现主子的礼节;李嬷嬷在宝玉这里不管不顾,吃这吃那,就是丢了仆人对主子的尊重。宝玉一气之下就要撵走李嬷嬷,袭人却说要撵就把大家都撵走好了,自然有更好的来服侍宝玉。袭人明显不愿意宝玉撵走李嬷嬷,甚至帮着她。

最后,袭人为什么帮李嬷嬷,不让宝玉撵呢?

主要有以下原因:第一,李嬷嬷固然做得不对,但是不至于被撵走,且袭人知道李嬷嬷毕竟是宝玉的奶妈,身份跟寻常的奴才不同。第二,这不符合贾府怜贫恤老的名声,也对宝玉的名声不利。就因为李嬷嬷吃了这点东西就把她赶走,传出去贾府怎么在豪门贵族里立足?宝玉的脸还要不要了?大家肯定会说贾府抠到家了!第三,不利于袭人维护自己大丫头的身份。袭人是宝玉房里的大丫头,宝玉因为这个事情要赶走李嬷嬷,如果闹起来贾母等人一定不会同意,同时也会觉得袭人关系处理得不好。此外,如果李嬷嬷知道这事一定认为是宝玉的丫头们挑唆的,不管是哪个丫头,袭人都不能脱了干系。所以袭人努力地大事化小,小事化了,与其说是在帮李嬷嬷,不如说是在帮自己。

☑️ **考 点**

1. 雪雁来给黛玉送暖炉,黛玉听是紫鹃让送的就说:"也亏你倒听他的话。我平日和你说的,全当耳旁风;怎么他说了你就依,比圣旨还快些!"宝玉听了知道黛玉在奚落自己。黛玉表面上是说紫鹃和雪雁,实际上另有所指。请分别说明紫鹃和雪雁的所指对象和黛玉奚落宝玉的具体内容。

_____

_____

2. 李嬷嬷劝宝玉少喝酒,黛玉悄悄跟宝玉说:"别理那老货,咱们只管乐咱们的。"李嬷嬷不知道黛玉的意思,就说黛玉劝劝宝玉还听些,现下反倒是助着宝玉。黛玉的意思到底是什么呢?

_____

_____

🍃 **学习笔记**

第九回

恋风流情友入家塾　起嫌疑顽童闹学堂

情节概要

1.宝玉要和秦钟去上学,听完袭人吩咐后宝玉去见了贾政,贾政询问李贵宝玉读书的情况,李贵说读了《诗经》的"呦呦鹿鸣,荷叶浮萍",逗笑了众人。

2.宝玉、秦钟二人愈加亲密,薛蟠之前也来了学堂并勾搭上了香怜、玉爱二人。宝、秦、香、玉四人互生好感,八目勾留,引得众人背后议论。

3.一日贾代儒有事让贾瑞看管,香怜和秦钟出去说体己话被金荣诬陷,贾瑞恨香怜、玉爱不在薛蟠面前提携自己,反而责怪了香怜。

4.贾蔷因为和贾蓉关系好,而秦钟是贾蓉的小舅子,所以挑唆茗烟去打金荣,又牵扯了贾菌、贾兰、锄药、扫红、墨雨,众人闹成一团。

5.李贵进来得知事情原委,宝玉定要告知贾代儒、金荣的姑姑璜大奶奶,李贵让金荣给秦钟下跪磕头方罢。

值得一问

首先,贾蔷为什么要挑唆茗烟去打金荣?

第一,贾蔷要置身事外。贾蔷是很有心机的人,他自己不好出面,毕竟他是贾府的正派玄孙,闹出事情不好看。所以,最好的办法就是挑唆年轻气盛的茗烟。而当茗烟进来闹的时候,贾蔷就借故离开了学堂,这样他就有不在现场的证据。第二,为了替贾蓉出气。贾蓉是贾蔷最铁的哥们儿,因为贾蔷父母早亡,他是跟着贾珍长大的,直到十六岁。贾蔷、贾蓉可以说是一起长大的兄弟,感情当然是非同寻常的。而秦钟是秦可卿的弟弟,那就是贾蓉的小舅子。兄弟的小舅子被人欺负了,贾蔷当然不能袖手旁观。第三,他痛恨金荣这一类人。金荣这类人是真正的小人,原本巴结着薛蟠这个败类,一看薛蟠勾搭上香怜和玉爱而冷落了自己,于是就怀恨在心,趁着秦钟和香怜说体己话的时候想要占二人的便宜,占不着便宜就诬陷他们俩做了不可描述的勾当,可恶至极!而贾蔷痛恨金荣这类人是有原因的,贾蔷一直生活在贾珍家里,生活当然是无比优越的。但是,长到十六岁,贾珍不得已让他出去过活,贾蔷的生活可以说是从天上掉到了地下。而造成贾蔷如今悲苦生活的,正是金荣这类人。因为宁国府人多口杂,贾蔷、贾蓉长得又好看,兄弟二人又格外亲密,所以流言四起,贾珍顾及流言所以让贾蔷去外头过活,贾蔷对这类人的恨可想而知。

其次,茗烟怎么敢大闹学堂?

第一,金荣不占理,而且他还是贾府的远亲。香怜和秦钟只是说说体己话,而且说的话也没有什么逾矩的地方。倒是金荣心生邪念,想要趁机占二人的便宜,以此威胁秦钟、香怜,下流无耻!再加上茗烟知道金荣只是璜大奶奶的侄儿,璜大奶奶自己在贾府也无权势,所以茗烟不怕。第二,贾代儒不在,贾瑞自己也不干净,镇不住。贾代儒有事,让贾瑞看管,而贾瑞自己也是个不正经的人,因为香怜没有在薛蟠面前提携自己,他就有意为难秦钟他们,茗烟看不过。第三,牵连了宝玉,且有宝玉作为自己的后盾。秦钟是宝玉的好兄弟,茗烟知道宝玉对秦钟的维护之心,所以也是替宝玉出头,宝玉也会罩着自己。第四,知道有李贵兜底。这群仆人中李贵才是管事的,茗烟知道自己只是小喽啰,要责罚也有李贵顶着,所以他大闹学堂不怕事大。

✓ 考 点

1. 贾政询问李贵宝玉读书的情况,李贵说读了《诗经》的"呦呦鹿鸣,荷叶浮萍",众人大笑,连贾政都撑不住笑了。请问众人为何笑?

_____

_____

2. 宝玉要跟秦钟去读书,那一日袭人早早收拾好了宝玉的东西,坐在床沿上发闷。请问袭人为什么"发闷"?

_____

_____

🍂 **学习笔记**

第十回

金寡妇贪利权受辱　张太医论病细穷源

情节概要

1. 金荣受了气告诉母亲，母亲劝金荣忍气，金荣的母亲又把事情告知璜大奶奶（金氏），金氏生气要去宁国府告状。

2. 尤氏看到金氏就说了秦可卿生病的事情，金氏不敢提金荣受辱的事就回去了。

3. 冯紫英向贾珍推荐张友士给秦可卿看病，张友士看了脉，开了药。

值得一问

首先，金氏为什么气势汹汹地去，高高兴兴地回？

金荣受了气，就跟自己的母亲抱怨，金荣母亲知道能在贾府的学堂读书机会难得，自己家根本不能得罪贾府而失去这个读书的机会，所以就让儿子忍气吞声。结果她还是没忍住，当金氏来看他们的时候，金荣的母亲把学堂里的事一五一十地跟金氏讲了。我们先看金氏生气的原因。第一，金氏觉得秦钟也不过是沾了贾府亲戚的边，没有比金荣高贵在哪里。秦钟只不过是贾蓉的小舅子，也不是贾府什么正经的亲戚。所以，金氏觉得没有必要怕了他。第二，她觉得秦钟和宝玉的做法过分了。只不过是同学之间闹了矛盾，况且她认为秦钟他们做的也不是什么有脸面的事情，没必要就逼金荣到下跪的程度，金氏觉得宝玉也没必要偏心到这个程度。第三，金氏觉得自己平常跟尤氏的关系不错,可以去跟尤氏告状,让秦可卿评理。不要忘记当时茗烟的话,金氏平常就对凤姐和尤氏巴结得不得了,所以她跟尤氏面上的关系确实应该不错。我们再看她为什么高高兴兴地回家。第一,金氏听尤氏说秦可卿生病了,就不敢再提金荣受辱的事。金氏向尤氏打听秦可卿,原本是为了告状,结果一听秦可卿患了重病,她连提都不敢再提了。毕竟秦可卿是尤氏的儿媳妇,又生了重病,再提这个事情气到她,那就得罪了尤氏和贾珍。金氏知道自己的分量,所以不敢提了。第二,尤氏和贾珍对金氏非常客气,金氏觉得有脸面就高兴地回去了。金氏毕竟靠巴结尤氏过活,眼看着尤氏跟自己讲那么些体己话,把她当自己人,加上贾珍还招呼她吃饭,金氏内心就觉得受到了莫大的尊重。作者将小人物的渺小和可悲真是写到了骨子里!

其次,为什么详写张友士的方子和医药理论?

有很多学者解读张友士这张方子,他们认为曹雪芹在这里花如此多的笔墨一定是深有用意的,我也这么认为。如果单纯只从文本的意义看,我觉得有以下几点。第一,突出张友士确实深谙医理。张友士对秦可卿病症的分析,我们如果换成现在的说法,大约就是月经不调、贫血、脾胃虚弱、血压过低。张友士开的那个方子也是以补气补血为主,所以,药是对症的。第二,说明秦可卿的病很严重。从原文的角度看,张友士说秦可卿的病是被耽误的,自己也只有三分的把握。高明如张友士也没有十足的把握,说明秦可卿的病情不容乐观。第三,暗示读者秦可卿的病是心病。我们通过看秦可卿的病症,发现她的病不是什么绝症,在中医里属于典型的气血两虚、月经不调的症状。按理说,依照贾府的能力,请的都是御医级别的医生,医术不说一定比张友士高明,起码寻常的水平是有的,而秦可卿的病一直不见好。根据这些药理,以及张友士说秦可卿"心性高强",可见秦可卿得的是心病而不是身体上的病,心病用汤剂当然医不好。

✔ **考　点**

- -

1. 金荣的母亲为什么劝金荣忍气吞声?

_____

_____

2.是谁向贾珍推荐的张友士？

_____

_____

🍃 **学习笔记**

第十一回

庆寿辰宁府排家宴　见熙凤贾瑞起淫心

情节概要

1. 众人给贾敬过生日，贾母因为多吃了桃子吃坏肚子不能来，贾敬让印一万张《阴骘文》分予人。尤氏安排众人吃饭。

2. 凤姐和宝玉来看秦可卿，秦氏说了自己没福大限将近的话，听得宝玉泪流满面。

3. 凤姐进入园子，碰见了贾瑞，贾瑞起了轻薄之心，凤姐表面劝他入席，心里想着如何报复。

4. 冬至节后，凤姐看望秦可卿，劝尤氏准备后事冲喜。凤姐跟平儿说了贾瑞一事。

值得一问

首先，宝玉听了秦可卿的话，为什么会哭得如此伤心？

第一，为秦可卿的病情感到悲伤。我们先看秦可卿说的话，大约是三层意思：第一层意思是说贾府上下的亲人全部待自己很好，第二层意思是说自己想报答众人的恩惠却力不从心，第三层意思是说自己未必能熬得到过年去。这几句话，每一句都让宝玉倍感伤心，尤其是最后一句——"未必熬的过年去呢"。第二，宝玉对秦可卿有着别样的情谊。我们知道，在第五回的时候,警幻仙姑授宝玉男女之事,希望宝玉能了悟,那个和宝玉缠绵的女子的幻象就是秦可卿。第三,宝玉感觉到命运的天定安排。同样是在第五回,宝玉在警幻仙姑的引导下看了金陵女子的册子,看了其中许多人的判词。宝玉当时不知道其中的意义,即使是面对此时的秦可卿,宝玉应该依然不知道判词的对应关系。但是,我觉得宝玉的了悟有一个漫长的过程。当他看到那些判词时,虽然不解其意,但是判词的内容已经悄然进入了宝玉的心中,成为宝玉日后最终了悟的一个根源。所以,秦可卿的这番话使宝玉第一次感受到人世死亡的无奈和痛苦,而之后接连的打击,让宝玉逐渐对上了判词的内容,最终了悟。因此,秦可卿的这番话,其实是宝玉悲的开端,也是他悟的开始。

其次,凤姐遭到贾瑞的轻薄为什么不直接拒绝呢?

第一,毕竟是亲人,不好直接撕破脸皮。贾瑞是贾代儒的孙子,贾代儒在贾府中是"代"字辈的长辈,又是贾府私塾的先生,所以,在贾府还是有些面子的。而且贾瑞的话只是一些暗示,没有实质性的冒犯。以凤姐的八面玲珑,当然会顾及彼此的颜面。第二,凤姐想给贾瑞改过的机会。凤姐其实还是想给贾瑞机会,希望他就此收手的,但是贾瑞完全不自重,凤姐才加深了怨恨,寻找惩罚他的机会。贾瑞冒犯凤姐后,凤姐回应说:"怨不得你哥哥时常提你,说你很好。今日见了,听你说这几句话儿,就知道你是个聪明和气的人了。这会子我要到太太们那里去,不得和你说话儿,等闲了咱们再说话儿罢。"第三,凤姐想逞威严,惩罚贾瑞。凤姐的计划是一步步成形的,如果贾瑞听了凤姐的这番话理解了,也就没事了。结果贾瑞不知好歹,更暴露的语言都说出来了,这就彻底激怒了凤姐。在离开的时候,凤姐才有意放慢了脚步,这就是死神的脚步了。一来引诱贾瑞上钩,二来心里想着惩罚贾瑞的计策。

最后,凤姐回复贾瑞的这段话有什么深意?

第一,"你哥哥时常提你,说你很好",既强调亲戚关系,又摆出贾琏对贾瑞的态度,希望贾瑞摆正位置,不要辜负了贾琏的信任。第二,说贾瑞"聪明和气",暗示贾瑞作为聪明人,该有聪明人的选择和做法。第三,说自己要去太太那里是急于脱身。至于"等闲了咱们再说话儿",那是纯粹的客套。聪明人就知道了,这个"闲"永远不会有!

✔ 考　点

1. 凤姐为什么劝尤氏给秦可卿准备后事?

_____

_____

2. 凤姐看了秦可卿来回复贾母,贾母问凤姐秦可卿怎么样,凤姐说:"暂且无妨,精神还好呢。"贾母听了,沉吟了半日。请说说贾母为什么"沉吟了半日"。

_____

_____

📝 学习笔记

第十二回

王熙凤毒设相思局　贾天祥正照风月鉴

📋 情节概要

---

1. 贾瑞来看凤姐，凤姐故意献殷勤，让贾瑞夜里去西边穿堂等自己，贾瑞苦等一夜，几乎冻死，回来还被贾代儒打了三四十板子，补了十天的功课。

2. 贾瑞贼心不改又来看凤姐，凤姐让他在自己房后过道中的空屋等她，结果贾瑞被贾蓉和贾蔷抓到，每人逼贾瑞写了五十两银子的欠条，贾瑞又被泼了粪水才逃回家。

3. 贾瑞得了重病，跛足道人给了贾瑞"风月宝鉴"，只让他照背面，结果贾瑞发现背面是骷髅，正面是凤姐，于是贾瑞专照正面，进入镜子与凤姐缠绵，最后惨死。

4. 林如海生病，贾母派贾琏送黛玉回扬州看望，宝玉万分不舍。

👆 值得一问

首先，贾瑞是被谁害死的呢？

第一，王熙凤难逃责任。贾瑞色胆包天，想调戏凤姐，罪有应得，但是也罪不至死。当然，很多学者认为是王熙凤设了毒计而置贾瑞于死地。但我觉得凤姐从来没有想要弄死贾瑞，顶多是想教训他。所以，我想给凤姐翻案。凤姐两次设计贾瑞，在第一次毒计之后，贾瑞还不死心，凤姐也是"再寻别计令他知改",说明凤姐是以惩戒为主,想令他改正,主观上从来没有想弄死他。但是,凤姐的毒计确实在客观上导致了贾瑞生病,所以贾瑞之死王熙凤责任难逃。第二,贾蓉和贾蔷也难辞其咎。这兄弟二人固然是受了凤姐的嘱托,但是小年轻玩心重,自己难免加了些"料"。我觉得凤姐应该是说了个大概,让贾蓉和贾蔷去为难一下贾瑞。至于贾蓉假扮凤姐,贾蔷捉奸,二人又逼贾瑞写赌债的欠条,又泼他粪水,我认为这些是兄弟二人的发挥,而且这两人还经常去要赌债,搞得贾瑞心力交瘁。第三,贾代儒严苛有余,关怀不足。贾代儒因为早年丧子,所以把所有的希望都放在了孙子贾瑞身上。当看到贾瑞夜不归宿的时候,贾代儒完全不过问原因,不顾及二十来岁男生的心理状态,对他又打又骂又补课,不得不说贾代儒过于严苛了!第四,贾瑞自寻死路,神仙难救。其实凤姐给了贾瑞很多次机会,好让贾瑞知难而退,结果贾瑞不知好歹,一次又一次碰触凤姐的底线。再者跛足道人也用了"风月宝鉴"来救贾瑞,贾瑞却只照正面不照背面,也是他自寻死路。

其次,"风月宝鉴"有什么含义呢?

第一,象征着世间的幻象和虚假。"风月宝鉴"有两面,贾瑞照正面的时候,出现的是美丽的凤姐招手叫他,这其实象征着世间的美好都是幻象。我们每个人心中都有执念,殊不知执念越深,幻象就越真,伤害也就越大。第二,象征着真实的可怕。"风月宝鉴"的背面是"骷髅",这象征着世间真实的可怕。但是仔细一想,所有人的归宿其实都是一样的,皮囊再好终究也是枯骨一堆,世间所有都归结于幻灭,只是时间问题。然而,这种可怕的事实,我们总是害怕面对,因而总是逃避。第三,说明了人性的愚钝。这个时候的贾瑞就不仅仅是贾瑞自己了,而是象征着世间所有人。即使知道了真实和幻象,我们也会追求美好的幻象而逃避可怕的真实。第四,暗示了自我的救赎。"风月宝鉴"只是救赎的一个道具,跛足道人也讲清楚了"风月宝鉴"的功效和副作用,那就是只能照背面不能照正面,背面是面对可怕的现实,悟得现实从而生;正面是耽于美好的幻象,迷失现实从而死。因此,选择权自始至终都在贾瑞自己手上。由此暗示,能救赎自己的人永远是自己!第五,蕴含了作者的慈悲。贾瑞可以说是自寻死路,但是读《红楼梦》时我们要能读懂作者的慈悲,即使是贾瑞,曹雪芹也借"风月宝鉴",希望让他得到救赎,给予他生的机会。但执迷如贾瑞,确实无药可救。世人也应该借此自我反思,自我警醒。

☑ 考　点

1.凤姐为了惩戒贾瑞,都设了哪些计谋?

_____

_____

2.林如海为什么要接黛玉回去?

_____

_____

🍂 学习笔记

第十三回

秦可卿死封龙禁尉　王熙凤协理宁国府

📋 **情节概要**

1.凤姐梦见秦可卿告诉她要在祖茔多置田庄、房舍、地亩,以备祭祀供给,并将家塾设置于此,告诫她要早为后来打算。凤姐惊醒,东府报丧说秦可卿去世了。

2.宝玉听到秦氏之死,急火攻心吐了血。众人聚集宁国府,贾珍哭成了泪人,表示要竭尽所能办理丧事。

3.贾珍择准停灵七七四十九天,大办丧事,甚至用上了樯木棺材。秦氏丫头瑞珠自杀,宝珠愿做秦氏义女。贾珍为了灵幡经榜上写得好看,给贾蓉捐了个五品龙禁尉。

4.尤氏生病不能料理丧事,宝玉向贾珍推荐凤姐,王夫人起初犹疑,但最终听从了贾珍的建议,凤姐很乐意。

👆 **值得一问**

首先,秦可卿为什么要托梦给凤姐?

第一,她跟凤姐年龄相近,关系很好。王熙凤虽是秦可卿的婶婶,是她的长辈,但实际上她们二人年龄相差不大,所以,秦可卿跟凤姐的关系非常亲密。自从秦可卿生病后,凤姐也是时常探望安慰。第二,凤姐是荣国府的管事奶奶,有地位,有眼界。秦可卿托梦也一定要托付给一个有能力的人,王熙凤是荣国府的管事奶奶，又是王夫人的亲侄女，所以在贾府的地位非常高，权力也大。像这种能决定家族命运的大事件，跟别人说还真的不管用。再加上在大家的眼里，凤姐是有眼光、有谋略的女中豪杰，也一定有决心和魄力做成这件事。第三，秦可卿预感到了贾府的败落，希望贾府能早做谋划。作者将秦可卿上升到了上帝视角，借她的口说了一个预言，可以说，接下来的情节趋向就是按照秦可卿的预言走的。秦可卿希望凤姐能出手力挽狂澜。第四，将凤姐世俗的才干和本质的短视都揭示出来了。王熙凤协理宁国府展示出的世俗才干绝对让人佩服得五体投地！但是，凤姐虽有世俗才干的才，却没有卓越眼界的才，所以判词说她"凡鸟偏从末世来"，虽说是"凤"，却也是"凡鸟"。

其次，为什么要花那么多笔墨写秦可卿的丧礼？

第一，突出贾府的无比富贵和奢侈。秦可卿的丧礼真是大手笔，从经幡到众僧尼法式，再到众王公贵族相送。秦可卿只是贾珍的儿媳妇、贾蓉的妻子，丧礼就能办得如此奢华，连棺木都能用到预备给亲王的棺木，可想而知贾府的富贵！第二，写出了贾府的超越礼制。第一处体现在贾政觉得秦可卿用的棺木太过了，贾珍却全然不听；第二处体现在灵牌上，"天朝诰授贾门秦氏恭人之灵位"，"恭人"是明清时期对四品官的妻子的称呼，贾蓉捐的是五品龙禁尉，应该称"宜人"。第三，暗示了贾珍与秦氏不可告人的关系。在极尽笔墨的丧礼之中，谁的戏最多？不是贾蓉，而是贾珍。贾珍在丧礼之中哭得像个泪人一般，还拄着拐杖忙前忙后，贾珍和秦氏的关系确实耐人寻味。

--- ☑ **考 点** --

1. 贾珍为了在灵幡上写得好看，向太监戴权买官。戴权说："如今三百员龙禁尉短了两员，昨儿襄阳侯的兄弟老三来求我，现拿了一千五百两银子，送到我家里。你知道，咱们都是老相与，不拘怎么样，看着他爷爷的分上，胡乱应了。还剩了一个缺，谁知永兴节度使冯胖子来求，要与他孩子捐，我就没工夫应他。既是咱们的孩子要捐，快写个履历来。"从这番话中，你能读出哪些信息？

_____

_____

2. 贾珍为什么求凤姐帮忙料理秦可卿的丧事?

_____

_____

🍃 学习笔记

第十四回

林如海捐馆扬州城　贾宝玉路谒北静王

情节概要

1.宁国府总管来升告诉众人凤姐的厉害,让大家多辛苦点,众人答应。凤姐于次日卯正二刻来到宁国府,将众人的任务一一分派清楚,众人行事有条不紊。

2.五七正五日,有迎送亲客的一人迟到,凤姐打了她二十大板,革了一个月银米,众人从此兢兢业业。

3.宝玉和秦钟来求凤姐赶紧收拾出书房,凤姐答应。昭儿从苏州回来,告知凤姐林如海病故,以及贾琏、黛玉年底回来的消息。

4.凤姐的料理得到众人称赞,出殡之日众显贵来送。北静王专程来送,并传见了宝玉。

值得一问

首先,凤姐在处理宁国府丧事的时候,宁国府有一个仆人迟到,凤姐很生气,但是,作者并没有马上写凤姐如何处理这个人,而是故意插入了王兴媳妇领牌取线,荣国府的四个执事来领牌支取东西,张材家的来支取银两,有一人为宝玉外书房完竣的事买纸糊裱等事。作者的用意何在?

第一,将凤姐的雷厉风行展现得淋漓尽致。在这么忙乱的情况下,凤姐能够于如此短的时间内,将这么多的事情处理得井井有条,她的效率是多么高!思路是多么清晰!凤姐指挥若定,每个人应该干什么,清清楚楚,瞬间搞定。第二,凤姐的威风让人不寒而栗。作者有意设下一个悬念,让我们揪心,等着看她到底会怎么处理这个迟到的人。而且这个迟到者在看凤姐雷厉风行地处理事情的时候,会是多么紧张啊。作者故意不正面写这个人,但是这个人的紧张之情却传递到我们每个阅读者的身上了。第三,为最后对这个人的处理积蓄了强大的力量。如果凤姐在这个人迟到之时马上就处理了他,我们就感觉不到这些惩罚有多么严厉。而在凤姐处理其他事情的时候,对这个人处理的悬置,就营造了紧张而压迫的氛围,因而让这二十板子显得格外的疼,一个月所革的钱粮显得格外的多。

其次,作者为什么让秦可卿的死惊动一众王公贵族,尤其是北静王?

第一,突出贾府权势之盛。人总是势利的,这个时候贾府的元春为宫中女史,贾政、贾珍又是荣国公、宁国公的后人。所以,贾府虽然只是死了贾蓉的妻子,一众王公贵族也不得不给面子。第二,交代了贾府的关系脉络。像贾府这样的豪门贵府,官场中的关系脉络是非常复杂的。作者列举了东平郡王、南安郡王、西宁郡王和北静郡王,正是交代了贾府与他们之间非同寻常的关系。尤其是北静王,贾府败落之后,出力最多的就是他。第三,为北静王和宝玉的相识做了铺垫。北静王和宝玉可以说是神交已久,只是没有机会相识,而秦可卿的死正好为他们二人的相识提供了很好的机会。按理说北静王是来送丧的,但是他一上来就问贾政衔玉而生的公子,而宝玉听到北静王要见他也是万分高兴,因为宝玉对北静王的相貌人品早有耳闻。二人见面,更是对彼此的相貌人品赞叹不已。从此,北静王对待宝玉绝对称得上是"另眼相待"。

☑ 考 点

1. 在写凤姐协理宁国府的时候,作者用了很大篇幅写宁国府众人向凤姐领东西的情景,用意何在呢?

_____

_____

2. 昭儿来回复凤姐,凤姐为什么当时不细问贾琏的事,要在夜里再一次令昭儿来呢?

_____

_____

📑 **学习笔记**

第十五回

王凤姐弄权铁槛寺　秦鲸卿得趣馒头庵

📋 情节概要

1. 宝玉与北静王相见甚欢，北静王水溶将皇上所赐念珠一串赠予宝玉，并劝贾政不可溺爱宝玉，以免荒废学业。

2. 出殡队伍经过农庄休整，宝玉、秦钟遇见各色农村新奇事物，看二丫头纺织，甚是有趣。

3. 凤姐带着宝玉、秦钟到馒头庵（水月庵）歇息。庵内老尼求凤姐办事，凤姐开价三千两，答应出面助张家摆平此事。

4. 秦钟与小尼姑智能私会，被宝玉撞破，秦钟哭求宝玉不要声张。宝玉、秦钟因留恋此处，凤姐也需处理丧仪及老尼姑托付的事，又逗留了一日，众人方辞水月庵，秦钟与智能难舍难离。

👉 值得一问

首先，这一回值得玩味的是寺庙和尼姑庵的名字，一个是"铁槛寺"，一个是"馒头庵"。这两个名字，尤其是"馒头庵"，到底有什么深意呢？

第一，浅层意思是这个尼姑庵馒头做得好吃，因此得了这个名字。第二，隐喻着极致富贵也终有尽头。这两个名字来自范成大的《重九日行营寿藏之地》，全诗如下："家山随处可行楸，荷锸携壶似醉刘。纵有千年铁门槛，终须一个土馒头。三轮世界犹灰劫，四大形骸强首丘。蝼蚁乌鸢何厚薄，临风拊掌菊花秋。"意思差不多就是，家乡的各处都可以种"楸"（音同秋）这种树，我扛着锄头带着酒壶，悠悠然像刘伶（竹林七贤之一，著名酒鬼）。即便有千年不坏的铁门槛（指煊赫的门第），人也终究归于一个馒头似的坟丘。凡俗世界就像佛家说的大三灾中火劫后的余灰，人的四大形骸只是一个皮囊，最终归葬故乡。何必看轻蝼蚁这样的小虫，看重乌鸢这样的大鸟，我只会对着秋风拍手，感受秋天里菊花的美好。范成大的这首诗，就是告诉我们要看破世俗，钱财再多无非身外之物，皮囊再好也归于一座土丘。第三，讽刺老尼姑和凤姐贪权夺利。此处用意真是深刻：勘破是曹雪芹的本意，堪不破是人世间的事实。讽刺真是到位：本该清净的老尼姑净虚没少掺和世俗，叫"净虚"却心不净，很虚伪；极致富贵的王熙凤依然使劲儿捞钱，害死了两条人命，坐享三千两。

其次，此回中插入了一段关于十七八岁的农村姑娘纺织给宝玉他们看的情节，有什么用意呢？

第一，写出了富有趣味的农村生活。在这一回中，凤姐进入茅堂休息的时候，宝玉等人自行在农庄玩耍。借助宝玉的眼睛，我们开始打量农庄中有趣的生活情境。宝玉见了各色的农具，知道了它们的用途，并生发了李绅《悯农》中"谁知盘中餐，粒粒皆辛苦"的感慨。第二，表现了乡村姑娘的率真可爱。当宝玉去把弄纺车的时候，原文是一个约十七八岁的村庄丫头跑了来乱嚷："别动坏了！"当被众小厮断喝拦阻的时候，她又说道："你们那里会弄这个，站开了，我纺与你瞧。"按照当时大家闺秀的规矩，女孩儿是不能随意出来见人的。而这个姑娘却冲出来乱嚷，一方面固然可以看出，于贵族子弟而言相当于玩具的纺车，在农家却是极具价值的家什；另一方面也可以看出乡村女子的率真可爱。第三，写出了贾宝玉的多情和谦逊。在众小厮断喝拦阻那个姑娘的时候，宝玉的态度很值得玩味，他是"忙丢开手"并"陪笑"，这就和小厮们的态度形成了鲜明的对比，可见宝玉的谦逊。秦钟口中的"此卿大有意趣"固然是在调侃宝玉，但也可以从侧面看出，宝玉对这个女孩是欣赏的，而且与秦钟相较，更多了一份尊重。

✓ 考　点

1. 老尼姑净虚求凤姐办什么事呢？

_____

_____

🍃 学习笔记

第十六回

贾元春才选凤藻宫　秦鲸卿夭逝黄泉路

📋 情节概要

1. 秦钟在回家途中受了风寒,加之与智能私会缱绻,身体失调,只得在家歇息。

2. 凤姐果然出面帮张财主解决了纠纷。不料金哥得知父母退了前夫后自缢,守备之子闻讯亦投河自尽。张李两家人财两空,凤姐坐享三千两,此后更加恣意妄为。

3. 时逢贾政生辰,贾府上下正在庆贺,却闻宫中有旨,众人刚开始惶惶不安,不久等来贾元春被封为贤德妃的消息,贾府一片欢腾。

4. 智能私逃进城看望秦钟,却被秦业察觉逐出。秦业将秦钟打了一顿,大怒之后发病而死,秦钟亦病情加重。

5. 独宝玉不以贾府喜事为喜,直到听说黛玉将回才略有喜意。宝玉欲将北静王水溶所赠念珠转赠黛玉,黛玉因是"臭男人"之物而不取。

6. 贾府准备为元春修建省亲别院,贾蓉、贾蔷都是省亲别院的管理人员,王熙凤就将丈夫乳母赵嬷嬷的两个儿子交代给了贾蔷。秦钟于此时病逝,宝玉忙去探视。

👆 值得一问

首先,这一回,赵嬷嬷想通过王熙凤给自己的两个儿子谋得一份差事,作者在这部分花费了较多的笔墨,用意何在?

第一,突出王熙凤的能干和强势。赵嬷嬷是贾琏的奶妈,赵嬷嬷之前也确实求过贾琏帮衬下两个奶哥哥,贾琏这人叫他斗鸡走狗他还记得,于这种事情一来不会放在心上,二来他们家真正操持事情的人其实是王熙凤。所以,求贾琏没啥用,求凤姐立刻得以解决。第二,引出了建造省亲别院(大观园)的事。就在赵嬷嬷委托事情的时候,插入了贾政找贾琏商量建造省亲别院的事情,过渡了无痕迹。第三,展现了贾府和王府的富贵历时已久。通过赵嬷嬷之口,说出了贾府之前在姑苏、扬州一带监造海舫时接驾之事,说贾府只预备接驾一次,把银子花得像淌海水似的。你看这"只"字,说明贾家接驾不止一次;银子花得不是像淌水而是像淌海水,一个"海"字,可以看出耗费之大,贾家之富。王熙凤也不甘示弱,说王家也预备过一次,说外国人来都是她家接待。王熙凤的炫富是极尽所能的,按理说,大家闺秀又不是暴发户,对财富往往是低调的。可见王熙凤的高调,是泼辣爽快的性格决定的,同时也是因为她几乎没有什么文化。于是赵嬷嬷又说出了在第四回时门子递予的"护官符"里的话——"东海少了白玉床,龙王来请江南王(金陵王)",可见王家之富贵。

其次,这一回,在秦钟去世的时候,为什么要写鬼判的内容呢?

第一,写出秦钟耽于世俗的财色。秦钟死时想着的是三四千两银子(财)和智能(色),所以叫他秦钟,就是情种的意思。但是这个"情种"固然有对他多情的赞赏,但也有对他钟情于世俗财色的否定。第二,对世俗欺软怕硬的讽刺。秦钟求鬼判宽限时日,鬼判说:"我们阴间上下都是铁面无私的,不比你们阳间瞻情顾意,有许多的关碍处。"而后来宝玉来见秦钟的时候,都判官一听是荣国公的孙子,"唬慌起来"。众鬼抱怨都判听不得"宝玉"二字,都判道:"放屁!俗语说的好,'天下官管天下事',自古人鬼之道却是一般,阴阳并无二理。"让人喷饭!极尽讽刺。黑暗的岂止是阳间,阴间也是一样的,有权势能让鬼推磨!借鬼之口,讽刺世人,入木三分。第三,对世俗官本位思想的讽刺。秦钟最后悟得的是什么?还是劝宝玉"取得功名",追求荣耀显达。人之将死,其言也善,也真。取得功名多牛气!这就是他从阴间悟出的真理。第四,渲染了荒诞神秘的氛围。《红楼梦》中插入了很多神怪的内容,神怪固然荒诞,但是曹雪芹更是借助这些神怪的荒诞影射更为荒诞的现实。

✓ 考 点

1. 宝玉将北静王水溶赠予的念珠送给黛玉,黛玉拒绝,反映出什么呢?

_____

_____

🍂 学习笔记

第十七回至十八回

大观园试才题对额　荣国府归省庆元宵

📑 **情节概要**

----

1. 为迎接元妃归省的省亲别院基本建成,贾政才学平庸,加之也想试宝玉功课,就想到让宝玉来拟匾题联。

2. 贾宝玉在省亲别院里恣意品题,大大地露了脸。贾政虽嘴上责备,心里却颇有些赞许。

3. 贾宝玉出了园子小厮们要赏,林黛玉误以为宝玉把她给的荷包给了别人,赌气把她正做的一个香囊给铰了。

4. 宝玉紧赔不是,又戴上了荷包,并求黛玉给他再做一个,黛玉说看她自己愿不愿意,这事也就过去了。

5. 正月十五上元之日,元妃归省。元春在轿内见省亲别院内外如此豪华,因默默感叹奢华过费,为省亲别院命名"大观园"。

6. 大观园内景物新奇,元春挑选了几处自己喜欢的地方赐名:"有凤来仪"赐名为"潇湘馆","红香绿玉"赐名为"怡红院","蘅芷清芬"赐名为"蘅芜苑","杏帘在望"赐名为"浣葛山庄",后因为林黛玉帮宝玉作了一首《杏帘在望》的五言诗,诗里有"一畦春韭绿,十里稻花香"的句子,元春非常喜欢,就将"浣葛山庄"赐名为"稻香村"。而之前宝玉也取过稻香村这个名字,宝玉、黛玉二人真是心有灵犀。元春自己带头题了一诗后,命众姐妹也即席赋诗一首,特别要亲兄弟宝玉就"潇湘馆""蘅芜苑""怡红院""浣葛山庄"四处景观各赋五言律诗一首。宝玉作诗忘了典故,宝钗提醒他将"绿玉"改为"绿蜡",宝玉称其为"一字师",黛玉则代宝玉作诗一首,即上文提及的《杏帘在望》,被元妃评为最佳。丑正三刻,元妃回宫,泪别众人。

值得一问

首先,这一回着重写了宝玉身上配饰的相关情节,有何用意呢?

第一,可以看出宝玉对待下人非常随和。在封建时代,讲究的就是等级秩序,奴才一般很畏惧主子。但是宝玉的小厮们却可以随意拿主子身上的东西,可见宝玉对待下人非常随和,不会摆主子的谱。第二,体现宝玉对黛玉的情感是不一样的。其他的配饰都是戴在身上的,当袭人看见那些"配件儿"都没了的时候,说了句"带的东西又是那起没脸的东西们解了去了",一个"又"字,说明宝玉对这些物件儿不上心,也体现了他对下人的随和大方。而他把黛玉做的荷包戴在衣服里了,更凸显了他对黛玉的情感非同一般。第三,反映了黛玉的小性儿。黛玉可谓不分青红皂白,完全没搞清楚情况就将手头给宝玉做的香囊剪了。第四,最重要的是体现黛玉对宝玉的钟情。黛玉看重的不是荷包,而是宝玉对她的重视。但是,黛玉的反应很值得玩味,当她知道了宝玉对她送的荷包的珍视后,她的反应是"又气又愧",愧的是冤枉了宝玉,气的可不仅仅是剪坏了香囊,还有气自己的冲动,气宝玉没有及时解释。其实,他俩就是互证:我在你心里重要吗?你在我心里很重要。

其次,元妃省亲的时间被从白天改成了晚上,作者这样的安排有何用意呢?

原文是十五日五鼓,也就是凌晨3点到5点的时候,贾母就领着一众人等开始等了,说明开始时省亲是安排在早上的。后来一个太监过来通报说戌时才能起身,也就是晚上7点到9点。这是因为,第一,毕竟元妃现在是皇家的人,身不由己。元宵节是赏灯团聚的时候。元妃作为妃子当然需要陪着皇帝吃了饭看了灯,才能回家。第二,极尽热闹繁华。夜晚反而更加衬托出省亲时的热闹,你看院内是"各色花灯烂灼",将元妃省亲时的阵仗和院内的匾额风景都照映得格外绚烂;而又因夜里的静,才能远远地就听见了"细乐声喧"。色彩和音乐的交合,将此时贾府的繁盛烘托得淋漓尽致。第三,显得哀伤而压抑。这样的热闹总归是笼罩在无边的夜色中的,让人不免倍感压抑。尤其是元妃省亲短短相聚期间,竟有六处写元妃的哭泣,你看她对父亲说的话是"今虽富贵已极,骨肉各方,然终无意趣"。而贾政的回答却是各种叫女儿保重凤体,感念皇恩。我跟你诉父女真情,你跟我打君臣官腔,充满了敷衍,完全没能表露一丝父亲对女儿的真情。第四,暗示了贾府的由盛转衰。元妃省亲是结合了热闹喜庆和压抑悲伤来写的。尤其是省亲的过程,一共就六七个小时,也暗示贾府繁华持续的时间之短。再看元妃所点的曲目《豪宴》《乞巧》《仙缘》《离魂》,简直是不吉利,尤其是《乞巧》,是《长生殿》中的一出,讲唐玄宗和杨贵妃的悲剧故事,杨贵妃之死正好伏笔元妃之死,贾家的败落也开始了。

最后,本回中几处重要的对联和匾额分别有何深意?

第一处是稻香村的对联"新涨绿添浣葛处,好云香护采芹人","浣葛"语出《诗经·周南·葛覃》,意思是称颂妇德;"采芹人"语出《诗经·鲁颂·泮水》"思乐泮水,薄采其芹","泮水"就是泮宫之水,古人将学校称为"泮宫",后人把中秀才、入学宫称为"入泮"或"采芹","采芹人"就是读书人的意思。这副对联一语双关,既赞美元妃的盛德,也赞美李纨的盛德,这里后来是李纨住的地方,而贾兰就是那个"采芹人"。但是宝玉对这里的评价是不高的,他认为此处是人力为之,不够"天然"。而黛玉住的"潇湘馆",匾额为"有凤来仪",也是双关,语出《尚书》,意思是使凤凰来,表面是说元妃,实际是说黛玉,可见黛玉的非凡。最后来看"蘅芜苑"里的对联,宝玉对的"吟成豆蔻才犹艳,睡足荼蘼梦也香",一则直写苑中之景,一则暗指宝钗之才。更值得玩味的是贾政门客的对联——"麝兰芳霭斜阳院,杜若香飘明月洲",众人说"斜阳"不妥,又一门客提道"蘼芜盈手泣斜晖",原文也说"颓丧"。其实这句诗出自唐代鱼玄机的《闺怨》——"蘼芜满手泣斜晖,闻道邻家夫婿归",暗指了宝钗的"闺怨",宝玉出家,宝钗当然是"蘼芜满手泣斜晖"了。

✔ **考 点**

1. 贾政对宝玉的诗才按理说是赞赏的,而贾政所持的否定态度又反映了什么呢?

_____

_____

2. 元春非常喜欢"潇湘馆""蘅芜苑""怡红院"和"浣葛山庄",就命宝玉每处写一首五律,宝玉写"怡红院"的时候,宝钗看他写了"绿玉春犹卷",宝钗为什么让宝玉改掉?又将"绿玉"改成了什么呢?

_____

_____

🍃 **学习笔记**

第十九回

情切切良宵花解语　意绵绵静日玉生香

📋 **情节概要**

1.元妃将省亲之事回奏,皇上大悦,给了贾府不少赏赐。宁国府设台唱热闹戏,宝玉不堪其烦,出来散心,撞破小厮茗烟的好事,却并不告发。

2.袭人回家过年,茗烟带宝玉去袭人家看望,袭人似曾哭过,却以言语掩饰。

3.袭人回到贾府,宝玉问出缘由,原来是袭人的家人要赎她回家。袭人虽已抱定不回之心,却借宝玉心急的机会,与宝玉约法三章。

4.次日,袭人偶感风寒,宝玉让她休息,而后去找黛玉,共卧一床,黛玉身有奇香,引发"冷香""暖香"的笑谈。

5.宝玉编了个"香玉"的典故取笑黛玉,黛玉拧其嘴,宝钗至,以宝玉前次作诗遗忘"绿蜡"典故的事取笑他。

👆 **值得一问**

首先,宝玉觉得听戏无聊,就去往书房,却发现茗烟正和一个丫鬟云雨,宝玉一脚踹开了门,将他们唬开了。当那丫鬟羞得面红耳赤,低头不语的时候,宝玉的反应是:"还不快跑!"提醒那个小丫鬟赶紧逃跑,而后又赶出去,叫道:"你别怕,我是不告诉人的。"这个情节说明了什么呢?

第一，贾府人多事杂，关系混乱。宝玉在大白天发现小厮和丫鬟做这样的事情，这绝对算得上是伤风败俗了，所以宝玉很生气，于是乎一脚踹开了门，唬开了二人。由此可见，柳湘莲说他们东府只有门口的两头石狮子是干净的，自有道理。第二，宝玉真的很善良，也很单纯。丫鬟愣住，宝玉就提醒她快跑，是因为害怕被其他人知道会伤害了这个姑娘。而紧跟着赶出去，则是担心丫鬟因被撞见这种事情而内心有负担，所以追出去叫道："我是不告诉人的。"宝玉的善良、单纯和对女子的关爱由此可见。第三，宝玉对女孩子很尊重。你看宝玉这个时候关心的，是那个丫鬟有几岁了？在得知茗烟连年龄都不大清楚的情形下，更是连说两个"可怜，可怜"！他在替那个丫鬟感到不值。茗烟和宝玉形成了对比，茗烟是发泄了欲望，宝玉则是体现了尊重和慈悲。

其次，宝玉去了花袭人的家，花家的人为什么"唬的惊疑不止"？

第一，宝玉是贵客，又没有事先通知。宝玉是荣国府的正经少爷，又是花袭人的主子，身份尊贵，他毫无征兆地就来了，花家人自然惊慌。第二，花家没有东西可以招待，又怕宝玉有闪失。于宝玉的阶层而言，花家这样的家庭可以说是极为寒酸的，花袭人都不敢让别人知道宝玉来过她家，因为万一有个头疼脑热的，就要和她家的接待联系起来了。

最后，花家人觉得当奴才不容易，就想赎回袭人。袭人为什么死活不同意呢？

第一，贾府和宝玉待她很好。贾府待下人从来不随意打骂，宝玉对她就更是体贴了，不仅专程来看她，还特地给她留了酥酪吃。第二，她和宝玉的关系非同一般。袭人是宝玉的准姨娘，内心里她早就把自己许给了宝玉。第三，花家的条件实在一般。通过花家人之口我们知道，之前的花家是因为揭不开锅所以卖了袭人，而今生活也是一般，袭人纵然被赎出去也是嫁与一般的人家，怎么比得上宝玉的体贴和贾府的富贵呢？

---- ☑ **考 点** --

1. 花袭人和贾宝玉约法三章，具体是什么内容？

_____

_____

2. 依据这回说说花袭人的人物形象。

_____

_____

📎 学习笔记

第二十回

王熙凤正言弹妒意　林黛玉俏语谑娇音

📋 **情节概要**

1. 宝玉正与宝钗、黛玉谈笑，却听得自己房内，乳母李嬷嬷正在骂袭人。宝玉赶过去解释袭人生病，辛亏凤姐过来说炖了野鸡，劝走了李嬷嬷。

2. 宝玉安慰袭人，晴雯却说风凉话。众丫鬟都去玩耍，袭人卧病在床，麝月一人留守。宝玉便为麝月篦头，被晴雯撞见嘲讽。

3. 赵姨娘之子贾环和宝钗、莺儿等人掷骰子，输了耍赖，宝钗为他掩饰，莺儿却不服，拿宝玉的事来数落贾环，贾环气哭，被赶来的宝玉劝回家。赵姨娘得知后挑唆是非，责骂贾环，恰好被凤姐听见，凤姐责骂了赵姨娘，责备了贾环，并给贾环钱，让他去找迎春等玩。

4. 宝玉与宝钗得知史湘云到来，去贾母处相见，遇见黛玉。黛玉知宝玉和宝钗在一处玩，故意讽刺宝玉，宝玉回敬了几句话，使得黛玉赌气回屋，宝玉赶来劝解，又被宝钗推去见湘云。

5. 黛玉越发哭个不止，宝玉心中不安，才过一会儿又回来劝慰，宝玉对黛玉表明心迹，二人和好。湘云过来玩耍，黛玉笑她说话咬舌，湘云"咒"黛玉将来找个咬舌的丈夫，逗得众人大笑。

👆 **值得一问**

这一回中发光彩的都是《红楼梦》里的小人物，那么，这些小人物都是怎样的形象呢？

首先是李嬷嬷，这是一个让人讨厌的老妇女形象。第一，倚老卖老，毫无自知之明。在第八回的时候，这个李嬷嬷把宝玉留给晴雯的豆腐皮包子给自己孙子吃了，而且把宝玉早上留着的枫露茶给喝掉了，这就是典型的搞不清自己的身份，就算是宝玉的乳母，资历再老，也是奴才。第二，仗势欺人，知错不改。袭人生病了不能出门迎接李嬷嬷，李嬷嬷就气急败坏，以至于辱骂袭人。袭人怎么说都是宝玉的大丫头，李嬷嬷竟然嚣张到这个程度！在第十九回，李嬷嬷又要吃宝玉留给袭人的酥酪，据后文推断应该是晴雯阻止了李嬷嬷，让李嬷嬷自己吃了承认，不要牵累了她们。于是李嬷嬷又气又愧就把酥酪吃完了，而且说了茜雪因为枫露茶被撵走的事情，所以，李嬷嬷应该知道她乱吃主子的东西犯了错，但是她坚决不改！第三，看重小利，絮絮叨叨。凤姐用一只鸡就把李嬷嬷叫走了，丰儿拿了李嬷嬷的拐杖（可见拐杖是摆设），"李嬷嬷脚不沾地跟了凤姐走了"，简直健步如飞！有了凤姐的台阶，她还是各种啰唆，这个老妇多么让人厌恶！

然后是晴雯，她真是性格非常泼辣。宝玉因问不知道是哪个姑娘得罪了李嬷嬷，让她借着袭人撒火。晴雯一听不干了，说道："谁又不疯了，得罪他作什么。便得罪了他，就有本事承认，不犯着带累别人！"这话一出，即可判定，当时是晴雯阻止李嬷嬷吃酥酪的。晴雯又认为酥酪是留给袭人吃的，袭人是真正得罪李嬷嬷的人。所以袭人真是委屈——里外不是人。这里还想讲一下麝月，她很有责任心且大度。这个姑娘的性格有点像袭人，临睡又还早的晚上，其他的人都玩去了，只有麝月放心不下袭人和院子，独自留守。结果宝玉回来看见了，就拿了篦子帮麝月梳头。宝玉的可爱之处正在这里，婢女在他眼里绝不是什么下人，他对她们充满了关爱和尊重；麝月的可爱之处也在这里，主动让宝玉梳头也不觉得不妥，受到晴雯的挖苦也只是置之一笑。

最后是赵姨娘。第一，自轻自贱。贾环作为主子和莺儿这些丫头赌钱，还愿赌不服输、耍赖皮，连奴婢都看不起他。你看赵姨娘知道之后，不是说贾环自贱，反而责怪他去找他们玩是"上高台盘"，这不就是教育自己的儿子认清自己的低贱身份吗？第二，无事生非。赵姨娘这样数落贾环，其实就是在贾环的心中种下仇恨的种子，所以贾环心胸狭窄，喜欢生事，跟他母亲的性格密切相关。

☑ 考　点
- -

　　1. 说说李嬷嬷大闹绛芸轩的原因。

　　_____

　　_____

🍂 学习笔记

第二十一回

贤袭人娇嗔箴宝玉　俏平儿软语救贾琏

📋 情节概要

1. 史湘云在贾府玩,夜里和林黛玉睡在一起。贾宝玉一早起床就往林黛玉房间跑,在她们房里洗漱完,要史湘云给他梳头,看到了胭脂想吃,被史湘云打落。

2. 袭人认为宝玉一个男孩子老往女孩子房间跑,这样很不好,薛宝钗听了觉得袭人有见识。贾宝玉回来,袭人生气讥讽了宝玉几句,后来宝玉也生气,成天都没有理睬袭人,还以《南华经》中的文字,续写了一些内容。袭人想只有慢慢劝他。

3. 王熙凤的女儿大姐儿出天花,王熙凤急忙按旧时规矩,供奉痘疹娘娘,并与贾琏分床而睡。贾琏熬不住,就找厨子"多浑虫"的老婆"多姑娘儿"厮混,被平儿知道了。平儿帮贾琏打掩护,平息了一场风波。

👆 值得一问

首先,宝玉的可爱之处,在每一中都有体现。这次是史湘云来贾府,和黛玉住在一起,第二天天一亮,宝玉就过去看湘云和黛玉。为什么要特地交代宝玉是在黛玉这边梳洗的呢?

第一,点出宝玉跟黛玉、湘云的亲近。天刚亮,宝玉来不及梳洗就过去了,可以看出宝玉和黛玉、湘云的关系非常亲近,这种亲近只有孩子能感受到。第二,反映了宝玉对女孩子们的尊重和爱护。宝玉用湘云用过的水洗漱,被翠缕说:"还是这个毛病儿,多早晚才改。"在她们眼里的"毛病儿",其实正是宝玉与人表达亲近的方式,黛玉就不会说这个话。这里对宝玉的描写和对贾琏的描写形成了一个对比,你看宝玉看见湘云的睡姿,是担忧湘云生病,写出的是他对女性的怜惜;而贾琏的女儿发痘疹,贾琏独居则又是找清秀的小厮出火,又是找厨子的老婆多姑娘私会,写出的是他内心的欲望。

其次,宝钗为什么觉得袭人"深可敬爱"?

说袭人是宝钗的影子,是有依据的。第一,袭人的价值观和宝钗的高度一致,两人都遵循礼教。你看袭人跟宝钗说的一番话:"姊妹们和气,也有个分寸礼节,也没个黑家白日闹的!"宝钗听了后觉得她"有些识见""深可敬爱"。原因很简单,她俩是一类人!同一类人,才会有这样的共鸣。第二,袭人的个性及为人处世的方式和宝钗高度相似。袭人和宝钗遵循世俗的礼节,个性温柔,待人宽和,体贴入微。这是她俩非常可爱的地方,同时也是她们让人觉得倍有压力的地方。她们生气从来都是因为宝玉违背了世俗的条条框框。不像黛玉,生气从来都是为了宝玉的"真情"。宝钗、袭人她俩一堆规矩,你说宝玉怎么受得了!

最后,宝玉见袭人生气,就故意晾着袭人。都说这段情节非常有趣,到底有趣在哪里呢?

第一,宝玉气急败坏却只能指桑骂槐。宝玉是主子,但是面对袭人他却完全摆不出主人的架子,只能拿"蕙香"做文章。宝玉知道有个丫头叫蕙香,是袭人取的名,就说:"那一个配比这些花,没的玷辱了好名好姓。"并让她改名叫四儿。宝玉明摆着指桑骂槐,表达心里的不爽。不要忘记,袭人叫花袭人,这样就连带着骂了袭人,让蕙香改名,也是故意给袭人难堪。第二,宝玉的气急败坏和袭人等人的取笑形成对比。面对宝玉的气急败坏,袭人和麝月在外间听着却是"抿嘴而笑",她们太了解宝玉了,对她们而言,宝玉的伎俩简直小儿科,完全没有杀伤力。宝玉用尽了全力想刺激一下袭人,袭人却被逗笑了。可谓"伤害性不大,侮辱性极强"!宝玉还依照着《南华经》的语意,续写了一篇文,意思是散了袭人、麝月,毁了宝钗、黛玉,天下就安生了。看似看透,实际是他无能为力的表现,还被黛玉讽刺。可怜的宝玉! 可爱的宝玉!

✓ 考 点

1.袭人见宝玉在黛玉、湘云这里梳洗过了的光景,为什么生气?

_____

_____

🍃 学习笔记

第二十二回

听曲文宝玉悟禅机　制灯谜贾政悲谶语

📋 情节概要

1. 贾母要给宝钗过生日,凤姐和贾琏商量,因宝钗是十五岁将笄之年,决定让她的生日规格比林黛玉的高出一等。

2. 宝钗生日,众人看戏。凤姐说刚刚表演的小旦像一个人,众人都不敢说,只有湘云说像黛玉。湘云、黛玉和宝玉为此事闹矛盾。

3. 宝玉因黛玉、湘云而生气,袭人劝宝玉,宝玉说自己是"赤条条来去无牵挂"。宝玉笔占一偈,又填了一支《寄生草》曲子,心中无挂碍方睡了。

4. 黛玉见宝玉果断而去,又借见袭人来寻宝玉,却看见了宝玉写的文字。便携带回房与湘云看,次日又给宝钗看,宝钗说自己是引起宝玉说疯话的罪魁。

5. 元妃送出灯谜让众人猜,宝钗等人一猜就着,却故作难猜之状。后来其他人都猜对了,只有迎春和贾环两人没有猜对。

6. 贾母见元春喜悦,也命制作灯谜让大家猜。贾母等众人都写了灯谜让贾政猜,贾政看了众姊妹的灯谜,暗暗感觉有不祥之兆,伤悲感慨。

👆 值得一问

首先,王熙凤和贾琏商量要给宝钗过生日,为什么最终决定要让宝钗的生日规格高于黛玉的呢？

　　贾琏原想着让凤姐按照林黛玉的生日标准来操办宝钗的生日，凤姐却想着应该比黛玉的生日规格要高一些。第一，宝钗今年是"及笄之年"，也就是女子满十五岁的生日，这在古代表示女子成年，所以王熙凤认为应该要比黛玉之前的生日规格高。第二，宝钗是贾府的贵客。薛姨妈毕竟是王夫人的妹妹，而且薛府也是富贵人家，不应该给人以小气的感觉，这也是款待客人的道理。而林黛玉则不同，父母双亡，长期寄居贾府，算不得客人。第三，凤姐其实暗暗感觉到了宝钗的得宠。王熙凤多厉害，她灵敏地感觉到了贾母、元春对宝钗的心思，她们很喜欢宝钗。在第二十八回的时候，元春赐予宝玉、宝钗、黛玉物品，赐予宝玉和宝钗的是一样的，而黛玉和其他姐妹则次一等。灵敏如王熙凤早感受到了，所以她操办的规格本质上是为了符合贾母她们的要求。而黛玉总跟宝钗较劲，也不是无缘故的。

　　其次，唱完了戏，贾母赏赐了一个小旦和一个小丑。凤姐看着小旦的扮相，说活像一个人，让大家猜猜看。宝钗、宝玉心里都知道，只有湘云脱口而出说像黛玉。这里黛玉和湘云为什么都生宝玉的气？

　　湘云生宝玉的气，第一是觉得宝玉为了帮黛玉而给自己脸色看。宝玉了解黛玉，他觉得湘云说黛玉像一个戏子，黛玉肯定会生湘云的气。那时候，戏子的身份低下，是下九流。而湘云觉得宝玉就是在帮黛玉而责怪自己。第二，湘云觉得宝玉更重视黛玉。在黛玉还没有进贾府的时候，湘云就常来贾府，所以湘云跟宝玉是从小的交情。但是，自从黛玉来了之后，一切都变了，黛玉在宝玉的心中显然比自己更重要。

　　黛玉生宝玉的气，第一是因为宝玉心里确实觉得黛玉和小旦长得像。聪明如黛玉当然能一眼看出宝玉的心思。黛玉是不能容忍宝玉有这种心思的，因为她最在乎宝玉的看法，所以她说宝玉比不说不笑还可恶！第二，宝玉却先去安慰了湘云。按理说受伤害的是黛玉，可是宝玉看出了湘云内心的不爽，所以先跟湘云说明情况。结果被敏感的黛玉知道了，这怎么能忍？第三，宝玉给湘云递眼色，等于是向别人说明了黛玉小心眼儿，玩不起。虽然事实就是这样，但是湘云在开玩笑的时候，宝玉这样夸张地递表情，确实是在暗示别人黛玉小心眼儿，黛玉又怎么下得了台呢？

☑ 考 点

1.贾政都听了哪些人的什么灯谜？为什么感到不祥？

_____

_____

🍃 学习笔记

第二十三回

西厢记妙词通戏语　牡丹亭艳曲警芳心

- - - 📋 **情节概要** -

1. 贾芹之母周氏求凤姐给贾芹安排工作,凤姐就想到了让贾芹管理挪到铁槛寺的小沙弥、小道士。

2. 贾琏原本想将管理小沙弥、小道士的活给贾芸,但是拗不过凤姐。

3. 贾元春怕自己游幸过的园子被封锁了反而荒芜,就命令让宝玉和众姐妹住进了园子。

4. 贾政知道花袭人的名字是宝玉改的,有些生气。

5. 宝玉在园中偶感烦闷,茗烟给宝玉买了许多"传奇角本"。宝玉看《会真记》的时候遇见正在葬花的黛玉,黛玉读完了《会真记》。黛玉回去的时候听到梨香院中传来《牡丹亭》的曲词,如醉如痴。

- - - 👆 **值得一问** -

首先,贾琏和凤姐在这一回里关于人事安排的交锋,说明了什么?

第一,贾琏是人事安排的操持者。所以闲散的贾芸求贾琏安排点事给他做,大观园中因为迎接元春省亲而请来的十二个沙弥和十二个道士要分到铁槛寺中管理,贾琏原本想把这件事情交给贾芸。第二,凤姐是人事安排的实际掌权者。贾芹之母周氏没有去求贾琏而是直接去求了凤姐,周氏可是贾府的老人了,她当然知道贾府人事安排的实际掌权者是谁,果然有效,这个差事被凤姐依允给了贾芹,贾琏一点办法都没有。当贾琏想要坚持自己的意见的时候,王熙凤那"似笑不笑"的表情足见其威严。第三,凤姐思虑周密,有先见之明。当时贾琏和凤姐一起吃饭,贾政传唤贾琏,凤姐未卜先知,立马先告知贾琏如果是小和尚的事情一定要交给贾芹去办,果然不出她所料,足见其先见之明;又想着花园种树的活计可以安排给贾芸,足见其思虑周密。

其次,贾宝玉住进大观园,写下了春夏秋冬四季的诗,这四首诗体现了什么呢?

第一,宝玉的才情非常不错。说句公道话,宝玉虽然不喜欢读书,那也是不喜欢"四书五经"一类的科举考试书目,至于诗词歌赋,宝玉虽然和黛玉、宝钗、湘云相比稍逊色一些,但依然称得上颇有天赋。从《春夜即事》到《冬夜即事》,这四首诗,不乏佳句,如"枕上轻寒窗外雨,眼前春色梦中人",对十二三岁的少年而言,那绝对称得上有文采了。所以,这些诗抄录到外面后,有人写在扇头壁上,不时吟诵,竟还有人来寻诗觅字。第二,写出了大观园景致的绝美。你看"霞绡云幄任铺陈,隔巷蟆更听未真""水亭处处齐纨动,帘卷朱楼罢晚妆""绛芸轩里绝喧哗,桂魄流光浸茜纱",真是景美人也美。第三,豪门的生活真是奢靡。"自是小鬟娇懒惯,拥衾不耐笑言频""窗明麝月开宫镜,室霭檀云品御香""静夜不眠因酒渴,沉烟重拨索烹茶",娇懒的丫头拥衾而笑,打开镜匣好像明月映窗,御香如雾霭缭绕,深夜不眠索人煮茶。这样的生活真是悠闲、惬意、奢侈。

最后,本回引用的"我就是个多愁多病身,你就是那倾国倾城貌"和"原来姹紫嫣红开遍,似这般都付与断井颓垣,良辰美景奈何天,赏心乐事谁家院",两处词曲分别想表达什么?

第一处引用出自《西厢记》,张生称自己是"多愁多病身",莺莺是"倾国倾城貌"。宝玉在这里的引用是情不自禁地将黛玉作为自己的心灵伴侣了,黛玉的反应是蹙了眉毛,瞪了眼睛骂宝玉欺负自己。这里体现了黛玉怎样的情感呢? 第一,内心的高兴。黛玉的心中本来就将自己托付给了宝玉,她也总是要证明自己在宝玉心中的分量,当听见宝玉说这样的话时内心当然是兴奋的。第二,内心的气愤,当时的女子将自持自重看成是莫大的德行,受到男子这样的调侃,在黛玉这样的矜持女子看来,是一种轻薄的行为,所以又气愤。第三,内心的凄苦。"欺负"这个词很有味道,黛玉一生寄人篱下,觉得自己无依无靠,导致她过于敏感,觉得宝玉是调侃她,觉得被欺负了去。

第二处引用出自《牡丹亭》。黛玉在梨香院外听到这段曲子后为什么如痴如醉,心动神摇?因为于她而言很有共鸣。第一,相似的景致,大观园中的景象和唱词里的"姹紫嫣红"非常相似;第二,相似的年纪,杜丽娘和黛玉都处于青春年华;第三,相似的心境,她们都非常的孤独,没有人真正理解她们,并且她们都处于爱情萌生的心境。面对此情此景,黛玉怎么能不心动神摇呢!

✔考　点

1.请说明大观园里的住所和相应的主人。

_____

_____

🍃学习笔记

第二十四回

醉金刚轻财尚义侠　痴女儿遗帕惹相思

📖 **情节概要**

1. 宝玉路上碰见贾芸，见贾芸生得清秀，便笑说认他作儿子，叫他改日来玩。

2. 贾芸从贾琏处打听得凤姐把管理和尚的事给了贾芹，便想向舅舅卜世仁赊冰片、麝香，准备向凤姐行贿，被卜世仁拒绝了。

3. 颇有义侠精神的醉金刚倪二不要文约，不要利钱，借了十五两三钱四分二厘的银子给贾芸。贾芸买冰片、麝香奉承凤姐。

4. 贾芸看宝玉未遇，遇见小红（红玉），二人互生好感。

5. 贾芸二次遇到凤姐，凤姐故意责备贾芸只求了贾琏，并给他安排了种树的活计。

6. 宝玉要喝茶，房里的丫头都不在，小红便去递茶，因此被秋纹、碧痕骂了一顿；小红郁闷回家睡觉，梦见贾芸拾了她的手帕。

👉 **值得一问**

首先，本回中是如何表现贾芸的卑微的？

第一，认宝玉当父亲。贾芸属于贾家旁族，可以说是全然依附于贾家生活。他求贾琏给个职务做做，贾琏原本想把管理和尚的事情安排给他，不料被王熙凤给了贾芹。而当在路上遇见贾宝玉的时候，宝玉见他生得清秀，就说他像自己的儿子。贾芸实际上比宝玉大上四五岁，而作为旁支，为了生存，贾芸竟说自己父亲早逝，如果宝叔不嫌弃，认作儿子就是自己的造化了。我们不能就此说贾芸不要脸，在人下讨生活，就是极度卑微的。第二，求舅舅卜世仁帮忙而被拒绝。后来贾芸想去舅舅卜世仁家赊冰片和麝香，贿赂凤姐，被卜世仁无情地拒绝了。卜世仁不仅数落贾芸没用，让他通过"大房"弄个事情管管，更可恶的是卜世仁拿贾芹和贾芸比。世界上最可恶的手法就是对比，尤其是拿优秀的人跟你对比。而当卜世仁要留贾芸吃饭的时候，贾芸舅母故意要去借钱买面，有意恶心贾芸。可见，没钱没势的人，连至亲都会嫌弃。第三，依靠街坊泼皮倪二的帮助。在贾芸的眼中，倪二素日是个泼皮无赖。但是，作者在这里有意形成了一个对比，卜世仁是贾芸的舅舅，在外甥有难时却撒手不管；倪二是个与贾芸仅仅相识的泼皮，却仗义拿出十五两三钱四分二厘银子帮助贾芸。倪二确实"因人而使"，颇有仗义；卜世仁确实"不是人"，够势利眼。然而，贾芸只能依靠泼皮帮助，可见其潦倒。

其次，小红是怎样的人物形象？

第一，小红是一个敢于大胆追求爱情的人。这一点太难得了！当时的女子对待爱情的态度一般是极度内敛的。当贾芸在书房里等宝玉时，他通过小红知道宝玉是不会来了。这里的描写非常有趣！当小红知道贾芸是本家爷们后，就把贾芸"钉了两眼"，这四个字，就把贾芸"钉"到了心里去，直到贾芸离开的时候，小红还站在那里，其实就是在看贾芸，而贾芸也发现小红还站在那里看着。两个人的情就此埋下了。第二，小红是一个积极上进的人。当宝玉从北静王府回来，丫头们都不在的时候，小红敢于主动去给宝玉倒茶。要知道，贾府里的丫头是有等级的。房里的丫头们才能接近宝玉，做端茶倒水的活计；而小丫头们，一般只能在房外，做做打扫的粗活。谁知这时候，秋纹、碧痕正好进来，数落了小红一番。数落的话还挺狠，但是小红并不十分气馁。第三，小红长相俏丽，语言行事干练。当贾芸问焙茗宝玉信儿的时候，焙茗求小红带个信儿，小红劝贾芸第二天再来的那番话有礼有节，逻辑非常清晰；再者宝玉回来后，小红给宝玉倒茶，很干练，回答宝玉的话也十分得体，顺带还帮贾芸带了话，没有一点儿拖泥带水的。

✓ **考　点**

1. 林红玉为什么改称"小红"?

_____

_____

2. 小红在这一回做了一个丢了手帕被贾芸捡到的梦,这个梦境有什么
   作用?

_____

_____

🍃 **学习笔记**

第二十五回

魇魔法姊弟逢五鬼　红楼梦通灵遇双真

📋 情节概要

1. 贾环因嫉妒宝玉和彩霞说话，按不下原来积累着的恨，就故意打翻了蜡灯，热油烫伤了宝玉。

2. 宝玉寄名的干娘马道婆趁着宝玉被烫之灾，骗得贾母每日五斤油供奉菩萨，保宝玉无灾。

3. 赵姨娘让马道婆设法绝了宝玉、凤姐，给马道婆写了五百两欠契一张，马道婆答应了。

4. 凤姐给黛玉等送暹罗国进贡的茶叶，取笑说让黛玉给宝玉做媳妇，黛玉骂她贫嘴讨人嫌。

5. 宝玉、凤姐一齐发疯，糊涂发烧。贾赦为宝、凤二人寻僧觅道。赵姨娘叫贾母给宝玉办后事，被贾母和贾政一起骂了一顿。

6. 癞头和尚和跛足道人持诵宝玉，宝玉病愈，黛玉念佛，宝钗笑说如来佛还要管林姑娘姻缘，黛玉骂宝钗与凤姐一样贫嘴烂舌。

👆 值得一问

首先,贾环为什么让人讨厌?

贾环讨人厌是有原因的。第一,贾环长相猥琐。在第二十三回中,作者通过贾政的眼睛将贾环和宝玉的相貌进行了对比:宝玉是神采飘逸、秀色夺人,贾环是人物猥琐、举止荒疏。通过这一比较,贾环的形象简直不忍直视了。第二,贾环嫉妒心强,心肠歹毒。你看,王夫人叫他抄个《金刚咒》,他就蹬鼻子上脸,一会儿叫彩云倒茶,一会儿叫玉钏儿剪灯花,一会儿嫌金钏儿挡了灯影。只有彩霞还和他合得来,而当彩霞劝他安分些的时候,贾环却说出彩霞和宝玉好,所以不搭理自己,嫌弃自己的话来。更因为嫉妒而故意打翻了蜡灯,烫伤了宝玉。宝玉还帮助贾环圆谎,说是自己烫伤的,让贾环免去被贾母责罚。第三,贾环心胸狭窄,自卑自贱。在第二十回中,贾环和宝钗的丫鬟莺儿掷骰子玩,输了钱还赖账,并说莺儿欺负他不是太太养的。这还像个主子吗?脸都不要了。

其次,马道婆是怎样的一个人?

第一,非常贪婪。她借宝玉被烫伤之机,说是促狭鬼陷害了宝玉,骗得贾母每天供奉了五斤油。"促狭鬼"这个词用得真好,这现实中的促狭鬼,不正是赵姨娘、贾环之流吗?当马道婆去找赵姨娘的时候,她的贪婪简直让人发笑。马道婆进了赵姨娘的房间,发现一些零碎绸缎湾角,这里也说明赵姨娘在贾府的生活确实不容易,完整的绸面都到不了她这里,只有一些零碎的边角。但是,马道婆连这些东西都想贪,捡了两块要给自己做鞋面,简直了!第二,非常恶毒。为了得到赵姨娘的五百两欠契,就要害死宝玉和凤姐,典型的谋财害命。第三,邪术高超。用了十个纸铰的鬼,还真让凤姐、宝玉癫狂,以至于连气都快要没了。都说物以类聚,果不其然,马道婆和赵姨娘真是贪婪、恶毒的女人凑一双。赵姨娘的形象要更加丰富,关于她具体形象的分析,我们以后结合实例再看,这里做个总体的评价:这个人性子急,格局小,嘴巴碎,心肠毒,搬弄是非,教子无方。

最后,一僧一道有什么作用?

第一,情节上形成了呼应。这一僧一道就是第一回中带了石头下凡的二人,如今又来拯救宝玉。第二,揭示了人世中自在自由的可贵和富贵的虚妄。和尚念的两首诗值得我们细品。你看"天不拘兮地不羁,心头无喜亦无悲",虽然是无才补天,但是能以顽石的身份在天地间,无喜无悲不是很好吗?"却因锻炼通灵后,便向人间觅是非",所有的是非、祸患都是因为"锻炼通灵",有了七情六欲。而"粉渍脂痕污宝光,绮栊昼夜困鸳鸯",则是说这些女子蒙蔽了"宝玉","绮栊"是指华丽的房屋和奢靡的生活,它困住了宝玉和这些女子。"沉酣一梦终须醒,冤孽偿清好散场"则是说,这一切不过是一场梦,所有的情债还清了,大家也就散场了。

✔ 考 点

1. 为什么写马道婆向赵姨娘要鞋面的情节?

_____

_____

🖊 学习笔记

第二十六回

蜂腰桥设言传心事　潇湘馆春困发幽情

📋 **情节概要**

1. 贾芸和小红渐渐熟悉,小红发现贾芸手上拿的手帕像她前几天丢的,但又不好意思开口要。

2. 小红在蜂腰桥门前看见坠儿引着贾芸过来去宝玉处,小红、贾芸四眼相对,小红羞红了脸。

3. 宝玉和贾芸说了些没要紧的话,就离开了。临走前宝玉让坠儿送他,贾芸就旁敲侧击地打听小红,告诉坠儿他捡了小红的手帕,并托坠儿索要小红的谢礼。

4. 宝玉去找黛玉说话,不一会儿,焙茗说老爷叫宝玉,结果是薛蟠骗他出来喝酒。

5. 林黛玉见贾政把宝玉叫走了,心里担心,晚上去找宝玉,晴雯因和碧痕拌嘴生气,且没认出外面是黛玉,不给黛玉开门。黛玉暗自认为是宝玉恼她,又觉得自己父母双亡无依无靠,哭着回去了。

👆 **值得一问**

首先,贾芸和小红的爱情是如何表现的?

第一,通过小红的手帕。小红的手帕是一条线索,串联了小红和贾芸。

小红为什么纠结于一条手帕呢？就是因为那条帕子在贾芸的手上，她想要的与其说是手帕，不如说是接近贾芸。第二，通过二人的眼神。小红对贾芸的爱，写得美好而含蓄，主要是通过几处眼神呈现出来的。第一处是发现贾芸是本家爷们，就"钉了两眼"；第二处是贾芸发现自己离开后，小红依然在远处看自己；第三处就在这一回，当坠儿引着贾芸走至蜂腰桥的时候，贾芸一面走一面那眼睛把小红"一溜"，小红装作和坠儿说话，也是拿眼睛向贾芸"一溜"，这"一溜"就是四目相对，电光石火，但是表面却无声无息，妙不可言。而小红在这一回中，也展现了她冷静客观的一面。当佳蕙抱怨大家照顾生病的宝玉，像晴雯、绮霰都得了赏赐，小红却没有得赏的时候，小红回答道："'千里搭长棚，没有个不散的筵席'，谁守谁一辈子呢？"这样的回答多么冷静达观。我认为小红的冷静达观，要和对贾芸爱情的含蓄热情对照着看。

薛蟠的浅薄是如何表现的？

当时宝玉正在黛玉那里，突然焙茗进来报称，老爷要见宝玉，吓得宝玉赶紧出来，一看却是薛蟠故意骗他，虚惊一场。宝玉自然责骂薛蟠，薛蟠的浅薄就显示出来了。第一，正面描写中的语言描写。薛蟠让宝玉下次也说是自己的父亲来吓唬自己，这样两人就扯平了。拿父亲开玩笑也就罢了，我们知道薛蟠的父亲早去世了，都说死者为大，薛蟠竟然拿自己已故的父亲开玩笑，在当时简直大逆不道！所以，宝玉也说他"越发该死了"。第二，侧面烘托。用侧面烘托的方式写出薛蟠低级的趣味和不学无术。宝玉提起送薛蟠一些自己写的字画，薛蟠马上想到的是自己看到的一张"春宫图"，还说是"庚黄"画的。你看他的趣味，几乎永远停留在感官刺激的层面，而且连"唐寅"两个字都不认识。他出生在这样的高官世家、书香门第，却这样笔墨不通，不正是对这些纨绔子弟的最好讽刺吗？

最后，林黛玉的伤心是如何表现的？

第一，对比衬托。将黛玉的担心和宝玉的开心对比，衬托黛玉的伤心。她担心宝玉是被贾政叫去，不知道发生了什么，自然要去看看，谁知不仅被拒之门外，还听到了宝玉和宝钗的笑声。宝玉笑她也就忍了，但他不见黛玉却和宝钗一起笑，这黛玉还能忍吗？第二，心理描写。谁知道当时晴雯和碧痕拌了嘴在生气，黛玉敲门，晴雯自然不应。黛玉就暗自认为自己无父无母，无依无靠,被人看不起,悲从中来。第三,渲染烘托。作者用"宿鸟栖鸦"渲染了悲凉的氛围。作者极具新意地采用宿鸟栖鸦也听不得,飞起远避的形式进行渲染,很有感染力。这样重重的悲凉,层层叠叠而来,所以,黛玉的哭非常悲伤。

✔ 考 点

1. 跟碧痕拌嘴生气,不给黛玉开门的丫鬟是谁?

_____

_____

2. 小红的手帕有什么作用?

_____

_____

🖋 学习笔记

第二十七回

滴翠亭杨妃戏彩蝶　埋香冢飞燕泣残红

情节概要

1.本回正值芒种节,大观园众女儿摆各色礼物,祭饯花神。迎春发现众姊妹都在,唯独缺了黛玉,所以宝钗往潇湘馆找黛玉。

2.宝钗看到宝玉进入潇湘馆,怕黛玉多心,就抽身回去,忽然看见一双玉色蝴蝶,宝钗欲扑了来玩耍,却不小心听到小红和坠儿的对话。

3.小红和坠儿警觉,要打开帘子看看,宝钗用"金蝉脱壳"的方法,故意装作找黛玉,小红以为被黛玉听见,吓个半死。

4.凤姐发现小红说话简洁,办事爽利,连李纨都夸奖,就想要收她为丫鬟。

5.探春要宝玉给她买一些柳枝编的篮子、竹子根抠的香盒等物件,谈及给宝玉做鞋,宝玉因说做鞋之奢华,引出赵姨娘的妒忌。

6.宝玉兜起零落的凤仙、石榴等花,去向那日同黛玉葬桃花处,却发现黛玉在葬花,并哭着唱咏《葬花吟》,宝玉不禁痴倒。

值得一问

首先,宝钗的心机是如何体现的呢?

第一,全程偷听小红的秘密。坠儿跟小红要捡到手帕的礼物,要给贾芸。你看坠儿与小红一对比,就可以看出坠儿的单纯和小红的心机。小红在利用坠儿给自己牵线搭桥，坠儿呢，被利用了还全然不知。她俩聊得正在兴头时，突然警觉外面会不会有人偷听，正要打开帘子察看。宝钗正好全程听得清楚，按理说这样私密的话，知礼如宝钗应该回避才对，但是她却有意偷听别人的秘密。第二，诬陷黛玉。宝钗知道躲不过，她就故意借着找黛玉，问她俩有没有看见黛玉，说刚刚还看见黛玉就蹲在滴翠亭边上玩水呢。我就想，姊妹那么多，宝钗为何单单要提黛玉呢？当然，她先前确实是去找黛玉的，脑海中首先浮现出黛玉的名字也是正常的。此外，从这里也可以看出，在潜意识里，宝钗对黛玉是有点成见的。就像黛玉总是调侃宝钗，以宝钗之机警，绝对是能感应到的。第三，用小红来衬托。宝钗觉得小红是一个刁钻古怪的丫头，这里再次借助宝钗的心理呈现了小红的人物形象。而不自觉地，小红其实也衬托了宝钗，宝钗心机比小红更胜一筹！宝钗故意拿黛玉来吓唬她们，因为黛玉素来是"小性儿""刻薄"的形象，果然把小红吓个半死。

其次，贾探春为什么有意和赵姨娘保持距离？

在这一回中，探春想让宝玉帮她买些好字画、好轻巧玩意儿。我们知道，探春情趣高雅，擅长书法，所以这里特意提了一笔。而他们在聊天中，提起了探春给宝玉做鞋赵姨娘吃醋的事情。赵姨娘说探春给宝玉做鞋子，却不给贾环做。从探春回答的一番话中我们可以看出探春对赵姨娘简直鄙夷之极！第一，因为探春心里非常忌讳自己是姨娘所生，所以处处想跟赵姨娘拉开距离。我们从她的"我只管认得老爷、太太两个人""什么偏的庶的，我也不知道"等话里，可以知道探春的自尊其实源于对出身的自卑。第二，赵姨娘的格局太小了，吃醋、耍小性儿、巫蛊害人，什么不要脸的都做。从赵姨娘的角度看，探春对自己的亲兄弟反而不照顾着些，她吃探春对宝玉更好的醋其实可以理解。但是明着讲出来，就非常不合适。你让探春的面子往哪里搁呢？关于探春为何疏远自己，赵姨娘从来不从自己身上找原因。第三，探春心性高傲，想极力维护小姐的尊严。探春是贾府小姐里面最有经济头脑和行为魄力的。她和赵姨娘保持距离，其实也是为了证明自己和赵姨娘一流全然不同，事实也确实如此。可以说，探春的尊严都是靠自己的努力一点一滴得来的。

☑ **考 点**

1. 小红和坠儿聊天时，偷听的人是谁？

_____

_____

2. 简析《葬花吟》中的情感。

_____

_____

🍃 **学习笔记**

第二十八回

蒋玉菡情赠茜香罗　薛宝钗羞笼红麝串

情节概要

1. 宝玉因《葬花吟》而感伤不已，悲恸声惊动了黛玉，宝玉道出衷肠，黛玉知道是丫头们偷懒不开门，二人误会消除，和好如初。

2. 王夫人问黛玉吃药的事情，引出了宝玉关于配药的一大套理论，黛玉以为宝玉在吹牛，故意在背后画脸羞他，结果确有其事。

3. 冯紫英请宝玉等人聚会，众人唱曲作乐。琪官（蒋玉菡）与宝玉互有好感，蒋玉菡将北静王所赠汗巾与宝玉身上的汗巾（袭人的）交换，宝玉回家后被袭人责怪。

4. 元妃给众人赏赐之物，只有宝玉和宝钗的完全一样，黛玉不悦，宝玉百般解释心里再无别人。

5. 宝玉见到宝钗，要看她的红麝串子，宝钗褪下串子，宝玉看她的酥臂雪白，不禁出神。宝钗含羞而走，却被黛玉看见，黛玉用手帕打宝玉，取笑他是"呆雁"。

值得一问

首先，黛玉在这一回里为什么生气？

第一，宝玉当着众人的面指出黛玉怀疑自己撒谎。王夫人问起黛玉吃药的事情,宝玉就说起那个复杂的药方,大家都觉得宝玉在吹牛。因为药方薛蟠也在配,所以宝玉就求证于宝钗,宝钗却说自己不知道有这事。黛玉就在背后故意羞宝玉,结果凤姐说确有其事,宝玉就看向黛玉,说自己并没有撒谎。第二,宝玉居然帮着宝钗说话。宝玉当着众人的面,指出黛玉怀疑他撒谎,黛玉就已经不舒服了,更让黛玉不舒服的是,宝玉还帮宝钗说话,说宝钗不知道很正常。所以,当贾母叫吃饭的时候,黛玉不等宝玉就自顾自去了。第三,宝钗当着王夫人和宝玉的面指出黛玉的小性儿。宝钗劝宝玉让宝玉赶紧和黛玉一起去吃饭,免得黛玉心里不自在。这番话其实大有用意:一来显示自己对黛玉的关心,二来显示自己的周全,三来指出黛玉的小性儿。不得不说,宝钗的这段话太厉害了,看似是关心,实则是在暗讽黛玉!第四,宝玉表现得漠不关心。面对宝钗的劝说,宝玉说了一句:"理他呢,过一会子就好了。"宝玉故意在宝钗面前维护男人的面子,结果还让黛玉听见了。作者这里的手法非常巧妙!原文没有点出黛玉听见了这句话,而是在一个丫头回宝玉说"那块绸子角儿还不好呢,再熨他一熨"时,黛玉第一次说:"理他呢,过一会子就好了。"而当宝钗来找黛玉他们,说:"才刚为那个药,我说了个不知道,宝兄弟心里不受用了。"黛玉第二次说了"理他呢,过会子就好了"。第一次故意恶心宝玉,第二次故意恶心宝钗,一句二用,一石二鸟,心思细密,用语刻薄!

其次,都说冯紫英在这一回开的宴会很妙,妙在哪里呢?

第二十六回时薛蟠宴请,冯紫英因为家里有事,没有陪他们几个好好喝酒,所以在这一回中冯紫英回请大家。这次宴会,有几件事情值得一讲。第一,酒令文辞很妙。文辞中既要包含悲、愁、喜、乐四字,还要说出女儿来。如第一个宝玉的词:"女儿悲,青春已大守空闺。女儿愁,悔教夫婿觅封侯。女儿喜,对镜晨妆颜色美。女儿乐,秋千架上春衫薄。"第二,文辞之中能显示一个人的人物形象,非常妙。宝玉的词中所体现的首先是他对女儿的同情,其次是他对官位利禄的鄙视,此外还有他对女儿美貌和欢愉的欣赏。这可以说是比较全面地呈现了贾宝玉的生活观。然后来看冯紫英:"女儿悲,儿夫染病在垂危。女儿愁,大风吹倒梳妆楼。女儿喜,头胎养了双生子。女儿乐,私向花园掏蟋蟀。"从这里看出冯紫英是一个纨绔子弟,没什么文才。再来看妓女云儿:"女儿悲,将来终身指靠谁? 女儿愁,妈妈打骂何时休! 女儿喜,情郎不舍还家里。女儿乐,住了箫管弄弦索。"作者对云儿作为妓女的身份把握得真好,四句文辞全没有离开风尘生活。再是薛蟠,跟宝玉相比,他不仅仅是俗,简直恶俗! 偶然间也得佳句"洞房花烛朝慵起",多美! 结果是为了对比下句,简直不堪入目! 第三,暗示了最后蒋玉菡和袭人的姻缘,非常妙! 蒋玉菡的词:"女儿悲,丈夫一去不回归。女儿愁,无钱去打桂花油。女儿喜,灯花并头结双蕊。女儿乐,夫唱妇随真和合。"蒋玉菡的词充满了暗示,"丈夫一去不回归",不正是暗指宝玉出走吗? "灯花并头结双蕊",不正是暗指自己和袭人最后喜结良缘吗? 而后他拿起木樨念道"花气袭人知昼暖",无意间就提到了花袭人。第四,蒋玉菡将北静王送自己的大红汗巾子和宝玉身上的汗巾子交换,而宝玉与蒋玉菡交换的汗巾子,恰好是袭人的。袭人责备了宝玉几句,夜间宝玉便将蒋玉菡赠予的汗巾子系到了袭人身上。冥冥之中,宝玉给蒋玉菡和花袭人定了情,这就是姻缘。

最后,元春的赏赐意味着什么?

黛玉和元春是姑表亲戚,宝钗和元春是姨表亲戚。按照古礼,自然是黛玉和元春更亲。所以赏赐礼物的时候,理应黛玉同宝玉一样。这个道理,宝玉是知道的;黛玉也知道,否则她不会不高兴。当然黛玉的不高兴不在于礼物呈现的亲疏,而在于宝钗对她情感的潜在威胁;而元春赏的礼物将宝玉和宝钗放在了同一层级上,其实是暗示她看上了宝钗,想让宝钗当弟媳妇呢。所以,黛玉总是感到有危机是有原因的。

☑ 考 点

1. "堪羡优伶有福,谁知公子无缘"中的"优伶"和"公子"分别指谁?

_____

_____

2. 蒋玉菡与贾宝玉互换汗巾子有什么用意?

_____

_____

✎ **学习笔记**

第二十九回

享福人福深还祷福　痴情女情重愈斟情

📋 情节概要

1. 黛玉用手帕打了呆看宝钗的宝玉的眼睛。凤姐叫宝钗到清虚观打醮看戏去,宝钗嫌热不去。贾母要同凤姐去,又叫宝钗去,宝钗只好答应。于是在初一这一日,贾府上下浩浩荡荡,齐向清虚观出发,车子乌压压占了整条街。

2. 贾府人至,一小道士避之不及,撞在凤姐怀里,被凤姐打了一巴掌,贾母不叫唬着小道士,还给了些钱。

3. 张道士等人趁看"宝玉"之机奉承了许多宝贝,包括金麒麟。宝玉要散给穷人,被张道士拦阻。冯紫英家等来送礼,贾母后悔惊动了众人,下午便回来了,次日便懒怠再去。

4. 第二天贾母、宝玉、黛玉未再去。宝、黛为张道士提亲事闹别扭,宝玉气得不行砸玉,黛玉气得哭到发抖,并拿起剪刀,剪了自己为宝玉的玉编的穗子。

5. 薛蟠生日,宝玉、黛玉、贾母等未去。宝玉在怡红院对月长吁,黛玉在潇湘馆临风洒泪,人居两地,情发一心。

👉 值得一问

首先,贾母之可爱体现在哪里?

贾母的形象是一位慈祥的老奶奶,这位老奶奶还挺可爱的。第一,贾母喜欢热闹,年龄虽大,兴致挺高。听说去清虚观打醮可以听唱戏,就嚷着也要去。你看宝钗嫌热,不想去,而老太太这么大年纪,反而为了热闹不怕热。第二,贾母慈悲,对弱小者给予关怀。众人来清虚观打醮,一个小道士来不及回避,撞到了王熙凤的怀里,王熙凤多么泼辣的一个人!一巴掌打过去,这个十二三岁的小道士被打得翻了一个筋斗。贾母的善良是凤姐等人对比衬托出来的,在大众的喊打声中,贾母让带了孩子来,认为孩子的老子娘会心疼。你看,这就是有同理心。极富贵的人,往往会遗忘贫贱之人,践踏贫贱之人,而贾母能同情贫苦人家的孩子,这对于富贵如贾母这样的人来说,尤其难能可贵!贾母对待贫寒人家的态度,还表现在第三十九回、第四十回中对待刘姥姥的事情上。有些人认为,贾母对待刘姥姥本质上更多的是富人对穷人的戏弄,只不过是富人枯燥生活的一种调剂罢了。我不这样看。贾母这种极富贵的人,能款待刘姥姥,并在生活上给予关怀,没有丝毫看不起贫寒之人,这就是贾母的慈悲处,也是可爱处。

其次,贾宝玉为什么又摔玉?

宝玉在这里是第二次为黛玉摔玉了。第一次是在第三回的时候,宝玉问黛玉有没有玉,黛玉说没有,他就拿起玉来砸。这一回中是黛玉因为"金玉良缘"的说法心中很忌讳,故意用这个话来噎宝玉,所以气得宝玉摔玉。宝玉动不动就为了黛玉摔玉,可见黛玉在宝玉心中的重要性!他正是因为完全了解黛玉关于"金玉良缘"的心思,所以才想砸碎了玉,从而打破这种说法。其实"玉"有何罪?它只不过是一种指代,即使砸碎了它,也还有其他可以指代的东西联系姻缘,只要人愿意。值得一提的是,这里的写法非常妙,它没有以具体对话的形式展现二人之间的矛盾,而完全是采用心理描写的方式呈现二人内心的纠葛。二人各具心思,却都无法明确表达。读者却看得清清楚楚,真是替他们感到着急!

☑ 考 点

1. 发现史湘云也有一个相似的金麒麟的人是谁?

_____

_____

2. 黛玉和宝玉的心理描写有什么作用？

_____

_____

🍂 **学习笔记**

第三十回

宝钗借扇机带双敲　龄官划蔷痴及局外

--- 📋 **情节概要** ------------------------------

1. 紫鹃劝黛玉为宝玉开门。宝玉求原谅,黛玉不愿理他,宝玉说黛玉要是死了自己就去做和尚,黛玉才逐渐回转心意给宝玉绢帕叫他擦泪,宝玉要拉黛玉去往老太太跟前。

2. 凤姐跳了进来拉黛玉去见贾母,说两人各赔不是,都扣了环了。宝玉因没有参加薛蟠的生日而向宝钗说明,因谈及看戏,宝钗说怕热,宝玉以杨妃比宝钗,宝钗大怒。

3. 小丫头靛儿寻扇,宝钗正在气头指斥,黛玉听宝玉奚落宝钗,心中得意,本想借机奚落,恰逢靛儿寻扇就改口问宝钗看了什么戏。宝钗借机暗讽宝玉"负荆请罪",宝、黛二人羞红了脸。

4. 宝玉忍气出房,与金钏儿调笑,王夫人掌掴金钏儿,并唤其母将之领走。宝玉躲入大观园,于蔷薇架下逢龄官划"蔷",正逢下雨,宝玉忘记自己也淋湿了却提醒龄官避雨。

5. 众人关门玩水,宝玉拍门半日无人应,正好袭人听见去开门,宝玉怒而误踢袭人,导致袭人夜间咳嗽吐血。

--- 👆 **值得一问** ------------------------------

首先,薛宝钗为何生气?

薛宝钗是出了名的好脾气，但是薛宝钗可一点都不好欺负。这一回，宝玉问宝钗怎么没有去看戏，宝钗说自己怕热，所以看了两出就回来了。宝玉本来想拍马屁，说怪不得别人拿宝钗比杨贵妃，原来宝钗也体丰怕热，结果惹得宝钗大怒，说了一句，我可没有杨国忠这样的好兄弟。第一，清朝对女子的审美已经更偏向于瘦弱类型，宝玉说宝钗体丰怕热，这不就是说宝钗胖吗？在时代审美已经转变的清朝，你说别人体丰，没有哪个女生会高兴。第二，宝钗本来是进京选秀的，但是选秀一直没有真正施行，说她像杨贵妃，这可以说是明摆着给压力，宝钗心里不爽也是意料之中。第三，杨贵妃可不是什么好形象，她虽然美丽，但是也是历史上著名的"红颜祸水"，最后是身死马嵬坡，下场悲惨，宝玉这不是拍马屁拍到马蹄上了吗？宝钗的回答可以说是妙极！她说自己没有一个杨国忠一样的好兄弟，看似是在揶揄薛蟠，实则暗指宝玉。此时元妃正受皇帝宠幸，宝钗暗指元妃才更像杨贵妃，宝玉则是杨国忠。一句话，不带一个脏字，没把宝玉给噎死！恰逢黛玉又心中暗爽，问宝钗看了什么戏。宝钗故意不说戏名，讲了故事梗概，让宝玉自己说出了《负荆请罪》之名，多像宝玉刚刚向黛玉赔罪的样子，一句话又暗讽了两人。高明！

其次，金钏儿因何而死？

宝玉被宝钗揶揄得没趣，就到了王夫人的房中。王夫人正在打盹儿，金钏儿给她捶腿。宝玉没个正经，就跟金钏儿说，明日向老太太讨她，住在一处。我觉得宝玉就是纯粹地想让金钏儿当自己的丫鬟，没有其他意思，而且更多的还是一时兴起，口头打趣，不是认真的。谁知金钏儿说了一段话："'金簪子掉在井里头，有你的只是有你的'，连这句话语难道也不明白？我倒告诉你个巧宗儿，你往东小院子里拿环哥儿同彩云去。"结果彻底惹怒了王夫人！不仅扇了金钏儿一巴掌，还赶走了她。我们知道，贾府的丫鬟一般是到了年纪发配出去，嫁给奴才。而如果是被赶出去的话，那名声就坏了，既不好嫁人，也不好去别家继续当丫鬟，所以金钏儿后来跳井死了。我们来看看金钏儿到底说了什么，让王夫人如此生气：第一，"'金簪子掉在井里头，有你的只是有你的'，连这句话语难道也不明白？""金簪子"就是金钏儿自己，"掉井里"就是说就在你家里头，意思是说，只要宝玉有心，金钏儿"我"迟早是你的人，谁知道这里就伏了自己之死。第二，金钏儿挑唆宝玉去拿贾环和彩云，这就更不能为王夫人所容忍了，一来暗指贾环和彩云有男女之事，二来还让宝玉去拿，这也是王夫人不喜的。第三，王夫人一向喜欢朴实的丫鬟，讨厌妖冶的丫鬟,而金钏儿确实是一个轻浮的丫鬟,只是可能平常在王夫人面前伪装得不错。在第二十三回的时候,宝玉被贾政叫去,一步挪不了三寸,王夫人正好也在贾政处商议事情,金钏儿等丫鬟就在廊檐之下,结果金钏儿拉着宝玉问,要不要吃自己嘴上刚刚涂的胭脂。可见金钏儿的轻浮! 所以,当王夫人发现金钏儿竟然如此不检点的时候,自然大怒而将之赶走。

最后,宝玉为什么看龄官划蔷而痴?

第一,景美人也美,龄官是唱小旦的,可以说是声色俱美的一个人物,而此时她在一片蔷薇花下,划着"蔷",这样的情境不得不说是非常动人的。第二,极富悬念。龄官起初在地上划的是什么,没有人知道,宝玉依据笔画才发现是"蔷"字,而后龄官更是画了几千个"蔷"字,让人不禁猜想其到底意欲何为。第三,是宝玉的共情。宝玉对待女子总是充满了怜惜,因为宝玉的性情,看到龄官的心思,所以才会不禁入了迷。

☑ **考　点**

1. 在蔷薇花下划"蔷"的人是谁?

_____

_____

2. 宝玉为什么踹了袭人一脚?

_____

_____

🍃 **学习笔记**

第三十一回

撕扇子作千金一笑　因麒麟伏白首双星

📋 情节概要

1. 袭人晚上吐血,宝玉服侍袭人,向王太医问药。

2. 端阳节王夫人治席请薛家母女赏午,众人不欢而散。宝玉因此而回房中长吁短叹。晴雯来换衣服,把扇子跌在地上将扇骨跌断,遭宝玉责骂,晴雯不服,怒呛宝玉、袭人两人,气得宝玉要赶她回家。

3. 晚上宝玉在薛蟠处喝酒回来,见晴雯睡着,将她推醒,叫她拿果子来,晴雯故意不做。宝玉说扇子是用来扇的,只要不是为了出气,撕也无妨。宝玉拿扇子给她,她便撕起来,麝月阻止,宝玉说"千金难买一笑",并说扇子不值几个钱。

4. 宝钗、黛玉谈说湘云往日的调皮作为,湘云给袭人等带来戒指。翠缕和湘云论阴阳,最后归结到麒麟也有阴阳,人亦有阴阳。两人在蔷薇架下拾到宝玉遗失的金麒麟。

👆 值得一问

首先,晴雯为什么要撕扇子?

第一,宝玉因心情不好而责骂了晴雯。宝玉心情不好,跟其他人心情不好密切关联：王夫人因为宝玉和金钏儿的事情非常不高兴，所以就懒得理宝玉；宝钗因为前一天宝玉说她像杨贵妃而心情不好，懒得理宝玉；林黛玉看宝玉懒懒的，只想着是因为得罪了宝钗的缘故，觉得宝玉那么重视宝钗，所以也不爽，不理宝玉。正是在这样的背景下，宝玉回来，晴雯上来给他换衣服却不小心摔折了扇子骨，宝玉才骂她"蠢才，蠢才"。第二，晴雯脾气火暴。我们知道晴雯是非常好强的人，嘴又不饶人，平时宝玉又待她们好，所以直接怒呛宝玉，说一把扇子算什么，想是借机发火，打发她们走就好了！这就彻底惹怒了宝玉，要赶走晴雯，幸好有袭人来劝。这里也想插一句，晴雯为何不领袭人的情？连带袭人也一起讥讽进去了呢？我觉得晴雯这种直性子，是看不惯袭人的八面玲珑的。当然也有对王夫人从自己月钱里拿出二两给袭人这件事的嫉妒。最后是对宝玉的情谊，我觉得晴雯也是想做宝玉的妾的，但是晴雯不屑于争抢，而袭人的身份让她非常难受，所以自然针对袭人口中的"我们"铆足了劲讥讽袭人。第三，晴雯撕扇子，只图宣泄一乐，证明自己在宝玉心中的地位。而宝玉气消了之后，确实觉得犯不着为了一把扇子而责骂晴雯，就让晴雯爱怎样都行，只要不是借着扇子发火，所以晴雯就撕起了扇子。我们会觉得晴雯撕扇子很解气，所有的委屈都在撕扇子中消失了。

其次，什么是"因麒麟伏白首双星"？

这个回目名真的很令人费解。研究的人也是各有各的理。我也说说自己的看法。首先"白首"就是白头，"双星"应该指的是"牛郎""织女"双星，"麒麟"肯定指的是那一对金麒麟，这些应该没有问题。但是，这双星具体指的是谁，就众说纷纭了。有说是宝玉和湘云的，有说是卫若兰和湘云的。我觉得，应该是宝玉和湘云。黛玉为什么一直提金麒麟？因为"金玉良缘"中又多了湘云这样一种可能，一个宝钗就够让她难过了，现在又来一个湘云！真是闷杀黛玉！我们知道，宝玉最后出家了，他们最终是没能在一起的，所以才是"牛郎""织女"双星。而具体的情节走向，因为原书稿遗失，大家已经无福一览了。

☑ 考 点

1. 说说宝玉的金麒麟的来龙去脉。

_____

_____

🍂 学习笔记

第三十二回

诉肺腑心迷活宝玉　含耻辱情烈死金钏

---- 📋 情节概要 --

1.宝玉知道是湘云捡了金麒麟，非常高兴。湘云亲自给袭人带来了戒指，袭人求湘云做鞋，牵出宝玉因惹恼了黛玉，而黛玉将湘云给宝玉做的扇套子给剪了之事。

2.贾政叫宝玉见贾雨村，湘云以人情世故劝宝玉，宝玉请湘云别屋坐，道黛玉从不说这些"混帐话"。黛玉正好听见，又喜又惊，又悲又叹，流下泪来，而后抽身回去了。

3.宝玉出门见黛玉在前，像在拭泪，宝玉过去帮黛玉拭泪，黛玉以金麒麟的事讥讽宝玉，急得宝玉出一脸汗，黛玉又替宝玉拭汗。

4.宝玉倾诉肺腑，黛玉全然明白宝玉的意思，而后离开。宝玉愣在原处，将来送扇子的袭人误认作黛玉，说完心里话，袭人知道宝玉、黛玉二人的情感，感到又惊又畏。

5.袭人遇见宝钗，聊及让湘云做鞋之事，宝钗说湘云在家中境况非常不好，袭人顿时明白。

6.金钏儿跳井而死，宝钗忙到王夫人处安慰姨母，并送了自己的衣服给金钏儿做妆裹。

首先, 湘云世俗吗?

答案是肯定的。湘云的世俗分成了可爱的部分和不够可爱的部分。可爱的部分体现在她对袭人这些姐妹们的情谊上, 这也是世俗人情的部分。这和史湘云的生活经历有关, 史湘云虽然是豪门贵族的大小姐, 是贾母的侄孙女, 但是史湘云很小的时候就父母双亡, 跟着叔叔一起生活, 由于叔母待她不怎么好, 还会经常派些针线的活计给她做, 所以史湘云的针线功夫非常好, 而且没有一点儿大小姐的脾性。所以, 她最念叨的人是袭人, 还专门带了戒指赠予袭人。别看湘云平时大大咧咧的, 这些人情世故她还是很懂的。正因为这样, 大观园里的人, 上上下下都很喜欢她。那么, 她人情世故中不够可爱的部分是什么呢? 史湘云的功利心很强。在这一回中, 贾雨村拜访贾府, 要见见宝玉。宝玉非常不高兴, 不想去。但湘云好心劝他, 说会会这些仕途上的人, 以后应酬世务也有个朋友, 并说宝玉只混在"我们队里"(女人堆里)不好。这番话惹得宝玉直接叫她走开。对于这些仕途经济的东西, 湘云和宝钗的看法高度一致! 其实这也和湘云的生活经历相关。湘云是官宦世族的小姐, 在她看来, 男人为官从政那才是正途, 因为她们家的男人几乎都是走这样的路子, 要么考功名, 要么直接世袭。另外, 史湘云对自己的女性身份是不满的。她喜欢男装, 我觉得这是她在潜意识中, 对打破自己当下境遇的一种渴望。她如果是男性, 完全可以凭借仕途改变自己的命运, 但是她是女性, 所以心里是充满无奈的。她劝宝玉关注仕途经济, 其实真是出于好心! 但是, 在当时境况下她过于关注世俗经济, 多少显得有些功利了。

然后, 袭人为什么又惊又畏?

我们先讲袭人的"惊", 在袭人看来, 宝玉和黛玉之间的情感是兄妹之情。而宝玉一番深情的告白, 让袭人全然明白, 他们之间的情感已经是男女之情, 这是袭人感到"惊"的第一层原因; 而宝玉的告白内容之深情让袭人意识到, 宝玉竟然对黛玉用情之深到了痴迷的境地, 这是袭人感到"惊"的第二层原因。接下来我们讲讲袭人的"畏", 原文已经透露了一点原因, 那就是袭人担心宝玉和黛玉将来难免做出不才之事, 也就是男女之事。但这其实不是她

"畏"的根本原因。若是因为男女之事,袭人顶多是吃醋,而且袭人非常清楚以后自己的位子,她只能是妾。所以,她不会因此而"畏",让她"畏"的其实是黛玉这个人!因为在袭人的眼里,黛玉小心眼儿、难伺候。你看这一回,袭人就说宝玉有一次在宝钗劝他仕途经济的时候,直接咳一声就走了,说宝钗有涵养跟没事似的,如果是林姑娘,不知道得赔多少不是呢!从袭人的这些话里,我们能体会出,她喜欢宝钗,不喜欢黛玉。

☑ 考 点

1. 拿自己衣服给金钏儿做妆裹的人是谁?

_____

_____

2. 这一回宝玉想要对黛玉说一句话,为什么最终讲给了袭人听,却不是给黛玉听?说说你的理解。

_____

_____

🖋 学习笔记

第三十三回

手足眈眈小动唇舌　不肖种种大承笞挞

📋 情节概要

1. 宝玉知道金钏儿自杀，茫然痛苦，正好撞上了贾政，被贾政一顿数落，说他见贾雨村时拖拖拉拉，又没有一点慷慨挥洒的谈吐。

2. 忠顺府长史官来到荣国府，对贾政说宝玉偷藏了琪官（蒋玉菡）的事，因为忠顺王离不开琪官，特来向宝玉打听。贾政大怒，召宝玉问琪官的下落，宝玉知道瞒不过，就说了"紫檀堡"这个地方。

3. 贾环遇见父亲贾政，告状说宝玉想要强奸金钏儿而不遂，金钏儿因之跳井而死。贾政大发雷霆，打得宝玉皮开肉绽，闹得贾府上下鸡飞狗跳，直到贾母来了方罢。

👆 值得一问

首先，贾政为何痛下狠手打宝玉？

因为极度失望。贾政对宝玉的偏见，是由来已久的，可以说是从宝玉抓周，抓了些胭脂水粉开始，贾政就觉得宝玉是酒色之徒，不喜欢他。而在这回中，更是集聚了多重的事件，最终让贾政暴怒，从而痛下狠手。第一，贾政嫌弃宝玉待人接物不够合礼。贾雨村是因为贾家才重新走上仕途的，所以他是非常巴结贾府的，每回来贾府都要见宝玉，其实只是为了奉承而已。宝玉看透了贾雨村这样的人，且最是厌恶，因此在谈话的时候就没有什么热情。但是贾政觉得宝玉葳葳蕤蕤，所以很生气。第二，贾政不能接受宝玉跟戏子厮混。忠顺王府的长史找宝玉问琪官的下落，他们是掌握了具体的证据的，他们竟然知道了琪官将汗巾子赠予了宝玉的事，可谓证据确凿。而贾政听闻了这样的事，自然是想到了最肮脏的事情。贾政绝不能接受自己的儿子跟伶人有这样的关系。第三，贾环的恶意污蔑。金钏儿之死，可以说是个偶然事件。要说责任人，首先是金钏儿自己不自重；其次是王夫人，处理狠辣，可那也是母亲出于对儿子的保护心理；最后才是宝玉，他真的没有坏心思，这样的聊天打趣对于宝玉而言真是太寻常了！但是赵姨娘却乱嚼舌根，说是宝玉想强奸金钏儿未遂，才导致了金钏儿之死。这就严重了！奸淫母婢，强奸未遂，还逼死了人，这还了得？所以在这三起事件叠积之下，贾政暴揍了宝玉一顿。

其次，琪官事件的直接告密人真是薛蟠吗？

应该不是。当袭人问贾政怎么知道琪官和金钏儿这两件事时，焙茗说，琪官的事多半是薛蟠吃醋，在贾政面前告发的；金钏儿的事是贾环说的。袭人觉得都对得上。而我觉得，琪官事件的告密者应该不是薛蟠！第一，告发这件事对他不仅没好处，还不利！宝玉怎么认识的琪官？是因为薛蟠！冯紫英为了还薛蟠的礼，才组织了这次宴会，宝玉才得以和琪官相识。薛蟠要是主动告发，自己也会牵连其中，那他怎么敢面对自己的姨父贾政呢？第二，从薛蟠的表现可以推断，不是他告发的。后来在薛姨妈和宝钗质问薛蟠时，薛蟠表现得非常愤怒，甚至要去打死宝玉，与之同归于尽。他的表现为何如此激烈？因为被冤枉，所以才会尤其愤怒。第三，当时和宝玉他们一起参与此次宴会的还有很多人，除却宝玉、琪官、薛蟠外，还有冯紫英和云儿。具体是谁，我们也不知道，但是原文里写得明白，宝玉和琪官互赠汗巾子的时候，确实被薛蟠发现了。薛蟠是大嘴巴，又没头脑。他虽然不是直接告密人，但是说不定漏嘴说给了云儿听呢。而忠顺王府若要从云儿那里得到消息，就太容易了！

✔ **考　点**

1. 谁将告密者告诉了袭人？

_____

_____

2. 忠顺王府长史说宝玉和琪官有往来证据确凿,证据确凿指的是?

_____

_____

🖋 **学习笔记**

第三十四回

情中情因情感妹妹　错里错以错劝哥哥

📋 情节概要

1. 袭人发现宝玉被打得很严重。宝钗来看宝玉，带了一丸药，又说了体贴话，宝玉很受用。

2. 袭人转述焙茗的话，告知宝钗关于琪官的事是薛蟠说的，关于金钏的事是贾环说的。

3. 黛玉来看宝玉，双眼哭得红肿，劝宝玉都改了，恰逢凤姐来，怕被取笑就从后院离开了。

4. 袭人去见王夫人，提醒道姐妹们大了，应找机会让宝玉搬出大观园，深得王夫人的心。

5. 宝玉让晴雯去给黛玉送两条旧帕子，黛玉明白其意，并在上面题了三首诗。

6. 薛姨妈和宝钗责备薛蟠口无遮拦，薛蟠生气并说宝钗想嫁宝玉，气得宝钗哭了一夜。

👆 值得一问

首先，袭人说出是薛蟠告发的话，宝钗说了一番话："你们也不必怨这个，怨那个。据我想，到底宝兄弟素日不正，肯和那些人来往，老爷才生气。就是我哥哥说话不防头，一时说出宝兄弟来，也不是有心调唆：一则也是本来的实话，二则他原不理论这些防嫌小事。袭姑娘从小儿只见宝兄弟这么样细心的人，你何尝见过天不怕地不怕、心里有什么口里就说什么的人。"袭人听了为什么"羞愧无言"？

第一，袭人说出是薛蟠告发后，觉得自己过于鲁莽得罪了宝钗。袭人向来是谨慎小心的人，她在宝钗的面前直接说是薛蟠告发的，一来固然是心疼宝玉，情急之下口不择言；二来我认为也是想通过宝钗而警示薛蟠，让薛蟠以后说话小心，不要再伤及宝玉。第二，宝钗认为宝玉自己有错在先，怪不得别人，也不应该怪薛蟠。宝钗多么厉害的人，直接将矛头指向宝玉和袭人，将上文的话翻译成更直白的话就是，都是宝玉自己的错，袭人你不要埋怨别人！袭人听了岂止羞愧，简直畏惧。第三，宝钗认为薛蟠是无心挑唆的，不应过分责备他。宝钗这里明显是开始推卸责任了，她认为薛蟠即使说了也是"实话实说"，不是有心挑唆的，意思是让袭人用词恰当一些。第四，宝钗还不忘维护袭人，夸赞宝玉细心，说袭人不理解薛蟠这样的人情有可原。宝钗先是责备袭人，维护薛蟠，最后又替袭人解释误解薛蟠的原因，袭人就算不为自己的唐突而羞愧，也会因为宝钗对自己的理解而羞愧。宝钗是绝对的语言大师！

其次，宝玉为什么要支开袭人让晴雯给黛玉送两条旧帕子呢？

我们先讲为什么支开袭人。第一，宝玉知道袭人不喜欢黛玉，所以这么重要的事他不愿意交给袭人做。袭人喜欢宝钗不喜欢黛玉，以宝玉的敏感肯定是有所察觉的，况且袭人不止一次在宝玉的面前夸赞宝钗大度。宝玉为什么总叫袭人去看看黛玉？就是希望袭人能了解黛玉，希望袭人能跟黛玉交心。第二，跟晴雯相比，袭人多心敏感，晴雯率真纯粹。宝玉让晴雯送旧帕子她就送了，若是袭人则会对此多加揣摩，而宝玉不想让袭人知道自己对黛玉的心意。

我们再看为什么是送"旧帕子"，黛玉也是揣摩了很久才明白的。第一，旧帕谐音"就怕"，就怕黛玉伤心哭坏了身子，这是《红楼梦》中常有的谐音艺术。黛玉收到帕子，当然明白是宝玉劝她不要过度担心自己的伤，虽然有伤在身，但是宝玉担心的反而是黛玉的身体，面对如此体贴的宝玉，黛玉怎么能不感动呢？第二，旧手帕暗示了"我心依旧"。黛玉看到宝玉的伤，忍不住劝宝玉都改了吧,而宝玉送的旧手帕其实是对黛玉的答复,那就是依然做自己,同时也暗含对黛玉的心依旧。第三,旧手帕是二人之间的互相交换,是情感的交换。在第三十回宝玉和黛玉因为"金玉良缘"闹矛盾又和好的时候,宝玉哭了没有手帕就用袖子擦,是黛玉甩了条自己的帕子给宝玉。在这一回中,宝玉又给黛玉旧帕子,正好形成了呼应。帕子是用来拭泪的,最真挚的情感都在里面,所以古人常将帕子作为定情的信物。

☑ 考　点

1. 在这一回里王夫人为什么赞叹袭人思虑周全?

_____

_____

2. 黛玉在宝玉送的旧手帕上,围绕着"泪"题了三首诗,请说说"泪"中包含的情感。

_____

_____

✑ 学习笔记

第三十五回

白玉钏亲尝莲叶羹　黄金莺巧结梅花络

情节概要

1. 黛玉看众人探望宝玉，感叹有父母的好处，不禁落泪，回潇湘馆无可释闷，只好听鹦哥背诗。

2. 薛宝钗回家，薛蟠因自己莽撞了宝钗而道歉，兄妹重归于好。

3. 薛姨妈和宝钗也来看宝玉，宝玉想吃莲叶羹，凤姐命人去做，宝钗奉承贾母，贾母夸赞宝钗的优秀是其他姊妹所不及的。

4. 王夫人让玉钏儿给宝玉送羹，恰逢金莺儿去宝玉处给他打络子，宝玉骗玉钏儿吃了莲叶羹。因为跟傅家的婆子说话，宝玉打翻了莲叶羹，烫了手，却关心玉钏儿烫着没。

5. 宝玉一面看莺儿打络子一面听她夸宝钗，正好宝钗过来，一起商量如何打络子。

6. 袭人因为王夫人单独给她两碗菜而疑惑，经宝钗提醒，袭人方明白了王夫人的意思。

值得一问

首先，当黛玉回潇湘馆时，作者着意写了黛玉的宠物鹦哥，请问鹦哥有什么作用呢？

当黛玉见众人都去探望宝玉时,想起了有父母的好处来,进而又想到自己孤苦伶仃、寄人篱下,不免悲从中来。当移步到潇湘馆的时候,鹦哥突然从廊上扑了下来。第一,侧面写出紫鹃照顾黛玉尽心尽责。鹦哥看到黛玉回来了,说的一番话是"雪雁,快掀帘子,姑娘来了"。这番话平时一定是紫鹃说的,因为雪雁年纪小,会有照顾不周的地方,所以需要紫鹃时时提醒。由此可见紫鹃的体贴。第二,写出了黛玉内心的悲苦。鹦哥竟然会背黛玉的《葬花词》,说明黛玉平常总是在念。《葬花词》的内容悲苦之至,可见黛玉内心的煎熬。第三,对比衬托、以乐衬悲,借助鹦哥的喜剧成分衬托黛玉的悲苦生活。我们在读鹦哥之前的内容时,无不深深地感慨着黛玉无父无母的悲苦境遇,而鹦哥的出现,简直萌翻了!多么可爱的鹦鹉,竟然学会了黛玉的叹息和诗词,学会了紫鹃的语气和语调。在我们沉浸于黛玉之悲时,鹦哥又让我们忍俊不禁。然而,这种欢乐又是为了衬托悲的。鹦哥的表现恰恰证明黛玉的苦是无法排遣的,所以只好寄托给了鹦鹉。

其次,傅家的两个婆子对宝玉的奚落有什么用意呢?

宝玉一面和傅家的婆子说话,一面又伸手去拿莲叶羹,不想打翻了碗,汤都泼到了自己手上,而宝玉担心的却是是否烫到了玉钏儿。这就引起傅家两个婆子的议论了,她们觉得宝玉既糊涂又呆气。第一,这番议论正是世俗之人对宝玉的看法和评价。世俗之人一向看重名利而看轻真情,所以看到宝玉这种只要认定是好的,"线头"也是宝贝,糟蹋起来"千金"也不管的行为,当然是嗤之以鼻的。所以,她们觉得宝玉糊涂很正常。第二,表现了宝玉对女孩子的关爱,以及对玉钏儿的愧疚。在婆子们的眼里,奴婢就是猫儿狗儿,宝玉关心她们甚至超过了自己,这简直可笑。实际上,宝玉对女孩子都很关怀,而对玉钏儿则又多了一份愧疚,毕竟玉钏儿的姐姐金钏儿之死和宝玉有一定关系。第三,呼应了"龄官划蔷痴及局外"的内容。婆子们的谈话中涉及了第三十回宝玉看龄官在蔷薇花下划"蔷"字的内容,这也成了他人的笑谈。正如袭人所言,贾府里的嘴巴真是杂。我们也可以看出,《红楼梦》情节的呼应也真是妙!第四,明贬实褒,似抑实扬。婆子们的对话看似是对宝玉的贬低,实际上这些正是宝玉真实可爱的表现。正是世俗中类似于婆子们的浅陋之人,才让这个世界充满了愚昧和荒诞。所以,糊涂又呆气的,恰恰是婆子们这些世俗之人。借用唐伯虎的《桃花庵歌》来说，就是"别人笑我太疯癫，我笑他人看不穿"。

✅ 考 点

1. 王夫人单独给袭人送了两碗菜，袭人感到不好意思，宝钗劝袭人不要不好意思，说以后还有更不好意思的事呢。请问"更不好意思的事"指的是什么？

_____

_____

2. 写宝玉想吃莲叶羹的情节有什么作用？

_____

_____

🍃 学习笔记

第三十六回

绣鸳鸯梦兆绛芸轩　识分定情悟梨香院

情节概要

1. 宝玉身体逐渐恢复,每天只在园中游玩,宝钗偶尔劝他反被讥讽,只有黛玉从不劝。

2. 王夫人问凤姐赵姨娘他们短了一吊钱的原因,把金钏儿空出的一两银子给了玉钏儿,并从自己月例中拿出二两一吊钱给袭人。

3. 宝钗来看宝玉,宝玉在睡午觉,袭人在给宝玉绣五色鸳鸯的"兜肚",绣累了就离开了一会儿,宝钗看着活计可爱,就接着绣,被黛玉和湘云看见。

4. 宝玉梦里喊着"什么是'金玉姻缘',我偏说是'木石姻缘'",宝钗听了不觉怔住。

5. 宝玉想听龄官唱《牡丹亭》,龄官不唱。宝玉发现龄官和贾蔷之间的情感,倍感失落。

6. 黛玉跟宝玉谈及薛姨妈的生日,忽见史湘云来辞别,湘云让宝玉时常提醒贾母去接她。

值得一问

首先,龄官是怎样的一个人物形象呢?

第一,龄官非常自尊、清高,不愿意讨好他人。龄官的自尊体现在连元春传她进宫唱戏都以嗓子不好拒绝了，更何况是宝玉让她唱，直接拒绝！在龄官的心中自己不比任何人低贱，也不愿意奉承任何人。第二，龄官渴望并热爱自由的生活。贾蔷给龄官买了会衔鬼脸旗帜、在舞台上表演的雀儿，大家都觉得有趣，只有龄官觉得拘束了雀儿的自由。这其实是龄官内心的表现，她也被束缚在贾府，很不自由。第三，龄官不喜欢唱戏的职业，但是唱功很好。她把自己唱戏的职业称为"劳什子"，可见她对唱戏的厌恶。但是从第十七回至十八回元春对龄官唱功的肯定，以及这一回宝玉想听曲马上想到龄官，可见龄官唱功之妙！宝玉他们绝对是听戏的高手，尤其是元春，什么名角没有听过？第四，龄官的长相非常美丽，很像黛玉。在第二十二回中，史湘云说像黛玉的小旦就是龄官，可见龄官长相美丽，否则风流如贾蔷也不会爱上她。

其次，**宝钗听了宝玉的梦话，为什么"不觉怔了"？**

我们先看"怔"字的意思，怔主要有两个意思：一个是发呆，一个是惊恐。宝玉做梦说的是"和尚道士的话如何信得？什么是'金玉姻缘'，我偏说是'木石姻缘'"。宝钗听了这话，为什么惊恐？第一，宝钗对宝玉否定"金玉姻缘"感到震惊。宝钗是知道"金玉姻缘"的，而且在宝钗的心中，不说认定了这种说法，起码对这种说法是相信的，而且她认为这块"玉"应该就是贾宝玉，我们从薛蟠的话里也可以得到佐证。薛蟠虽然说的是气话，说宝钗认定了"金玉姻缘"，所以维护贾宝玉，但也从侧面反映了很大一部分人有这种看法，包括薛宝钗自己。所以，当宝钗听到宝玉对"金玉姻缘"的否定，还是很震惊的。第二，宝钗为宝玉敢于否定天命安排，而且有自己坚定的爱情追求而感到惊讶。宝玉在宝钗的眼里是一个没有主见的，甚至是懦弱的贵公子形象，现在宝玉敢于冲破天命而有自己坚定的爱情主见，这让宝钗另眼相看。再看她为什么发呆。第一，宝钗不知道"木石姻缘"指的是什么，不禁思考而发呆。"木石姻缘"我们知道是指黛玉和宝玉的爱情，可是宝钗当时是无从知道的，但是以宝钗的智慧，我觉得不久她就能思考出来。第二，宝钗觉得内心落寞而发呆。我觉得宝钗是喜欢宝玉的，而这一回可以说是宝钗对宝玉情感的一个分水岭。此前宝钗经常独自去找宝玉，此后她对宝玉就疏离多了。因为她看清了宝玉对她的感情，所以充满了失落感，以至于发呆。

☑ 考　点

1. 黛玉问宝玉去不去参加薛姨妈的生日,宝玉为什么先是说不去,后来又答应去了呢?

　　————————————————————————————

　　————————————————————————————

2. 史湘云家里人要带她回家,她为什么"眼泪汪汪的"?

　　————————————————————————————

　　————————————————————————————

🖋 学习笔记

第三十七回

秋爽斋偶结海棠社　蘅芜苑夜拟菊花题

情节概要

1. 探春写了一封信叫翠墨送给宝玉等人,是关于起诗社的事。贾芸送给宝玉两盆白海棠花,探春因此给诗社起了"海棠诗社"之名。

2. 李纨自荐"掌坛"做社长,贾迎春和贾惜春做副社长,众人各自都起了雅号。诗社地址是稻香村,宝钗建议一月聚会两次。第一次开社,李纨建议咏白海棠花,迎春限定了"十三元"的韵,各自都写了诗。李纨最后定了每月初二、十六两日开社。

3. 袭人问玛瑙碟子在哪里,晴雯说给探春送荔枝送去了。引出秋纹说她替宝玉给贾母和王夫人送桂花,贾母给她赏了钱,王夫人给她赏了衣裳,晴雯对此很是不屑等事。

4. 宝玉催贾母派人去接湘云,湘云到后,宝玉将诗社之事告知,湘云一连作了两首诗。湘云提议自己先邀一社,宝钗体谅湘云拮据,所以帮忙弄了螃蟹。湘云商议以"菊"为主题,和宝钗拟了十二个题目,不限韵,写七律诗。

值得一问

首先,探春文才到底如何?

非常不错。探春的诗才虽然不及林黛玉、薛宝钗和史湘云,但是也难能可贵了。尤其值得一提的是探春突出的书法水平,可以说在大观园里绝对是数一数二的。第一,我们从她住所的布置就可以看出来,"当地放着一张花梨大理石大案,案上磊着各种名人法帖,并数十方宝砚,各色笔筒,笔海内插的笔如树林一般"。第二,从她丫鬟的名字中也可以看得出来,她的两个丫鬟,一个叫侍书,一个叫翠墨。由此可见,探春文采品位不俗。探春不仅文采好,而且颇有领导范儿,海棠诗社的提议者就是探春。

其次,袭人为什么问玛瑙碟子的去向?

因为湘云喜欢。袭人要派人给湘云送东西,原本宝玉房里器具多得很,为何非要问一个玛瑙碟子呢?我们细心看到后面就知道了,袭人心里记得湘云说喜欢这个碟子,所以就想借着给湘云送东西之名,把碟子也一起送给湘云。这样一个小小的情节,其实非常有意思。第一,它再次渲染了袭人和湘云之间的深厚友谊。袭人和湘云是从小的交情,因为贾母疼爱这个侄孙女儿,所以湘云小时候就经常住在贾府。那时,袭人还是贾母的丫鬟,所以就服侍湘云的起居,在这样的交情下,她们俩就格外亲。在第三十二回,湘云给袭人带了绛纹戒指,这里袭人又想给湘云送玛瑙碟子。而且湘云只是随口说喜欢,袭人就记心里了。第二,它引出了秋纹的世俗和晴雯的清高。因为说起这个事,秋纹就开始说替宝玉送桂花给贾母和王夫人,他们因为宝玉的孝心,一高兴赏了自己钱和衣服。结果晴雯非常不屑,觉得人家挑剩的、不要的东西给你,你还那么高兴。这一组对比,就可以看出晴雯命运的悲剧是无法避免的。身为一个丫鬟,心气却如此之高,哪怕得罪了老太太和太太,晴雯也不愿受气。我们不禁想起第七回"送宫花贾琏戏熙凤"中,黛玉面对别人挑剩的东西,也是宁可不要。所以她俩其实很像!第三,侧面写出晴雯看不上袭人。袭人格外受了王夫人二两一吊的例钱,所以晴雯才说是"给人挑剩的",这里的"人"指的就是袭人。晴雯更是借此说袭人是"西洋花点子哈巴儿",一来是说袭人讨好主人,二来是说袭人会咬人。袭人跟王夫人说了什么,晴雯不知道,但是这多出来的银子,让晴雯觉得袭人一定溜须拍马无疑!而晴雯有没有嫉妒呢?我觉得她更多的应该是不屑。

最后,宝钗对湘云是纯粹的好吗?

我觉得把"纯粹"换成"习惯"更好!很多人认为,宝钗对湘云的好是充满功利性的,我不这么认为。宝钗对所有人都好,也都非常真诚,比如对黛玉、袭人等。我觉得宝钗对人好是一种习惯。比如宝钗主动帮湘云操持螃蟹宴,因为她深切知道湘云生活的拮据。这种周到是很让人感动的,湘云则更是感动。当然,这是宝钗在世俗人情方面的练达,但是不能因为世俗,我们就否定这种情感,因为我们毕竟生活于世俗之中。黛玉就绝对想不到这些,当然也不能说黛玉就不好!我想继续参照着第三十二回的绛纹戒指,多说几句。当时湘云给黛玉和宝钗都送了绛纹戒指,结果黛玉说:"我当又是什么新奇东西,原来还是它。"你看黛玉多直接!结果后来湘云给袭人戒指的时候,袭人说已经有人送给她了,湘云的第一个反应就是黛玉给的,因为湘云觉得黛玉不喜欢,而实际上,袭人的戒指是宝钗送的。黛玉虽然嘴上嫌弃,但是心里不会。

☑ 考 点

1. 分别列出李纨、探春、黛玉、宝钗、迎春、惜春、宝玉的别号。

_____

_____

2. 结合林黛玉咏海棠的诗,说说黛玉的形象。

咏白海棠

林黛玉

半卷湘帘半掩门,碾冰为土玉为盆。偷来梨蕊三分白,借得梅花一缕魂。
月窟仙人缝缟袂,秋闺怨女拭啼痕。娇羞默默同谁诉,倦倚西风夜已昏。

_____

_____

🍃 学习笔记

第三十八回

林潇湘魁夺菊花诗 薛蘅芜讽和螃蟹咏

📋 **情节概要**

1. 湘云邀请贾母等人赏桂花,凤姐建议去藕香榭赏玩,众人答应。贾母即景生情,说史家有个"枕霞阁",她小时候在上面玩时不慎落水,头磕破留了一个窝儿。凤姐借寿星取笑说这个窝儿是装福用的,引得众人大笑。

2. 众人进入亭子吃螃蟹,王熙凤调侃鸳鸯,说贾琏看上了鸳鸯要娶她。鸳鸯羞怒,要将蟹黄抹到凤姐脸上,琥珀调侃平儿吃醋,平儿想将蟹黄抹到琥珀脸上,结果不小心抹到凤姐脸上。

3. 湘云取出诗题,众人各自选题作诗。薛宝钗作了《忆菊》《画菊》,黛玉作了《问菊》《菊梦》《咏菊》,宝玉作了《访菊》《种菊》,探春作了《簪菊》《残菊》,史湘云作了《对菊》《供菊》《菊影》,李纨评黛玉诗为第一。

4. 大家评诗后,又要了螃蟹。宝玉、黛玉和宝钗分别写了《螃蟹咏》,众人认为薛宝钗的《螃蟹咏》是食螃蟹的绝唱。

👆 **值得一问**

首先,鸳鸯为什么要抹凤姐蟹黄?

因为凤姐玩笑说贾琏看上了鸳鸯,要娶她当小老婆。一时间,鸳鸯羞愤难当,所以就趁势拿蟹黄抹凤姐的脸。我们不要小看了凤姐的这个玩笑,其实这个玩笑关联着贾赦看上了鸳鸯的情节。后来贾赦看上了鸳鸯,想娶鸳鸯当小老婆。鸳鸯不肯,贾赦就认为鸳鸯是看上了更年轻的公子,要么是宝玉,要么是贾琏。这里小小的一笔,就跟贾赦的猜忌呼应起来了。到底有没有贾琏看上鸳鸯的事呢?我认为是没有的。后来尤二姐因为勾搭上贾琏,被凤姐活活整死,我们知道,以凤姐善妒的性格,她绝对是容不下人的。就像平儿,凡事忍让小心,而且是明着许给了贾琏的,凤姐尚且一年到头都防着她,更何况是其他人?所以,凤姐的打趣,反倒证明了贾琏没有此心。而这句玩笑话,却被贾赦拿去当正经事威胁鸳鸯了。可笑,可笑!

其次,林黛玉的《咏菊》凭什么第一?

就凭她将菊和自己,还有陶渊明融合在了一起。我们先看下她的诗:"无赖诗魔昏晓侵,绕篱欹石自沉音。毫端蕴秀临霜写,口齿噙香对月吟。满纸自怜题素怨,片言谁解诉秋心。一从陶令平章后,千古高风说到今。"首联是说自己的诗心萦绕,颔联是说自己写诗,颈联是说自己的心境,尾联说陶渊明的品格。四联分开看非常清晰、明了,但是合起来看到最后你会发现,她将自己的品格和菊花的品格,还有陶渊明的品格,融合在了一起。陶渊明所品评之后的菊花品格,正是黛玉自己追求的高洁人格。说是"咏菊",实则"叹己",对月吟,清苦之至;诉秋心,愁苦之至。李纨评价此诗立意新,正是新在黛玉自己、菊花和陶渊明三者精神的高度融合,并且点明,自己的心绪不需要他人懂得,也不值得让庸庸碌碌的世人懂得,让陶渊明这样的人去"平章",才是有意义的事情。你看,黛玉的清高永远是等待真正的知己来认识的。

最后,薛宝钗的《螃蟹咏》在说些什么?

在讽刺世人心黑意险。这一回中诗比较多,很多人会跳着看,其实也可以。不过,有些诗还是挺有趣的,比如宝钗的这一首。整首诗就不录了,建议大家直接读原文。里面的"眼前道路无经纬,皮里春秋空黑黄"一联最妙!螃蟹横行,所以说它眼前道路无经纬。"皮里春秋"也叫"皮里阳秋",语出《晋书·褚裒传》,桓彝说褚裒为人,表面不说什么,心里却暗藏褒贬。这个词原本是褒义词,但是"空黑黄"就是空有一肚子坏水的意思。宝钗是暗讽人性的可恶,所以说"于今落釜成何益",如今在锅里煮了于世有什么益处?"月浦空馀禾黍香",螃蟹伤害稻谷,死了之后,水边就只留下禾黍的香味。这讽刺真是毒辣。都说宝钗性情平和,符合中庸之道,所谓诗中见真性情,宝钗是个"狠角色",这里伏一笔。

☑ 考　点

1. 就十二首菊花诗,写出作者和诗题的对应关系。

_____

_____

2. "菊花诗"和"螃蟹咏"夺魁的人分别是谁?

_____

_____

✎ 学习笔记

第三十九回

村姥姥是信口开河　情哥哥偏寻根究底

📋 情节概要

1.凤姐让平儿来拿螃蟹吃,李纨留住平儿喝酒,并夸赞平儿、鸳鸯;宝玉、探春趁机夸赞彩霞,引出了李纨打发了贾珠生前的妾之旧事,并感伤贾珠的死。

2.袭人问平儿月例怎么没有下发,平儿告诉袭人月例被凤姐拿出去放债了,并嘱咐袭人不要告诉别人。

3.刘姥姥带着板儿来贾府送瓜果,结果凤姐和贾母要留下刘姥姥过夜。刘姥姥和贾母聊了些农村的奇闻怪事,宝玉心中挂念抽柴少女,刘姥姥胡诌了"茗玉"的故事,宝玉派茗烟去寻茗玉的庙,结果却只寻得瘟神爷的庙。

👆 值得一问

首先,作者让李纨和众人评论各丫头,尤其是鸳鸯,有什么用意呢?

在这一回,李纨酒后不禁赞叹平儿的才貌双全,接着就跟宝钗等人一起评论起了鸳鸯、彩霞、袭人等一众丫头。第一,凸显出这几位丫头的人物形象。比如说鸳鸯的公正和不仗势欺人。我们知道在贾府中,丫头的地位跟服侍的对象密切相关。鸳鸯是服侍贾母的人,所以连王夫人都要尊重她三分。至于像凤姐、贾琏这一辈的主子,鸳鸯甚至可以和他们平起平坐。在第七十二回中,鸳鸯去看凤姐,贾琏回来了,鸳鸯依然在炕上坐着跟贾琏说话,足见鸳鸯在贾府的地位。但是,鸳鸯管理贾母的财物一清二楚,对待他人也是谦和公正。彩霞的人物形象是周到,袭人则更是贤惠细致。第二,以小见大。以鸳鸯等几位丫头的美好形象来影射贾府中一众丫头的得力、周到。我们知道贾府中重要的主子,每人除了外房干粗活的小丫头,贴身伺候的大丫头都有好几个。对于这些丫头的形象不可能都写到,所以作者就借助鸳鸯这几人加以概括了。第三,反映了李纨、宝钗、宝玉等人的细心、知人。这里着重突出的是李纨,她能看到平儿、鸳鸯众丫头的优秀,也反映出李纨并非真的"心如槁木"。李纨的另一面是她的贴心、细心、知人且体谅他人。第四,对鸳鸯的评价为后文贾琏求鸳鸯典当贾母的财物做了铺垫。此处通过李纨之口,我们知道鸳鸯是打理贾母财物的人。所以,后来贾琏因为贾府亏空而找鸳鸯偷偷典当贾母财物,也就顺理成章了。

其次,平儿为什么告诉袭人凤姐放高利贷的事,说明了什么?

第一,对袭人的绝对信任。在平儿看来,丫鬟里与她关系最好的就是袭人,而且袭人完全值得信任,说高利贷的事情恰恰显示了平儿与袭人的友谊和袭人的忠诚。第二,反映了凤姐敛财手段之高明!她连贾府中权势最高的贾母的月钱都敢拿去放高利贷,可见她真是手段高明,有恃无恐。第三,暗示了贾府财物管理的混乱和财物的亏空。凤姐可以拿着大家的月钱放高利贷,说明贾府财物的管理是有漏洞的。而后面凤姐说贾府收支不均,她这样做也是为了补贾府财物的漏洞。由此可见,贾府的财务状况正在走下坡路,我们不应该忽略。

最后,刘姥姥讲的故事是瞎编的吗?

是编的,但不是瞎编。我们先看刘姥姥都讲了哪些故事。第一个是一个美丽的十七岁的姑娘雪天抽柴火的故事。这个女子叫"茗玉",父母爱如珍宝,但是在十七八岁的时候病死了。我觉得刘姥姥的这个故事影射了宝钗和黛玉两个人的结局。雪天抽柴火,雪影射薛,柴影射钗。为何抽柴火?贾母说是路过的客人冷了,抽柴火烤火也是有的。其实这里正是影射了宝钗的落难,无处落脚。而十七岁病死,正是影射黛玉。我们知道,作者在写十二钗判词的时候,宝钗和黛玉是一起写的。此处刘姥姥的故事,正好形成了呼应。

而这回的着火,也是象征着贾家的灾难即将来临。《红楼梦》里共有两场火,第一场是葫芦庙里的大火,烧毁了甄士隐的家,后来使得甄士隐顿悟出家;第二场就是这一回贾府南院马棚着火,虽然救下来了,但还是影射了"落了片白茫茫大地真干净"的结局。第二个故事讲的是九十多岁的老奶奶天天吃斋念佛,感动了上天,让她在死了一个孙子后又得了一个孙子,如今孙子长到十三四岁了的故事。这不正是贾府和宝玉的故事吗?所以,刘姥姥的故事是有影射的,她也很会讲故事,专挑贾母喜欢的讲。

✔ 考 点

1. 为什么写宝玉派茗烟去寻"茗玉"的庙,而茗烟却依照刘姥姥给的地址,找到了一个"瘟神庙"的内容呢?

2. 都说刘姥姥"功利",就是讲究世俗的实用,请依据此回,简要说明其功利的表现。

🍃 学习笔记

第四十回

史太君两宴大观园　金鸳鸯三宣牙牌令

情节概要

1. 贾母和王夫人商议给史湘云还席,宝玉建议拣几样大家爱吃的东西,装了盒子摆在园子里吃。

2. 李纨预备酒器茶皿,并带刘姥姥上"缀锦阁"看收着的器物,刘姥姥惊叹不已。李纨还安排了游船。

3. 贾母带上众人入园,并想带刘姥姥见识一下,依次来到了"沁芳亭""潇湘馆""秋爽斋""蘅芜苑""藕香榭"。在"沁芳亭"贾母让惜春以后画一张大观园,在"潇湘馆"贾母给大家讲解"软烟罗",并介绍银红色的又叫"霞影纱",最后让拿"霞影纱"给黛玉糊窗子;在"秋爽斋"刘姥姥逗得众人大笑;在"蘅芜苑"贾母嫌这里的摆设过于简略;在"藕香榭"众人行酒令,刘姥姥再次逗得众人大笑。

值得一问

首先,凤姐是真的不认识"软烟罗"吗?

我觉得是的。有些人认为,凤姐的见识绝对够级别,她是故意说错衬托贾母的卓识。我不这样看!因为原文中薛姨妈说了句:"别说凤丫头没见,连我也没听见过。"薛姨妈这么讲,乍一看薛姨妈情商也太低了,这样讲话不是显摆自己能耐,并说凤姐没有见识吗?但是仔细一想,薛姨妈是有资格说这个话的,因为她们家是皇商。皇商是什么概念?就是专门给皇家置办物件的。所以,按理说什么没见过!退一步讲,就算是没见过,还没听过?你看,连薛姨妈也说是"没听见过",可想这东西除了金贵之外,还极其稀有。所以强调凤姐不知道"软烟罗",有如下几个目的:第一,贾府非常的富贵、奢侈,用的有些东西比皇家内府的东西还要好;第二,贾母见识非同一般,连凤姐和薛姨妈都不知道的东西她却知道,衬托了贾母卓越的见识;第三,贾母的审美水平非常高,她认为潇湘馆中竹子本身是绿色的,所以要配上银红的"霞影纱"才好看;第四,贾母非常大方,这么名贵的"软烟罗",她当即就让凤姐送刘姥姥两匹,再给丫鬟们做夹背心子。而值得一提的是,在第四十二回,凤姐只给了刘姥姥一匹,估计凤姐是扣下了一匹,凤姐真是雁过拔毛!

其次,为什么说薛宝钗住的"蘅芜苑"如"雪洞一般"?

第一,"雪"谐音薛宝钗的"薛",作者一直用"雪"这个字来暗指薛宝钗。第二,写出了薛宝钗的清心质朴。早在第七回,薛姨妈让周瑞家的给大家送宫花的时候就已经说明,宝钗不喜欢装饰之物,生活非常朴素。第三,凸显了宝钗非常冷静和冷漠的性格特征。我们往往会觉得薛宝钗是一个很热情的人,比如对待湘云,为她张罗螃蟹宴;对黛玉,每天给她送燕窝吃;对邢岫烟,更是照顾到生活的方方面面。但是,我想说,冷静和冷漠才是宝钗性格的本质部分,热情是她世俗中待人的方式而已。所以,宝钗是一个外热内冷的人。不知道大家还记不记得第三十二回,金钏儿死后王夫人内疚,宝钗劝王夫人的那番话,面对金钏儿的死,宝钗说得似乎合情合理,但是我们细细读来,她说金钏儿糊涂,说多给几两银子就是了等,真是冷静到冷漠!

最后,刘姥姥说的话,好笑吗?

不好笑,也好笑。我们先来看看刘姥姥说的"老刘,老刘,食量大似牛,吃一个老母猪不抬头",这句话我至今读着都觉得没什么好笑的!那么,为什么逗得众人笑得如此厉害呢?很多人都分析过了史湘云、林黛玉、贾宝玉、薛姨妈、探春、惜春等各人的笑态,觉得写得太好了!大家去读会发现,确实非常生动有趣,我倒是被这个场景逗笑了,他们各人的笑真是有趣!但是,大家发现没,没有写宝钗的笑态?估计宝钗还是端着的吧。我们继续讨论,为什么我们觉得这句话不怎么好笑,他们觉得这么好笑？我认为有两个原因:第一,我们所处的时代不一样了,也许在曹雪芹的那个年代,这句话确实挺搞笑的。而时代发展到现在,我们的笑点越来越高了。第二,高雅之人面对市井之语,觉得尤其好笑。贾母他们多么高雅的人,这群人根本就没有在世俗市井生活过,乍一听"老母猪"之类的俗语,自然觉得尤其好笑。所以,我们不要纠结刘姥姥的话到底好笑不好笑,关键是要理解为什么那些高雅的人觉得非常好笑。

☑ **考 点**

1. 刘姥姥夹蛋为什么怎么夹都夹不住？

_____

_____

2. 说说"蘅芜苑"的装饰特点及其作用。

_____

_____

🍃 **学习笔记**

第四十一回

栊翠庵茶品梅花雪　怡红院劫遇母蝗虫

--- 📋 **情节概要** ------------------------------------

1. 喝了酒,刘姥姥怕打碎杯子,要木头杯,鸳鸯跟凤姐商量,拿了黄杨根抠的十个大套杯。众人吃酒行乐,听"藕香榭"传来的曲子。刘姥姥吃了各色小面果子,巧姐儿抱着柚子玩儿,看见板儿手里的佛手就要,众人将柚子换得了板儿手中的佛手。

2. 贾母带着刘姥姥来栊翠庵喝茶。妙玉拉了宝钗和黛玉喝好茶,宝玉也跟了来一起品茶。妙玉要扔了刘姥姥喝过的茶杯,被宝玉劝下送给刘姥姥。

3. 刘姥姥如厕后迷了路,走入怡红院,将宝玉的卧室弄得臭气熏天,幸好袭人帮忙收拾。

--- 👆 **值得一问** ------------------------------------

首先,贾府的人对待刘姥姥都是什么态度?

我觉得需要分几类来谈谈。有很多人在评析这部分内容的时候,要么说他们纯粹将刘姥姥当作玩物,戏弄她;要么认为他们怜贫惜老,给予了刘姥姥很多帮助。我觉得,还得分人看。第一,贾母,我真的非常喜欢这个老太太。你看她多么尊贵,可以说从小就是侯门千金大小姐,后来嫁到贾家更是世家贵族。可是,我们发现,贾母待人非常真诚,而且又不失贵族的风度。她固然知道凤姐等人是为了戏弄刘姥姥给她取乐，所以，贾母多次给刘姥姥解围，包括这一回中凤姐要用黄杨根抠的套杯灌刘姥姥，也是贾母帮忙解围的。我们不能说贾母是完全平等地对待刘姥姥，没有一点儿取笑的意思。一个贵族的老太太不仅没有瞧不起农家的刘姥姥，而且认真款待，就算是图刘姥姥的一个热闹，其实真的无可厚非！第二，凤姐、鸳鸯等人，她们是策划刘姥姥装傻卖疯的人，她们是想让贾母等人从刘姥姥那里取乐。但是，她们也不是完全不尊重刘姥姥，她们明确向刘姥姥说明，得到了刘姥姥的同意，并且还对自己的行为表达了歉意。第三，宝玉对待刘姥姥，既有取笑又有同情。当宝玉看见刘姥姥随着歌声起舞的时候，指给黛玉看，这是消遣刘姥姥的部分。而妙玉要将刘姥姥喝过的杯子扔掉的时候，宝玉又劝妙玉将杯子送给刘姥姥，这是宝玉慈悲的部分。宝玉既贪玩又慈悲，很可爱！第四，黛玉和妙玉，她们俩在《红楼梦》里都是非常清高的人，所以她俩从骨子里看不起刘姥姥这样的人。因为在黛玉看来，刘姥姥装疯卖傻就是想从贾府捞好处，黛玉看得清清楚楚，所以讥讽刘姥姥是"母蝗虫"。我想说，黛玉毕竟不知道人世间的疾苦，人很多时候是被逼无奈的，"人格"这个词对于刘姥姥这样的人而言，太奢侈！而妙玉我实在不喜欢！她纯粹是嫌弃刘姥姥"脏"。第五，袭人，我想说，刘姥姥闯入怡红院，袭人能够悉心帮助刘姥姥，这是袭人非常善良的体现。但是，在这里也不要过于美化袭人的善良，刘姥姥闯入并弄脏了宝玉的卧室，要是怪罪下来，袭人可是第一责任人！所以，袭人更多是抱着大事化小、免于追责的心态对待刘姥姥的。

其次，为什么写妙玉带宝钗和黛玉喝茶？

第一，妙玉看得起宝钗和黛玉，觉得她们不是俗人。妙玉是非常清高的人，一般的人她都看不上。若是想从栊翠庵取梅花，除了宝玉，一般的人她都是不给的。我想说，妙玉的清高和黛玉不同。黛玉看不起的是世俗势利的人，而妙玉看不起的还包括了贫贱的人。第二，她想邀请宝玉，但是她不可以直接邀请，毕竟男女有别，何况自己还是带发修行的尼姑。作者将妙玉对宝玉的情愫写得非常隐晦，妙玉故意拉来了宝钗和黛玉，宝玉自然就跟来了。第三，说明了妙玉的身份非同寻常。你看妙玉给宝钗、黛玉和宝玉喝茶的器皿都是珍贵的古玩，甚至宝玉喝的杯子，妙玉敢夸口说贾府里也没有，这说明妙玉的家世非常不错。原文也明确写了,妙玉生于官宦之家,因为体弱多病才带发修行。

✓ 考　点

1. 妙玉邀请宝钗和黛玉喝茶,宝玉也跟来了。妙玉说宝玉吃茶是托黛玉、宝钗的福,宝玉说自己只谢他们,不领妙玉的情。妙玉说:"这话明白。"妙玉"这话明白"的含义是什么?

_____

_____

2. 为什么详写"茄鲞"的做法?

_____

_____

🖋 学习笔记

第四十二回

蘅芜君兰言解疑癖　潇湘子雅谑补馀香

📑 **情节概要**

1. 刘姥姥带着板儿跟凤姐说明天要走，凤姐告诉刘姥姥贾母和大姐儿生病的事，刘姥姥认为是犯着花神，并给大姐取名叫"巧哥儿"。太医给贾母和巧姐看了病，平儿和鸳鸯打点了送刘姥姥的东西后，刘姥姥离开了。

2. 宝钗审问黛玉昨天行酒令时用了《牡丹亭》《西厢记》中的词，并劝黛玉不要再读。

3. 李纨找大家商议惜春请假画画的事，林黛玉取笑惜春作画拖拉，又取笑刘姥姥是母蝗虫，还取笑了宝钗，说宝钗给惜春开的画单物品是宝钗自己的嫁妆单子。

4. 宝钗要拧黛玉的脸，黛玉求饶，并暗含了宝钗之前劝她不要看杂书的话，趁机表达了谢意和敬意。

👆 **值得一问**

首先，宝钗为什么劝黛玉不要看《西厢记》《牡丹亭》一类的书？

因为宝钗觉得这类书容易搅乱人的心神。现在《西厢记》《牡丹亭》一类的书几乎成了经典，而且少有什么年轻人去读了。但是，在曹雪芹那个年代，这些书绝对是流行书。为什么流行？因为爱得大胆，爱得自由！在当时的社会风尚中,男女之间的爱情是全靠父母之命,媒妁之言的。突然间写出了那么大胆自由的爱,就像《西厢记》中张生在普救寺与相国之女崔莺莺一见钟情,后面又发生了英雄救美的情节。这样的爱情不知道是多少少男少女,包括林黛玉渴望的。而薛宝钗呢,绝对是礼教的卫道士,用一番大道理,讲得林黛玉是服服帖帖,只能点头称是。为什么今天的少男少女已经不喜欢看了呢? 第一,情节过于老套,无非才子佳人终成眷属,没有吸引力了。第二,现代生活中的爱情更开放,也更包容了。第三,语言的障碍。这些曲词之美,我估计即使是受过科班教育的中文系学生都未必能欣赏,更何况是普通的受众,大多会觉得它们缠缠绵绵绕了半天,讲了什么鬼东西?

其次,林黛玉为什么讽刺刘姥姥是"母蝗虫"?

我们先看看母蝗虫有什么特点。第一,贪得无厌。蝗虫是害虫,现在的许多地方仍常常闹蝗虫灾害,凡是蝗虫所过之处,农民常常是颗粒无收,因为蝗虫能吃,贪得无厌。而"母蝗虫"则既指刘姥姥的性别,又突出她食量大,性情贪婪。林黛玉看不上刘姥姥这样的俗人,觉得刘姥姥巴结贾府,只是想贪得贾府的东西罢了。所以当看到刘姥姥吃了那么多东西,又拿走那么多东西的时候,黛玉就讽刺她是"母蝗虫"。第二,蝗虫有很强的功利性。哪里有吃的,它们就乌压压地聚集到那里。吃完了就撒,绝不留恋。所以,在黛玉看来,刘姥姥就和那些寄居的清客一般,只是,她是女清客、"母蝗虫"。黛玉在这里贬低刘姥姥,我们也许会跟着黛玉的情感走,觉得刘姥姥这样的人挺卑贱的。但是,这其实是对比的写法,与后来刘姥姥出手救巧姐形成了对比。当我们看到后来的刘姥姥后,再来审视黛玉的评价,我们发现,黛玉错了。不是所有的"卑"都接连着"贱"的,刘姥姥虽然卑微,但是绝不卑贱,她品格非常高贵,是纯朴的高贵!

最后,黛玉讽刺惜春的话有什么好笑的?

其实非常好笑! 我前几次读《红楼梦》的时候,每回读到这里,都不觉得黛玉的话有什么好笑的。她到底讽刺了惜春什么呢? 后来,我渐渐明白,确实挺好笑的。读到后面我们会发现,每回大家去看惜春的画的时候,惜春要么是把画晾在那里自己睡大觉,要么是在准备物件,就是画不了几笔。说明什么? 惜春特别磨叽。有了这个情境,就好理解为什么在这里大家觉得这么好笑了。因为里面的人物都知道惜春是个磨叽的性子，所以当黛玉连续说又要如何，又要如何时，就显得特别有情境了。所以，我们读《红楼梦》需要前后参照着看，前面看不懂没关系，看到后面就明白了，只要用心读。

✅ 考 点

1. 打点东西送刘姥姥的主要是哪两位人物？

_____

_____

2. 为什么交代刘姥姥给大姐儿取名"巧哥儿"？

_____

_____

🍃 学习笔记

第四十三回

闲取乐偶攒金庆寿　不了情暂撮土为香

情节概要

1. 贾母跟王夫人商议以大家"凑份子"的方式给凤姐过生日，众人答应纷纷出钱。共凑了一百五十两有余，尤氏和凤姐商议办生日的具体事宜。

2. 宝玉想祭奠金钏儿，茗烟建议去水仙庵，宝玉答应。祭奠结束就返回了贾府。

值得一问

首先，宝玉祭奠的人是谁？

是金钏儿。虽然在整个祭奠的过程中都没有透露宝玉在祭奠谁，但是最后宝玉回来的时候，玉钏儿在哭。玉钏儿可不是因为见到宝玉回来喜极而泣，而是因为这一天是金钏儿的生日。在这一回特意写出宝玉祭奠金钏儿，是非常用心的安排。这天是凤姐的生日，热闹非凡，同时也是金钏儿的生日，但几乎无人记得。用热闹的生日来对比衬托金钏儿的生日，这种悲伤感就显得非常沉重。因为大家都沉浸在凤姐生日的热闹氛围中，金钏儿的生日太微不足道了。而将这份情真正铭记于心间的，只有宝玉和玉钏儿，所以，宝玉回来的时候问玉钏儿："你猜我往那里去了？"玉钏儿不答，宝玉也没有说。那么玉钏儿知道宝玉去哪里了吗？我觉得不知道。因为在玉钏儿的心里，宝玉是众人捧着的"凤凰",他肯定不会记得一个卑贱的、已逝的丫鬟的生日,哪怕宝玉已经暗示了。宝玉呢,见她不答也没有再说明。因为宝玉并不为求得玉钏儿的理解,他只是为了自己的一份真心。所以,宝玉不计较玉钏儿是否知道他的一番心意。当然,也可能玉钏儿之前不知道,当宝玉问完后她就知道了。因为在玉钏儿喂宝玉吃莲子羹的那回,她就原谅了宝玉,也知道了宝玉的深情。所以,我们大致可以断定当宝玉问玉钏儿的那一刻,玉钏儿就心领神会了,他们之间的沉默就是最好的证明。

其次,尤氏为什么将一些人的份子钱还了?

做顺水人情罢了。《红楼梦》里与凤姐身份相似、可比性较强的人是尤氏。尤氏做事情不像凤姐那么泼辣,可也是雷厉风行的,比如这回,她将凤姐的生日安排得妥妥当当。还有一点值得一提的是,尤氏做事不像凤姐那么决绝,尤氏更懂得留有余地,我们从尤氏退银子这番操作中就可以看出来。凤姐生日,贾母提议像小家子那样"凑份子"图一乐,然后让尤氏去操办。等到尤氏去收份子钱的时候,发现少了李纨的十二两银子。我们不要忘记,当时凤姐在贾母面前说自己会替李纨出份子钱,结果她做了好人却不出银子。尤氏也是挺厉害的一个人,一方面把话在凤姐面前挑明,不做糊涂账;一方面把平儿的份子钱退给了平儿。既将了凤姐一军,又做了平儿与凤姐的人情。尤氏还退了鸳鸯的份子钱,其实顾及的是贾母;退了彩云的份子钱,顾及的是王夫人。至于退了周姨娘、赵姨娘的份子钱,那真是怜贫惜弱了。因为尤氏知道,两位姨娘在贾府生活不容易。

最后,宝玉为什么最讨厌水仙庵?

因为这里供的是"洛神",宝玉觉得古来就没有什么洛神,洛神是曹子建在《洛神赋》里虚构的。我们看之前刘姥姥跟宝玉讲了"茗玉"的故事,宝玉就要去寻庙,去修庙。而这里宝玉却评论世间的愚夫、愚妇胡乱建庙,这不是自相矛盾吗?其实不然。宝玉批判的是给虚构的人物建庙,什么都胡乱信,就没有了真心诚意。而刘姥姥说的"茗玉"虽也是胡诌,但是宝玉却信以为真,觉得确有其人。可见,宝玉对庙的态度,不是祈求迷信,而是寄托真情,可以说是具有超越功利意义的审美意味。顺便值得一提的是,水仙庵祭的是洛神,而金钏儿是跳井死的。

☑ 考 点

1. 承诺帮李纨出份子钱的人是谁?

_____

_____

2. 为什么将凤姐的生日和金钏儿的生日合在一起写?

_____

_____

_____

🌿 学习笔记

第四十四回

变生不测凤姐泼醋　喜出望外平儿理妆

📋 情节概要

1. 林黛玉故意借《男祭》讽刺宝玉凭吊金钏儿。众人劝凤姐喝酒,凤姐喝高了,想回家洗洗脸。

2. 凤姐归家,碰见贾琏和鲍二家的厮混,凤姐、贾琏和平儿三人闹了起来。贾琏拿起剑要杀凤姐,凤姐逃到贾母处,贾母调停。

3. 李纨拉平儿进了大观园,宝玉又让平儿来到怡红院,帮助平儿理妆容。平儿在李纨处休息了一夜。

4. 贾母让贾琏向凤姐道歉,又命凤姐夫妻安慰平儿,三人和好,又听人说鲍二家的上吊死了,贾琏花了二百两平息了事情。

👆 值得一问

首先,平儿为什么要上去打鲍二家的?

主要是为了自证清白。当日凤姐吃生日酒,贾琏看准了这个时间,安排了几拨看门报信的丫鬟,然后就放心地拉来了鲍二家的厮混起来。结果,看门的丫鬟不给力,被凤姐制服了。凤姐在窗前听见鲍二家的咒她死,并说平儿的好话,让贾琏等凤姐死了,扶平儿为正等话。凤姐一听迁怒于平儿,当即认为平儿对自己也是有怨言的,就打了平儿。你看平儿多么冤屈!这真叫作

"人在家里坐,锅从天上来"！平儿平时为人好,连偷汉子的淫妇鲍二家的都夸赞平儿为人好。可是这一夸,让凤姐情何以堪？所以凤姐才一怒之下打了平儿。平儿一方面是委屈,另一方面是要自证清白,说明自己和鲍二家的毫无瓜葛,所以就冲上去打了鲍二家的。你别看平时平儿好像风风光光,那是和睦无事的时候,真闹出了事,以平儿这样的身份,那就是奴才,就是出气筒。所以,贾琏也踢平儿,凤姐也打平儿。要不是旁人拉着,平儿就自杀了！

其次,宝玉帮助平儿理妆后,为什么又喜又悲？

"悲"很好理解,第一,宝玉觉得平儿所托之人贾琏简直就是一个只知道发泄欲望的禽兽,根本就不知道怜香惜玉；而凤姐呢,一味霸道威严,也是争风吃醋的行家里手。从对待贾琏和平儿之间的关系看,凤姐也是处处防着平儿的,没有绝对地信任平儿。平儿夹在二人之间,平常的生活是多么不容易！所以,李纨之前也感叹过平儿命不好,不是单单说她是服侍人的苦命,更是夹在贾琏、凤姐他们二人之间的苦命！第二,平儿的为人又非常好,人美心善。若是一个为人不好的丫鬟,这时候受了气,我们不仅不会同情她,反而觉得解气。但是,大家都非常喜欢平儿,而她却受了主子的窝囊气,所以宝玉非常心疼平儿。第三,像平儿这样的身份,她受这种委屈也是毫无办法的,她不可能要求自己的主子如何做,她甚至连自己如何做都是身不由己的。就是贾母那一句"不许她胡闹",她能做的,也只有委曲求全,甚至还要自己主动承担责任。你看,她对凤姐说的一番话,还责备自己在凤姐生日时惹了主子不愉快。这与其说是平儿有多么大的心怀,不如说是平儿有多么大的无奈。这份无奈,宝玉感受得最真切,所以宝玉的"悲"中还有对平儿深深的同情。那么为什么"喜"呢？宝玉素来因为平儿的有意疏远而不能向她尽心。这次,平儿受了大委屈,宝玉又是替贾琏夫妻道歉,又是帮忙理妆,好言劝慰,还帮平儿洗手帕,觉得自己终于能为平儿尽了心意,所以感到欣慰、欣喜。

最后,鲍二家的上吊跟凤姐有关吗？

我觉得有关系。有人认为,当时凤姐闹完后就在贾母那里了,之后又在贾母劝和之下,三人重归于好,根本就没有时间去处理鲍二家的事情,所以鲍二家的上吊自杀跟凤姐无关。我不这样看。第一,凤姐有处理的时间。平儿去怡红院又去稻香村的那段时间,作者对凤姐是暗线处理的,没有明确交代凤姐的踪迹,我觉得凤姐很可能去威吓鲍二家的了。第二,凤姐有这样的性格和行事作风。凤姐可不是被贾琏吓坏了的绵羊！后来,从凤姐对付尤二姐的手段来看,凤姐绝不能容忍一点儿委屈,尤其是贾琏偷腥自己还遭受侮辱。凤姐绝对是有仇必报的性格,只是她是以什么手段或方式逼迫鲍二家的,我们不知道。第三,从凤姐的微表情推断,凤姐绝对与此事相关。当听到鲍二家的上吊后,她先是一惊,而后收起"怯色",后来又说她"心中不安",按说凤姐才是受害者,她听到此事"怯"什么？不安什么？以凤姐的性格,我猜她听到这事不鼓掌大笑、放鞭炮就算积大德了,她反而"怯"且"不安",说明这事跟凤姐脱不了干系,估计是没想到会弄出人命而已。

☑ 考 点

1. 凤姐生日的时候,贾琏私会的对象是谁？

_____

_____

2. 宝玉为平儿理妆后为什么感到"又喜又悲"？

_____

_____

🖋 学习笔记

第四十五回

金兰契互剖金兰语　风雨夕闷制风雨词

情节概要

1. 探春找到凤姐，让她帮助惜春准备画画的材料，并想让凤姐当诗社的监察。凤姐调侃李纨月例多还打自己的主意，李纨趁机帮平儿打抱不平，凤姐也将事情答应了下来。

2. 赖大的母亲赖嬷嬷找到凤姐，说自己孙子蒙受了贾府的恩惠，捐了官，想请贾母等人去听戏喝酒，又帮周瑞家的儿子求情，凤姐答应了她的请求。

3. 黛玉犯了咳嗽，宝钗来看她，互诉衷肠，宝钗说每天给黛玉送燕窝吃，有利于治病。黛玉拟《春江花月夜》之格写了《秋窗风雨夕》。

4. 宝玉于雨夜来看望黛玉，穿着蓑衣，黛玉笑他像渔翁，宝玉想送黛玉一套，黛玉拒绝了。宝钗派婆子给黛玉送了上好的燕窝和洁粉梅片雪花洋糖。

值得一问

首先，凤姐怎么那么尊重赖嬷嬷？

因为赖嬷嬷是非常有体面的奴才。我们在读《红楼梦》的过程中有时候会觉得好奇：贾府里有的奴才似乎比小辈的主子还体面。这是因为像贾府这样的人家，非常注重礼仪。比如说，侍奉长一辈的奴婢面对比自己侍奉的主子小一辈的主子时，往往比较随意。我们以鸳鸯为例，她是侍奉贾母的婢女，但是她面对凤姐、贾琏的时候就非常随意。就像凤姐过生日时，其他姐妹来敬酒，凤姐只喝上一口，等到鸳鸯来敬酒的时候，她喝了一杯。从这个角度也可以看出，侍奉长辈的奴婢在贾府里是非常受敬重的。我们回过来看赖嬷嬷，凤姐生日的那一回，贾母找来大家出份子钱，赖嬷嬷是有座位的，而尤氏、凤姐等人则是乌压压地站了一地。这说明赖嬷嬷在贾府的地位非常高，以至于贾府都给她的孙子捐了官。

其次，宝钗跟黛玉说的话是真心的吗？

是真心的。一提起宝钗对黛玉的好，很多人就说是宝钗的阴谋。其实没有那么多阴谋！宝钗为什么最终征服黛玉，还是靠的真心。宝钗征服黛玉是有一个过程的，在刚开始的阶段，黛玉对宝钗确实是充满了敌意的。就从黛玉对宝玉的许多次生气来看，我们发现除了少数几次跟湘云相关，大多是在跟宝钗较劲。即使是在宝玉吐露心声，宝玉、黛玉两人之间的心意都知晓了之后，宝钗帮袭人缝制给宝玉的肚兜正好被黛玉和湘云看见了，黛玉还是准备拉上湘云去笑话宝钗，结果湘云念着宝钗平日里的好，强行拉走了黛玉，黛玉的取笑才没能成功。黛玉对宝钗发生巨大改观是在宝钗劝黛玉不要看《西厢记》这些杂书后，黛玉未必赞同宝钗将这些书看作歪理的邪书，但是黛玉确实也明白宝钗的一番心意符合当时的大义，明白她的确是为了自己好，所以，黛玉非常感激宝钗。而黛玉对宝钗的态度发生质的改变是在这一回，宝钗推心置腹地将自己的处境与黛玉做对照，黛玉也在情感上有了深深的共鸣，再加上宝钗担忧黛玉的病情而主动提出给黛玉送燕窝，让黛玉每天喝点，黛玉开始反省往日自身对待宝钗之种种，觉得非常歉疚，就把往日对宝钗之不满和如今对宝钗之感激都说了出来，这就是性情中人！宝钗对黛玉说的话固然真心，但是和黛玉的话一比较，黛玉更加真心！因为我认为宝钗对黛玉也是有不满的时期的，但是，在黛玉倾心诉说的时候，宝钗却只字未提自己之前对待黛玉的心思。由此可见，宝钗更深沉，黛玉更纯粹，清晰明了。

最后，黛玉在这一回睡下前，想着"宝玉虽素习和睦，终有嫌疑"，这里的"嫌疑"指的是什么？

我们发现这里省掉了主语，于是这里可以是"我"黛玉和宝玉素习和睦，那么"我"和宝玉的嫌疑是什么呢？第一，虽然在第三十二回，黛玉已经全然知道了宝玉的心思，但是黛玉知道，想要和宝玉真正走到一起，还是充满了未知数，毕竟决定者不是宝玉自己，而是贾母等人。第二，黛玉认为宝钗和湘云的威胁很大。这里的"嫌疑"还可以是和薛宝钗、史湘云这些人，宝玉的心意黛玉虽然知道了，但是宝玉对待薛宝钗和史湘云的情感，黛玉也是非常在意的，所以，黛玉的心中总是难以安定。

✔ 考 点

1. 宝玉说要送一套同样的蓑衣给黛玉，黛玉说自己就像渔婆了，为什么立马羞红了脸？

_____

_____

2. 林黛玉的《秋窗风雨夕》拟的是我们所学的哪首诗之格？

_____

_____

🍂 学习笔记

第四十六回

尴尬人难免尴尬事　鸳鸯女誓绝鸳鸯偶

📋 **情节概要**

1. 邢夫人找凤姐商议,想让凤姐帮助贾赦娶鸳鸯,凤姐假意应承。邢夫人找鸳鸯说明来意,鸳鸯只不说话。

2. 鸳鸯到了大观园,遇见了平儿和袭人,并向两人表明心意。鸳鸯嫂子来劝鸳鸯反被鸳鸯等人奚落了一番。

3. 宝玉等劝鸳鸯去怡红院解闷。鸳鸯嫂子跟邢夫人回话,邢夫人告知贾赦,贾赦大怒并找来鸳鸯的哥哥劝鸳鸯,鸳鸯不听。贾赦大怒并威胁鸳鸯逃不出自己的手心。

4. 鸳鸯找贾母表明心意,贾母被气得浑身乱战,并迁怒于王夫人。探春帮忙解围,凤姐故意责怪贾母将鸳鸯调理得太好,引得众人发笑。

👆 **值得一问**

首先,鸳鸯为什么不肯嫁给贾赦?

按理说,贾府里的丫鬟到了年纪一般就是配了小厮,最好的归宿也就是当姨娘,成为半个主子。有些运气好的,熬死了太太还有可能成为正室,就像邢夫人自己,就是姨娘扶正的。也就是说,大多的丫鬟是愿意并且渴望走上这条路的。再说了,贾赦是荣国府正宗世袭的公爵,而且年纪也大了。可是鸳鸯为什么坚决不同意？这就要分别从贾赦和鸳鸯两个人来分析。我们先来说贾赦。第一，贾赦好色、年迈而猥琐。这真是有其父亦有其子，贾赦好色，儿子贾琏也是好色之徒。他们对待女性的态度，那是只有色欲的，更不要说像宝玉一样欣赏和疼惜女性了。虽然书中没有出现贾赦的具体年龄，但是根据这回中凤姐转述贾母的话："如今上了年纪，做什么左一个右一个的放在屋里……"说明贾赦年纪不小了。而且当时贾母的年龄已经七十多岁了，贾赦是贾母的长子，按照这个推算，贾赦起码五十以上了。第二，贾赦贪得无厌，用心狠毒。比如他为了得到石呆子的古扇害得人家家破人亡，连贾琏都看不下去。第三，贾赦淡漠亲情，唯利是图。为了五千两银子就把女儿迎春嫁给了孙绍祖，结果迎春被折磨致死。第四，贾赦只会享乐，为官无能。五十多岁的人了，左一个小老婆右一个小老婆，贾母也说他不保养身子，不好好做官，天天和小老婆喝酒。而鸳鸯呢？第一，鸳鸯不慕富贵。从李纨她们的评价可以看出，鸳鸯侍奉贾母，将贾母的财务打理得清清楚楚。后来，贾府入不敷出，凤姐还求鸳鸯典当贾母的财物来渡过难关。可见，鸳鸯绝对可以支配贾母的钱财而中饱私囊，但是鸳鸯却没有这样做，说明鸳鸯是一个正直而不慕富贵的人！第二，鸳鸯非常自尊。从她骂自己嫂子的话里我们可以看出来，鸳鸯是以当小老婆为耻的。第三，鸳鸯很有才情。从"金鸳鸯三宣牙牌令"中可以看出，鸳鸯的才情虽然不能和黛玉等人相比，但是绝对在迎春之上，更别说袭人这些丫鬟了。试问，一个不慕富贵，既自尊又有才情的人，怎么看得上猥琐的小老头？所以她誓死不嫁！而且，鸳鸯有喜欢的人也说不定呢，只是书中没有明说，也没有暗指，所以我们也不好瞎说。

其次，贾母责备王夫人时，为什么只有探春敢出来替王夫人说话？

这跟探春的身份和性格相关。我们先看贾母为什么责备王夫人。因为当时鸳鸯说出这番话的时候，贾母几乎被气晕了。邢夫人和贾赦都不在，只有王夫人这个儿媳妇在，所以贾母迁怒到了她身上。但是，王夫人实在冤枉，又不是自己的老公要娶小老婆。但是婆婆的权威是不容挑战的。而在场的人，薛姨妈是王夫人的亲姐妹，婆婆责怪王夫人，做妹妹的不好替姐姐分辩；贾宝玉是王夫人的儿子，他自然不能替母亲说话；凤姐是邢夫人的儿媳妇，她若是帮王夫人说话，则会被认为胳膊肘向外拐，而且还会得罪邢夫人；李纨是王夫人的儿媳妇,贾母教训自己的儿媳妇,作为孙媳妇没有插嘴的份儿;薛宝钗是王夫人的外甥女,当然不好为自己的姨妈争辩;迎春虽然不是邢夫人所生,但邢夫人也是她的嫡母;所以只剩探春。虽然王夫人明面上是探春的嫡母,但是探春是赵姨娘生的,以这样的身份说话更客观。加上探春是贾母的孙女,又是未出阁的贾府小姐,这样的身份比嫁入贾府的媳妇好说话,而探春的性格非常强势、有担当,我们以后还会讲到,这里只是写探春有担当、有个性的一个开端而已。

☑ 考 点

1. 在这一回,贾母责备凤姐不提醒自己,凤姐却敢反问贾母,说说凤姐反问贾母的内容。

_____

_____

2. 邢夫人为什么认为鸳鸯会同意嫁给贾赦?

_____

_____

🖋 学习笔记

第四十七回

呆霸王调情遭苦打　冷郎君惧祸走他乡

📋 情节概要

1. 邢夫人来打探鸳鸯的消息，被贾母责备，邢夫人愧疚。贾母又找众人斗牌，鸳鸯给凤姐暗示，贾母赢了牌很高兴。

2. 贾琏受贾赦之命来找邢夫人，被贾母奚落了一番。邢夫人回去将话转告贾赦，贾赦含愧，花八百两银子买了十七岁的嫣红。

3. 薛蟠看上了帅气的柳湘莲，柳湘莲将之骗至郊外，狠狠揍了一顿，贾珍命贾蓉寻找他们，贾蓉在苇坑边找到了薛蟠，奚落了他一番。

4. 薛姨妈心疼薛蟠，想要告诉王夫人，拿下柳湘莲，被薛宝钗劝住。

👆 值得一问

首先，王夫人知道邢夫人来了，为什么接了出来？

怕邢夫人趁机逃跑啊。上回贾母因为鸳鸯的事气得浑身发抖，因为王夫人在边上，所以就骂了王夫人一通，还是探春解的围。而这个时候，邢夫人过来了，真正该挨骂的对象来了，所以王夫人忙迎了出去，害怕得知消息的邢夫人转头跑了，这样自己就没法脱离尴尬的境地了。王夫人迎接出来，邢夫人硬着头皮也要去见贾母了。一见面，果然被狠狠地教训了一顿。我们不要小看了这一迎接，表面上是王夫人尊敬嫂子，实际上是王夫人自己脱离险境的手段。所以，邢夫人对此是怀恨在心的，觉得王夫人有心要看自己的笑话。因为邢夫人心中原本就很不甘心，她是贾赦的正妻，是公爵的夫人。按理说，家里的事应该是她说了算才对。但是，贾府真正管家的人是王夫人，王夫人又请了凤姐来管家。凤姐可是邢夫人的正经儿媳妇，结果却天天向着王夫人，这不就是打邢夫人的脸吗？所以邢夫人暗讽王熙凤以表达不满。这一次王夫人的举动可以说更加得罪了邢夫人，所以后来邢夫人才抓住机会，狠狠反击。当然，这是后话了。

其次，贾母将"鲍二家的"说成了"赵二家的"是有心还是无意？

既是无意，也是有心。我们先将将贾母说这个话的原因。贾琏受贾赦之命，去找邢夫人打听鸳鸯的事到底怎么样了。平儿劝贾琏不要去，因为这个时候，贾母虽然过了气头，但是邢夫人依然站在那里不敢动，所以就让贾琏先不要去寻晦气。贾琏也有自己的考虑和无奈之处。一方面他觉得这毕竟是自己父亲的错，不是自己的错，老太太没必要责备他；另一方面，是他的父亲派他来找邢夫人的，贾赦又在气头上，如果最终没有去，他害怕贾赦会趁机把火气都撒在他身上。所以贾琏硬着头皮，偷偷摸摸地往里间探头，结果被贾母发现了。贾母故意奚落他，说王熙凤还要斗一会儿牌，让他去找赵二家的治凤姐去吧。贾母把"鲍二家的"说成了"赵二家的"是极具意味的。第一，贾母毕竟年纪大了，七十多岁的人，记性不好也是可以理解的，而且"赵二"之"赵"与"鲍二"之"鲍"还音近，所以记错了也很正常。第二，贾母的话里暗讽了贾琏的风流成性。在贾母的心里，贾琏从"鲍二家的"到"赵二家的"，"前科"累累，也可能确实记不清到底是谁了，而贾母的"忘性"不正是提醒我们读者再次去审视贾琏的为人吗？第三，贾母可能是有意说错的，也好缓解一下尴尬的气氛。她因为鸳鸯的事发了火，责备了王夫人，也责骂了邢夫人，在场的人都因为贾母的生气而感到紧张，所以贾母故意说错了，既讽刺了贾琏，又缓解了尴尬的气氛，一石二鸟，何乐不为！

最后，柳湘莲为什么要揍薛蟠呢？

　　因为柳湘莲受不了人格上的侮辱。柳湘莲这个人物之前一直没有出现，但是我们可以知道他是一直存在的。从他和宝玉的聊天中，我们知道他和宝玉、秦钟等人一向交好。因为害怕雨水多，冲坏了秦钟的墓，就花钱雇人修整了秦钟的墓地。我们从这一回可以知道柳湘莲的人物形象：第一，长得很帅。书中直接说他年纪又轻，生得又美，而且多才多艺，非常喜欢客串生旦风月戏，所以让薛蟠误以为柳湘莲是风月子弟，就想入非非了。第二，性情洒脱。书中说他"素性爽侠，不拘细事，酷好耍枪舞剑，赌博吃酒，以至眠花卧柳，吹笛弹筝，无所不为"。第三，讲义气。朋友活着，有难处帮助一下，这是讲义气；朋友死了，还惦记着怕朋友的墓地因浸多了雨水而坏了，主动去修缮，这就更难能可贵了。第四，自尊心强，脾气暴躁。因为薛蟠的误解轻薄，他就把薛蟠骗到郊外揍了一顿，这样不计后果，可见此人心狠暴躁。要知道薛蟠家可不是好惹的，要是他蓄意报复，柳湘莲也是难以招架的。我认为柳湘莲形成这样的性格是有原因的，第一，他是没落的世家子弟，之前是享福尊荣的，可是现在没落了，这样的人就容易敏感而且自尊心强；第二，世家子弟没落而读书不成，容易放任自我，喜欢自由自在；第三，他父母早亡，自然是疏于管教又备尝人间辛酸，所以本回目才称呼他为"冷郎君"。而薛蟠呢，也活该被揍，谁叫他总不正经呢，在人家的宴会上，因为柳湘莲走开一下，他就开始嚷嚷："谁放了小柳儿走了！""小柳儿"，薛蟠不愧是风月场上的老手，瞬间给柳湘莲取了一个暧昧的称呼，这让柳湘莲的自尊心大大受挫，所以他才骗了薛蟠出去，结果薛蟠还以为是柳湘莲看上了他呢。这段描写太精彩了：薛蟠是骑着马跟在后面，张着嘴，瞪着眼，头似拨浪鼓一般左右乱晃。把一个喝醉了的好色之徒写活了，一副既浪荡猥琐又不太聪明的样子。柳湘莲怎么会看得上眼？

☑ 考 点

1. 是谁在苇坑边找到了薛蟠？

_____

_____

2. 薛姨妈得知薛蟠被打,很生气,要告诉王夫人,薛宝钗为什么不让薛姨
   妈将此事告知王夫人呢?

   _____

   _____

🍃 **学习笔记**

第四十八回

滥情人情误思游艺　慕雅女雅集苦吟诗

📑 **情节概要**

1. 薛蟠因为挨打,想跟伙计张德辉去做买卖躲羞,薛姨妈跟宝钗商议后同意了薛蟠的请求。

2. 宝钗带香菱进入大观园一起住,黛玉教香菱作诗。

3. 平儿告诉宝钗,贾赦因看上石呆子的古扇子,让贾琏去买,结果石呆子不卖;贾雨村害得石呆子家破人亡后弄了扇子来,贾琏不屑于贾雨村的做法,结果被贾赦揍了一顿。

👆 **值得一问**

首先,薛宝钗为什么劝她母亲同意薛蟠出去做生意的请求?

因为薛宝钗觉得也许这是薛蟠可以改过的一次机会。薛姨妈不同意薛蟠外出做生意,其实非常好理解。薛蟠这个人,哪懂怎么做生意呢?薛姨妈非常了解自己的儿子,他是典型的成事不足败事有余的人,在眼皮子底下还会惹是生非,如果不看管着些,指不定还会发生什么不好的事情呢。所以她直接说他不闹事就是好事了,根本就不指望他能赚什么钱。知子莫如母,老话真的不假。而薛蟠也确实就不是要去做什么生意的,他只是为了躲羞罢了。贾蓉等人知道了他被柳湘莲揍了的事情,这事也被传开了,所以薛蟠觉得非常没脸,才想着出去躲上一阵。而薛宝钗也很了解自己的哥哥,她劝母亲同意薛蟠的请求:第一,薛蟠已经老大不小了,母亲不可能看他一辈子,而且即使在眼皮底下,也看不住;第二,让薛蟠出去学习一番,也许还能改过自新,也是一件好事;第三,身处外地,没有人助兴,也没有人可以倚仗,说不定薛蟠还能收敛性子。薛宝钗的分析,可以看出她的眼界。一个人如果要靠别人约束,是永远无法改变的,因为世界上没有可以永远约束你的人,只有永远约束你的法律。不能改过,一味胡作非为,等待你的最终就是法律的制裁了。所以,改变永远靠自己!

其次,贾琏为什么挨打?

主要是因为他不仅不能帮父亲贾赦弄到石呆子的古扇子,反而表达出对父亲做法的不屑。事情是贾赦看上了石呆子的二十把古扇子,就派贾琏去买,但石呆子死也不卖。贾雨村知道了这件事情,因为他是靠贾家发的家,所以他想讨好贾赦,于是他给石呆子安上了一个拖欠官银的罪名,收了他的古扇子来抵钱,然后把扇子交给了贾赦。贾赦就拿话质问贾琏,怎么别人能办到,你就不行?结果贾琏回了一句:"为这点子小事,弄得人坑家败业,也不算什么能为!"我们需要注意,这句话可是从贾琏的嘴里说出来的!贾琏可以说是衣冠禽兽了,连贾琏都看不上的做法,贾雨村和贾赦却做了,简直就是畜生!这就是衬托的手法,用贾琏来衬托贾雨村和贾赦,比用君子来衬托他俩效果好太多了。值得一提的是,贾雨村以前还不会这样丧尽天良。还记得他给打死冯渊的薛蟠判案的时候吗?那时候他起码是有点良知的,原本他还是想伸张正义的,只是迫于官场的压力,他才违心判了案;后来因为得罪了长官而丢了官职,因为林黛玉父亲林如海的关系找上了贾府帮助,从此平步青云。可以说,贾雨村的发达是伴随着他良知的泯灭的,这是对封建官场黑暗的最好讽刺!这个时候的贾雨村已经没有良知可言了,他为了巴结贾赦、讹几把扇子而害得石呆子家破人亡。但他这种做法却得到了贾赦的赞赏,欣赏畜生行径的,也就只有畜生了。

最后,你怎么理解宝钗说香菱的"呆"?

第一,香菱呆头呆脑的形象。香菱是非常可怜的姑娘,她就是甄士隐的女儿英莲,因为被拐卖,后来被薛蟠买了作妾,宝钗给她改名为香菱,可谓身世可悲。但香菱似乎对这些悲苦都不甚敏感,我们看不到她的悲叹。第二,香菱学诗的执着劲儿。香菱是一个非常可爱的姑娘,她痴迷于诗。我觉得一个人如果心中有诗,那么他一定是可爱的。香菱她梦里都在作诗,多么可爱!按理说,宝钗写诗很厉害,香菱又是宝钗的小姑子,可香菱为什么要舍近求远,拜黛玉为师呢?我觉得是因为在宝钗看来,女子写诗是不务正业,她之前就说过女孩子要以女红为要,不要看杂书移了性情。所以,香菱写诗,宝钗没有给予百分之百的支持。而黛玉就不一样了,她是骨子里爱诗的人,所以,如果说宝钗是作诗很好的人,那么黛玉本身就是诗人,黛玉非常乐意教香菱作诗。第三,香菱对美好生活的执着追求。她对生活的超越不是现实世界的,而是精神世界的。她的生活境遇如此悲惨,而她却能一门心思地钻入诗的世界,可见其对现实苦悲的超越和对美好生活的执念。值得一提的是,黛玉教香菱作诗的方法很值得我们中学生学习:首先读王维的五言律诗一百首,再读杜甫的七言律诗一二百首,再读李白的七绝一二百首,之后再读陶渊明、应场、谢灵运、阮籍等人的诗。我觉得用这个方法学写诗,很有用!而香菱的进步也是可以看得到的。她作的前面两首诗我就不录了,建议大家看原文。第一首黛玉认为措辞不雅,我认为评价很到位,不仅不雅,而且遣词过于生硬,"清光皎皎"还不错,"影团团"就过于真实了,诗歌太实,就会显得生硬而不够灵动。第二首呢,跑题了。薛宝钗说她写月却写成了月色,评价非常中肯。第三首写得真不错!尤其是"一片砧敲千里白,半轮鸡唱五更残",可谓名句,视听结合,月亮连接了千里空间的思念,彼此感受着共同时间上的半轮明月,寂静的氛围和悲伤的情感,动人心弦。虽然结尾的用典有点俗,但是于香菱这样的初学者而言已经不容易了!

✓ **考 点** -

1. 贾赦是怎么拿到石呆子的扇子的?

_____

_____

2. 香菱是薛宝钗的小姑子，又跟着宝钗住，按理跟宝钗学诗更方便，为什么要跟黛玉学诗？说说你的理解。

_____

_____

🍃 学习笔记

第四十九回

琉璃世界白雪红梅　脂粉香娃割腥啖膻

情节概要

1. 邢夫人的嫂子带了女儿邢岫烟，李纨的婶子带了两个女儿李纹和李绮，还有薛蟠的堂弟、堂妹薛蝌和薛宝琴众人来到贾府。

2. 宝玉、晴雯等人评价众姑娘，觉得薛宝琴长得最好。贾母让王夫人认了宝琴作干女儿，并让大家都住在大观园，贾母还接来了史湘云。

3. 薛宝琴披着金翠辉煌的斗篷来园子，湘云夸赞好看。宝钗说宝琴福气好得到贾母疼爱，林黛玉和薛宝琴亲敬异常。

4. 宝玉问黛玉怎么和宝钗那么要好，黛玉告知了原因。李纨集结众人商议作诗，第二天湘云要了鹿肉，大家集聚芦雪广，边吃鹿肉边玩笑。平儿丢了一个虾须镯。

值得一问

首先,贾母为什么对薛宝琴那么好?

因为看上了她,想让她当自己的孙媳妇呢。大家应该发现了,邢岫烟、李纹、李绮、薛宝琴四人中,贾母对薛宝琴最好。贾母给她野鸭子头上的毛做的斗篷,这件斗篷连宝玉都不给;还让她住自己的房间,那是宝玉和黛玉一般的待遇。那么,原因是什么呢? 第一,薛宝琴长相最好。这是探春亲口说的,并认为宝钗也比不上她,可见薛宝琴的长相不仅仅在这四人中是最突出的,就算是在整个大观园,也属于出类拔萃的。第二,薛宝琴有才华。从后面的联诗水平看,薛宝琴不仅有才华,而且见多识广,去过很多名胜之地。这个时候虽然没有明写薛宝琴的才华,但是在她和贾母的交流过程中,贾母一定是能感受得到的。第三,薛宝琴性格很好。这一点是通过薛宝钗之口说出来的,她说宝琴很像史湘云,还让湘云认宝琴作亲妹妹。史湘云的性格我们都知道,非常开朗直爽,活泼大方,所以大家都很喜欢湘云。而薛宝琴比史湘云,少了口无遮拦,直爽但绝不会伤人,所以和林黛玉的相处也异常好。与林黛玉相处是不容易的,若没有入黛玉的眼、黛玉的心,黛玉可是一个非常计较的人,而一旦入了她的心,黛玉就会无比真诚地相待,薛宝琴能入黛玉的心,也可见宝琴的为人。第四,也是最重要的,就是想让薛宝琴当自己的孙媳妇。后来贾母还问了宝琴的生辰八字,当知道薛宝琴已经许了人家才作罢。有人会问,贾母不是向来支持宝黛爱情的吗? 我不这样看,我觉得贾母只是心里有这样的想法,而不是持绝对的支持态度。因为黛玉的身体实在是不好,贾母怕她命不长久。所以,贾母选孙媳妇,那是非常慎重的,她要多几个后备的人选,所以倒也不是说就要定了薛宝琴,而是多个人可供选择,对贾母来说,总是好的。

其次,下雪天,大家都穿了大红猩猩毡与羽毛缎斗篷,为什么独李纨穿青色,薛宝钗穿蓝紫色,邢岫烟穿家常旧衣?

色彩在《红楼梦》中是非常重要的审美意象。雪天,在白茫茫的大观园,一众红色的衣裳,这样的颜色对比,雪显得更白,红则显得更艳。所以,大家都穿了大红色。而颜色也是人物性格的很好写照,一众十五六岁的姑娘,那是生命最热烈的年纪,也是对生活充满了期待的年纪,所以这些小姐们穿的红色,显示出她们性情的热烈。而这种热烈是为了对比衬托用的,一方面对比衬托出李纨寡居生活的惨淡无光,在李纨的颜色世界中,都是暗色、冷色;另一方面也对比衬托了薛宝钗,你看宝钗同样是热烈的年纪,但是她的颜色永远显得素雅、冷静。至于邢岫烟的家常衣裳,则说明了邢岫烟家境的寒薄。除此之外也侧面写出了邢夫人的冷漠吝啬,邢岫烟是邢夫人的亲侄女,在这样众小姐集聚的大观园,邢夫人连自己侄女基本的冷暖都不关心,可见邢夫人为人之冷漠吝啬。

最后,平儿因为吃烤鹿肉,丢了一个虾须镯,凤姐说她知道虾须镯的去向,她当时真的知道吗?

她不知道。第一,她不能把这件事拿到门面上来曝光。这里聚集的都是有头有脸的人物,像宝玉、黛玉、宝钗、李纨等,牵扯出谁来,对于办事的王熙凤而言都是难以收场的。第二,后来我们知道,她怀疑的对象是邢岫烟的丫头,她觉得邢岫烟家贫寒,她的丫头没有见过什么世面,看见了没忍住拿了也是有的。可是涉及邢岫烟,那就牵扯到邢夫人。邢夫人可是王熙凤的婆婆,而且此人尖酸刻薄、鼠目寸光,王熙凤不能得罪,也不敢得罪。第三,这个时候正是大家聚集芦雪广赏雪作诗的时候,如果因为搜寻丢失的虾须镯而搁下了作诗的雅事,实在是扫兴,所以王熙凤也不想做扫大家兴致的事。第四,王熙凤觉得这个时候查,大家都有戒备,未必能查得出来,不如不要打草惊蛇,明里松、暗里紧,反而更容易将事情解决掉。所以王熙凤说自己知道手镯的去向,实际上是一个烟幕弹,既是顾及众人颜面和兴致的说辞,也是一种有效解决问题的方法。如此短的时间里能有这样周密的安排,可见凤姐的智慧!

☑ 考 点

1. 是谁提议要拿鹿肉到大观园里弄着吃的?

_____

_____

2. 在宝玉去芦雪广的路上,为什么特意点出栊翠庵里的"如胭脂一般"的红梅?

_____

_____

🍃 学习笔记

第五十回

芦雪广争联即景诗　暖香坞雅制春灯谜

📋 情节概要

1. 凤姐想了联句的开头"一夜北风紧",众人联句,李绮收了尾,欢乐异常。

2. 宝玉作诗落第,被罚去栊翠庵讨梅花,宝钗商议让邢岫烟用"红"字作韵,李纹用"梅"字作韵,薛宝琴用"花"字作韵,不限宝玉的韵,一起咏红梅花。

3. 贾母提议众人去惜春那里看画,凤姐也找了来,玩笑一番。众人又附和贾母的提议,作起了灯谜。

👆 值得一问

首先,联句中谁的表现最好?

史湘云。联句其实是古时候文人玩的一种游戏,古时候不像现在娱乐活动这么多。现在少有人玩联句了,因为联句这种游戏非常考验一个人的才思,不仅仅要联得对,不能出了韵,而且要联得快,错了或是慢了都是会输的。古人因为从小接受文字训练,对联子那是学习的基本功,所以凡是读书识字的,他的语感都还不错。你看连不识字的王熙凤都能起出"一夜北风紧"的句子来,这绝对是在具体的氛围情境中熏染出来的。"一夜北风紧"这一句作为起句,其实非常不错,这句是写实,虽没有涉及"雪",但是一个"紧"字将风雪之大、持续时间之久、涉及范围之广都写活了。而"一夜北风紧"之后呢，也给后面的联句者以广阔的想象空间。当然，联句作为一种游戏因为过于讲究"快"，诗的意味就少了些。从这次的联句看，史湘云、林黛玉和薛宝琴的句子最多，其中又以史湘云第一，所以我们说史湘云的表现最好。

其次，为什么凤姐敢开贾母的玩笑？

因为凤姐能掌握好尺度。在《红楼梦》里，敢开贾母玩笑的人，只有王熙凤。而在这一回中，这一点表现得非常突出，而且即使在我们今天看来也是非常幽默的。《红楼梦》里的一些玩笑，因为时间的隔阂，以及我们的笑点变得越来越高等原因，所以我们笑不出来。但是王熙凤在这一回开的玩笑很有趣，也有味！第一个是她为寻贾母来到藕香榭，说贾母是因为快到过年，怕各种人追债，所以躲债来了。说得众人都笑了。以贾母这样高贵的身份，将她和躲债这种事联系起来，莫名的滑稽。而贾母这些人喜欢听这些新鲜的事儿，因为她们从来没有经历过。在穷苦的人家，躲债是心酸的生活；而在贾母这里，躲债是审美的趣事。因为躲债离贾母太遥远了！第二个玩笑是薛姨妈说要请贾母赏雪，又看贾母歇得早不敢惊动。凤姐就让薛姨妈在她那里存五十两银子，等一下雪，凤姐就帮忙摆下酒席。贾母附和说这个主意好，并说一到下雪自己就装病，这样就和凤姐每人二十五两把银子分了。你看这祖孙俩一唱一和地装穷人，把众人逗得笑死了。结果贾母立马讥讽王熙凤，说薛姨妈是客人，反而算计人家的钱。这就是贾母的高明处，玩笑归玩笑，客人是绝对要尊重的。结果凤姐的话更绝，说贾母是最有眼色的，故意试一试薛姨妈，如果薛姨妈拿出了银子，贾母就和自己分，现在一看拿不到银子了，就故意责备凤姐，反而说大方话。这是富人之间的玩笑话、消遣话。奢侈闲适的生活，让他们感到腻歪，就跟贾母要给凤姐过生日而凑份子钱一个道理。越是这样的玩笑，越是证明自己的富贵，所以，贾母喜欢这样的玩笑。

最后，各人作的灯谜是什么？又有什么寓意呢？

我们先看李纨的灯谜，一个是"观音未有世家传"，谜底是"虽善无征"，语出《中庸》，意思是先王的礼制虽然好，但是无从证实。观音当然是"善"，"未有世家传"指的是观音的身世是无法证实的。这就像李纨的一生，她追求的是儒家的"善"，她也确实是大观园中难得的"善"人，平儿受了委屈是她打抱不平,林黛玉去世的时候也是她依傍在边上。但是李纨的善她不需要证实,也不需要他人的铭记,所以李纨的善良真的很温暖。另一个灯谜是"一池青草草何名",谜底是"蒲芦"。这个谜底同样来自《中庸》,说的是修身为政的道理,我觉得同样影射了李纨的理念,她的自持和她对儿子贾兰的培养,都显示了李纨的人生追求。李纹的谜面是"水向石边流出冷",打一个人名,谜底是"山涛"。李绮的是"萤"字,打一个字,谜底是"花"。因为在古人看来,萤是草化的,草字头下面一个化,就是"花"。这两个谜语的寓意,我们不做探讨了。史湘云的是"溪壑分离,红尘游戏,真何趣?名利犹虚,后事终难继",谜底是"耍的猴儿",因为耍的猴子都被砍去了尾巴,所以说"后事终难继"。这个谜语我觉得和史湘云的命运也是相关联的,尤其是"后事终难继",最终史湘云也是这样,没有依靠,可不就是"后事终难继"吗?薛宝钗的谜面:"镂檀锲梓一层层,岂系良工堆砌成?虽是半天风雨过,何曾闻得梵铃声!"谜底在原文中虽然没有揭示,但是我比较认同"松果"这个说法,大家可以看下松果,一层层的,跟佛寺宝塔非常像,且外形也象征着宝钗八面玲珑的性格。而"风雨"我认为既是指贾府的灾难,也是指宝玉内心的挣扎。"梵铃"则暗指佛家,最后宝玉出家,但是宝钗最终无法真正了解宝玉,自然也是听不见"梵铃声"了。宝玉的谜面是"天上人间两渺茫,琅玕节过谨隄防。鸾音鹤信须凝睇,好把唏嘘答上苍"。书中也没有揭示谜底,学者们大多认为是"风筝"或者"纸鸢"。我赞同是"风筝"。风筝和纸鸢的区别是风筝上面安了一个能发声的乐器,一旦风吹过,能发出像古筝一样的声音,所以叫风筝;而纸鸢则无声。你看宝玉是把"唏嘘"答上苍,后来黛玉死了,当然是"天上人间两渺茫",没有人能真正懂得宝玉,他只能寄言上苍了。最后是黛玉的谜面"騄駬何劳缚紫绳,驰城逐堑势狰狞。主人指示风雷动,鳌背三山独立名"。这个谜底最费解,猜的人很多,争议也最大。有人说是"狻猊",有人说是"自鸣钟",有人说是"走马灯",不一而足。但是我觉得好像都不怎么对,所以斗胆说说我的想法,我觉得是"科举"。"騄駬"指千里马,"騄"和"禄"谐音。科举是千军万马的竞争,是不需要驱使的,所以是"何劳缚紫绳",读书人抢着去做,都变成了禄蠹,当然是"狰狞"的。皇帝的意志体现在考卷上,主人的意志为上,谁考中了,那自然是功成名就。但是不要忘记鳌所背负的重担,那"独立名"是背负着"三山"而来的,明褒实贬。这就是黛玉的风格,她最不喜欢的就是贾雨村这类禄蠹,所以宝玉才引她为知己。

✓ 考 点

1. 在芦雪广众人联诗,联句最多的人是谁?

_____

_____

2. 李纨为什么罚宝玉去栊翠庵讨红梅,黛玉为什么还不让人跟着?

_____

_____

🍃 学习笔记

第五十一回

薛小妹新编怀古诗　胡庸医乱用虎狼药

📖 **情节概要** -

1. 薛宝琴展示了十首怀古诗，内隐十物，给大家猜，众人都猜不着。

2. 花袭人的母亲生病，袭人要回家探视，凤姐吩咐袭人什么都要带好的家去，并送袭人大毛的褂子。

3. 晴雯、麝月服侍宝玉，夜间月色很美，麝月出去，晴雯想吓唬她，结果得了风寒。

4. 宝玉提议从后门传一个大夫来给晴雯看病，结果大夫开的药过猛，宝玉又让茗烟请了王太医方罢。

5. 凤姐和贾母、王夫人商议，天太冷了，在大观园开了厨房，让李纨带着一众在园子里吃饭，贾母和王夫人赞同。

👆 **值得一问** -

首先，薛宝琴的十首怀古诗的谜底分别是什么？有什么寓意呢？

宝琴的十首诗，众人都猜不着。但是这些诗谜，若轻易跳过了，容易错过很多的精彩，我们不妨简单地来说一说。第一首《赤壁怀古》，说的是赤壁之战的事情，我觉得谜底是灶台。"喧阗一炬悲风冷"应该是抽风烧火，

"无限英魂在内游"就是都煮掉了。第五首《广陵怀古》说的是隋炀帝开通济渠的事,谜底应该是吹火筒。吹吹火筒时有声音,与"只缘占得风流号"相合,吹火筒一吹,火舌会纷纷冒出,与"惹得纷纷口舌多"相合。第八首《马嵬怀古》说的是杨贵妃之死,谜底是胰子。古人用这个洗衣服,跟肥皂相似。"寂寞脂痕渍汗光,温柔一旦付东洋。只因遗得风流迹,此日衣衾尚有香。"用它洗过的衣服会留有香味。第九首《蒲东寺怀古》说的是《会真记》里张珙和崔莺莺的故事,谜底是鞋拔子。我们现在也会用,鞋子比较紧、难穿时就用它助力拉一下鞋子,自然是"已经勾引彼同行"。第十首《梅花观怀古》说的是《牡丹亭》里杜丽娘和柳梦梅的故事,谜底是团扇。团扇是圆的,上面会画上各种图案,春末开始用,秋天就搁置了,所以是"团圆莫忆春香到,一别西风又一年"。其余几首,我也猜不出是什么,猜的人很多,总觉得不能说服我,姑且存疑吧。那么这些诗有什么含义吗?我觉得综合来看,无非是说名利富贵的虚无,人间真情的可贵!但不必非要往人物命运、贾府命运上硬扯。

其次,麝月半夜出去干吗?

解手呢。很多人还以为真的是看月色很美,所以她去赏月了。实际上,古人不会在房间里安置厕所,厕所一般都建在外面。所以麝月半夜醒来是想上厕所,晴雯本想趁机吓唬一下她,结果自己却得了风寒。**那么,曹雪芹为什么写得这么隐晦呢?上厕所明说不是也没有关系吗?** 我觉得这就是曹雪芹细心的地方。第一,写刘姥姥时,她本来就是乡野粗人,所以写她内急,寻找厕所是直接描写。而麝月这样的女孩子,虽说是贾府的丫鬟,但是实际上非常娇贵,直接写女孩子内急,就破坏了对其形象的塑造,所以就用了非常隐晦的方法来表达。第二,这个时候正是满天的月色,景象非常美好,解手毕竟是俗事,作者采用隐笔也是不想破坏了美好的意境。第三,宝玉毕竟是男孩子,麝月一个女孩子直接跟宝玉说自己是要去解手,这也实在是不合适。所以,作者就用了隐晦的手法写过去了,其实我们只要细心读,就知道麝月是干吗去了,她回来后是一边"洗手"一边跟宝玉他们说话的,服侍宝玉他们喝茶的时候早洗过了,出去一趟片刻回来就又洗手,当然是解手去了。

最后,胡庸医真的乱用药了吗?

我觉得并没有。我不懂中医,我拿着这个方子请教了一位中医,问他这药给十五六岁的女孩子喝有没有问题。他的回答是需要对症下药,如果风寒比较严重,就算是放了枳实、麻黄也是可以的。由此也可以说明,胡太医并非不懂医学,而后面王太医的诊断也证明了胡太医的医术是没有问题的。那么为什么称其开的药是"虎狼药"呢。药性固然猛了些,但是也不能排除晴雯病重,就需要这么猛的药呢? 我们不要忽略了给贾府看病的医生是相对固定的,要么是王太医,要么是张太医,而这位胡太医是新请的。说明他不懂贾府中的规矩,那就是开药需相对缓和,因为贾府里的人娇贵。可是人再娇贵,病可是说猛就猛的。中医讲究对症下药,可是在贾府更讲究"看人下药",这就是舍本逐末了。所以根本来看,"虎狼药"的定义是贾宝玉认定的,因为他不懂中医,又知道些皮毛。最可怕的就是这样的人,半吊子,自以为是。所以,在我看来,正是因为王太医的药无法根治晴雯的病,晴雯在表面上看起来是被治好了,实际上却留下了病根,再加上后来被撵的心病,这些因素的叠加才让晴雯最终悲惨地死去。此外,这个"虎狼药"除了说药性之外,我认为更重要的是说人性。这位胡太医后来还出现过一次,那就是给尤二姐看病,他受凤姐指示,把尤二姐怀的孩子给打了下来,导致了尤二姐绝望地吞金而死。医者当以医术救人为根本,胡太医却用医术杀人,这样的人不是毫无人性吗? 这样的医生难道不是"虎狼之人"吗? 他开的药不正是"虎狼药"吗?

-- ☑ **考 点** -----------------------------------

1. 贾府人请医生看病一般都是请的王太医或者张太医,这次晴雯生病了,为什么没请他们?

_____

_____

2. 袭人回家探视母亲, 凤姐为什么让袭人什么都带好的家去?

_____

_____

🍂 学习笔记

第五十二回

俏平儿情掩虾须镯　勇晴雯病补雀金裘

📋 情节概要

1. 贾母夸赞凤姐让姐妹在园中吃饭想得周到，众人附和。

2. 平儿告知麝月虾须镯被坠儿偷了，宝玉在窗外听到了，并将之告诉晴雯，晴雯大怒。

3. 宝玉来到潇湘馆，宝钗、宝琴、黛玉、邢岫烟正聚在一处聊天，宝琴讲了真真国一个十五岁姑娘写的诗，众人称赞。

4. 宝玉众人去他舅舅处，正值下雪，贾母给宝玉一件雀金裘。晴雯让宋嬷嬷叫了坠儿的母亲，让领走坠儿。坠儿母亲不服气，被晴雯和麝月奚落一番，悻悻而去。

5. 宝玉的雀金裘被烧了一个洞，众人都不能补，晴雯病中强撑着身体，为宝玉补好了雀金裘。

👆 值得一问

首先，平儿跟麝月讲了虾须镯被偷的事情，为什么让麝月不要告诉晴雯？

第一，怕宝玉面上难堪。坠儿是宝玉的丫鬟，这个事情如果让别人知道了，宝玉非常没有面子。第二，怡红院中管事的大丫头们难辞其咎。要知道怡红院中管理这些小丫头的人是袭人、晴雯她们，所以要是闹出去了，怡红院的大丫头们脸上同样不好看。第三，宝玉对这些丫头们挺上心的，坠儿却做出这样丢人的事情来，平儿担心会伤了宝玉的心。第四，晴雯的性格火暴，她此时生病比较严重,所以平儿不想因为这件事加重了晴雯的病。而值得一提的是,宝玉这里发生偷盗的事情已经不是第一次了,有一年就有一个名叫"良儿"的丫鬟偷了玉。还有一些人提起这件事来趁愿,到底是趁了谁的愿呢?当然是指赵姨娘这一类原本就看宝玉不爽的人,提起这件事情可以丢宝玉这帮人的脸,当然是称心如意的事了。他们巴不得怡红院这里出点子事情,好笑话呢。而平儿和袭人的关系可以说是最好的,还记得袭人问月例钱为什么还没有发放,平儿只告诉她一人实情,可见两人关系之好;平儿对宝玉也是充满感激之情的,当时贾琏与鲍二家的私会,平儿挨了打,就是宝玉真情为平儿理妆。所以就凭这些缘故,平儿也绝不想将事情声张出去。

其次,宝玉问黛玉病情,赵姨娘正好从探春处回来,顺道看黛玉,黛玉为什么给宝玉使眼色呢?

因为她害怕赵姨娘又惹出什么是非来,所以使眼色让宝玉离开。那么,我们不禁要问赵姨娘会惹出什么是非来呢?宝玉也就是寻常地问问黛玉的病情而已。我们还是要回到原文来看这个问题。第一,两人在这个时候,都有话想说,又不知道该说些什么。这是非常有意味的写法,是两个小情侣在独处的时候,情愫萌生的表现,想说些体己话,但是又无声胜有声。而赵姨娘这个年纪的妇女,对情侣的情愫这种东西是非常敏感的。黛玉不想让赵姨娘知道自己和宝玉之间的情感,赵姨娘是一个口毒心毒的人,如果让赵姨娘知道了他们二人的情感,指不定会从中做什么文章呢。第二,宝玉正好问道"我想宝姐姐送你的燕窝——"一语未了,赵姨娘走了进来。宝玉正想和黛玉讨论宝钗送黛玉燕窝的事情,而黛玉也不想让赵姨娘知道这件事,所以使眼色给宝玉,让宝玉不要再讲了。还记得当时宝钗提议黛玉吃些燕窝,因为吃人参之类的可能虚不胜补。黛玉就说自己寄居贾府,已经够麻烦大家的了,再要求燕窝什么的,怕被人说闲话。这里说闲话的人很可能就是赵姨娘,黛玉自尊心强,不想让赵姨娘知道燕窝的事情,免得她趁机使坏,到时候说凤姐照顾不周,一点燕窝还要宝钗送,那难堪的人就多了。值得一提的是,黛玉此时对待赵姨娘非常客气,而在第二十五回宝玉被贾环烫伤了脸,赵姨娘来看宝玉时,众人都让座,独凤姐和林黛玉说笑,正眼也不看他们。黛玉那时候完全无视赵姨娘,如今却显得非常客气,这种变化我觉得是黛玉成熟的表现,起码她会做表面的功夫了。她固然看不起品性低劣的赵姨娘,但是她也害怕赵姨娘会伤害宝玉,另外,她也顾及探春的颜面,所以表面功夫还是必要的。

最后,为什么需要晴雯病中补雀金裘?

因为晴雯的针线功夫最好。在对怡红院的描写中,我们往常都是看袭人在做针线活,并没有见识到晴雯的针线功夫,原来晴雯才是隐藏的高手。那么"勇晴雯"之"勇"体现在哪些方面呢? 第一,在生病且非常严重的时候,完全不顾及自己的身体,为宝玉排忧解难,勇于出力。这是非常感人的地方,我们后来根据袭人的话知道,晴雯在怡红院是不怎么做针线活的,袭人觉得她是偷懒。而在关键的时候,晴雯非常给力。第二,对自己的技术非常自信,这也是勇气,别人不敢接的活计,她敢接,最后当然也成功了。第三,勇于担责任,你想别人为什么不敢接,是怕弄不好了担责任啊,这是丫鬟们担待得起的吗? 但是晴雯没有畏惧这些,只想着为宝玉解决难题,这是个非常讲义气的人!

☑ 考　点

1. 偷平儿虾须镯的人是谁?

_____

_____

2. 平儿跟麝月说了宝玉房里人偷虾须镯的事情,宝玉在窗下听到,为什么会"又喜""又气""又叹"?

_____

_____

🖋 学习笔记

第五十三回

宁国府除夕祭宗祠　荣国府元宵开夜宴

📋 情节概要

1. 宝玉又为晴雯请了王太医，经过调理，晴雯的病渐渐好转。袭人回来，得知了坠儿的事情。各人都有事，所以诗社空了几社。

2. 宁国府的人准备祭祀，荣宁二府皆忙忙碌碌。乌进孝来给宁国府交租，贾珍让族中人来领年货，贾芹也来领，被贾珍赶走了。

3. 腊月三十，贾敬领着众人在宗祠祭祀。过年期间，众人忙着请吃年酒，好不热闹！正月十五，贾母在大厅上摆酒家宴，讲了"慧纹"的刺绣。

👆 值得一问

首先，袭人听说处理坠儿的事后，为什么说"太性急了些"？

因为袭人对晴雯的处理方式不满意。我们静下心来想想，怡红院里谁是主事的丫鬟？当然是袭人。按理说，坠儿做出了偷盗之事，要把她赶出去，那最终也该是袭人做决定，而不是晴雯。当时麝月也劝过晴雯，最好等袭人回来了再做决定，可是晴雯不听劝，就擅自叫来了坠儿的母亲，将坠儿领走了。这样的处理虽然合理，但是不合情。假如你是袭人，你肯定心里也会介意的——这不是完全不把我这个主事的人放在眼里吗？这是袭人的职权，晴雯怎么能擅自动作呢？这是原因之一。原本平儿觉着，到时候找个理由再赶走坠儿。而此时呢,坠儿可以说被赶得非常仓促,都没有找到实质性的由头,就说坠儿懒惰等等,其实是构不成被赶出去的罪责的,所以包括坠儿的母亲其实心里都非常不服气,觉得就是晴雯这些人容不得她的女儿,所以话里有话说给晴雯她们听。这样的处理方式,让其他的下人都觉得莫名其妙,心里免不了兔死狐悲,对这样的处理感到不公平,不服气。这是原因之二。晴雯在数落坠儿的时候,说袭人使唤坠儿,坠儿在背地里骂袭人。而赶走坠儿之时,袭人是不在场的,这好像就让袭人成了背后的指使者。以袭人平常的为人来看,她最不愿意明着得罪他人,而晴雯却直接把她放置在了得罪人的境地,袭人心里自然不满意。这是原因之三。而我想说,晴雯这样的火暴脾气让她得罪了很多人,尤其是丫鬟、婆子这些人。晴雯也确实过于高傲了,她看不上这些人,但是过于高傲的性格是最容易遭到反噬的,最后晴雯也因此而被小人中伤,悲惨死去。

其次,黑山村的乌庄头来给宁国府上租,然后附上了一张长长的单子。大家看原文会发现,这张单子非常繁复细致,什么大鹿三十只、獐子五十只等等。乌进孝的账单有什么用意呢?

第一,显示贾府的奢侈,花销之大。这仅仅是给宁国府一府提供的实物,就有如此之多,而通过乌进孝我们知道,荣国府所得绝不会比这个账单少。当然这仅仅是实物,还有两千五百两的银子,按照如今的银价折算那是八十多万啊!而且按照当时的购买力,二十两银子就够农家过一年(按刘姥姥的说法),而贾珍却说,"这够作什么的""真真是又叫别过年了",居然只是过个年都不够!因为在贾珍的预想中应该至少有五千两,可见贾府的花销之大。第二,说明贾府收入之多。关于贾府的收入,很多学者的算法都不一样,差别也特别大。有的认为宁国府的收入是五千两左右,有的认为是四万两左右。乌进孝是管着八九个庄子的大庄主,而一年是两季地租,因此,我认为宁国府平常租子的收入大约是一万两。按照乌进孝的说法,荣国府的庄子比宁国府要多,我估计也就是两万两左右。当然还有官俸和赏赐,不过这些是小头。第三,表明贾府入不敷出了。通过这个账单,我们知道按照贾府的收入和支出看,贾府已经快要支撑不住了。通过贾珍之口我们知道,荣国府建大观园,接待元春的费用,这几年每一年都要赔出几千两银子来,说再两年一省亲就只怕精穷了。这也是为贾府的败落做了铺垫。第四,体现贾府的账是一笔糊涂账。不知道大家发现没,贾珍心中的估计和乌进孝实际交的租相差太大了,差一半的量!而面对贾珍的质问,乌进孝说了一通天灾之事,说自己不敢撒谎,这事情就过去了。我看贾珍也是不相信乌进孝的,作者在这里也有比较明显的暗示,比如黑山村、乌庄头,"黑"和"乌"说的恐怕是人心吧。但是贾珍不仅没有可以核实的办法,更没有彻底解决下一年收租问题的相关措施。所以,大家不觉得乌进孝若是想贪污挺容易的吗?而通过乌进孝我们知道,他兄弟管着的荣国府收成更不好,我觉得可能贪污得更厉害。贪污之事虽然没有证据,但这是一笔糊涂账却是板上钉钉的。

☑ 考 点

1. 宁国府祭宗祠的主祭是谁?

_____

_____

2. 宁国府祭宗祠,为什么外姓的薛宝琴有资格参加?为何不通过他人的眼睛而通过薛宝琴的眼睛来展现祭祀的场景?

_____

_____

🍃 学习笔记

第五十四回

史太君破陈腐旧套　王熙凤效戏彩斑衣

--- 📋 **情节概要** ···

1. 贾珍、贾琏等人向贾母行了礼,贾母询问袭人,王夫人和凤姐帮忙解释。宝玉回房,见鸳鸯和袭人正聊天。

2. 两个女先生给贾母说书,贾母评价了才子佳人的故事。又让梨香院的姑娘们唱戏听,而后击鼓传梅,讲笑话。

3. 贾母和凤姐各自讲了一个笑话,逗得众人哈哈大笑。大家放了各色的烟花,吃了点心方散,而后是各家请吃年酒,热闹非凡。

--- 👆 **值得一问** ···

首先,为什么要在元宵节中写袭人守孝?

为了突出贾府的热闹,奴才的卑微。贾府的元宵节热闹非凡,但是在这个热闹中,却有点儿不合时宜的冷寂,那就是袭人在园子里守孝,并和同样守孝的鸳鸯聊天,分享着彼此的孤独。在这样的对比衬托中,我觉得孤独显得尤其冷寂。贾母发现袭人没有跟着宝玉来参加元宵节的活动,就说袭人拿大了,自己不跟来照顾宝玉,只派了些小丫头来。王夫人立马帮袭人解释,说袭人母亲死了,身上有热孝,不便参加这样的宴会。古人认为,父母之丧,那是无比哀痛的事情,所以不适宜参加一些娱乐活动。但是贾母完全不这么认为,她觉得和主子不能讲究守孝的事,可见奴才的卑微。与主子相比,父母那也是要靠边站的。**还是凤姐会说话,她帮忙解释,袭人为什么没来呢**。第一,袭人为人非常小心谨慎,今天是元宵节,处处灯火,需要像袭人这样的人看着大观园;第二,可以更好地照顾宝玉,等宝玉结束后回家,什么东西都准备好了,不至于耽误了宝玉休息;第三,也可以全了袭人守孝的礼仪。你看成全袭人的守孝礼还是在成全主子的利益之后的,袭人还算是有头有脸的大丫鬟,贾府对待下人也还算是颇有恩典的,可想而知,封建时期的奴才那真是卑微如尘埃、草芥。而在主人的热闹中,曹雪芹也给卑微的人以关照,他借助贾宝玉让我们关注到了袭人和鸳鸯的悲伤。宝玉趁着间隙偷偷来看袭人,这就是宝玉的温暖处,他虽然身处热闹中,但是他永远能感觉到别人的悲伤,他是一个共情能力很好的人。他听见鸳鸯和袭人的对话,鸳鸯觉得袭人应该是无法出去送终的,却不想袭人的母亲今年死在了这里,从而能够让袭人为母亲送终,言语中充满了羡慕。因为,鸳鸯没能为自己的母亲送终。这又是一层对比。二者对比下,鸳鸯则显得更可怜。**那么,鸳鸯为什么不能回家为母亲送终呢?** 第一,贾母离不开她。我们知道,对于那时候的奴才,主子才是自己的天,奴才根本没有人身自由可言,贾母离不开她,鸳鸯自然不能擅自离开给母亲送终。第二,路途遥远。因为鸳鸯是家生的奴才,也就是说鸳鸯的父母也是贾府的奴才,他们都在南京看着贾府的房子,所以鸳鸯和他们相距太远,无法为母亲送丧。第三,鸳鸯和袭人的地位不同。袭人是还没有给名分的姨娘,在贾母和王夫人的心中,是宝玉将来的妾,是半个主人,而鸳鸯则只是一个大丫鬟,其地位和待遇自然比不上准姨娘袭人。由此可见鸳鸯的悲伤。

其次,贾母为什么看不上才子佳人的戏?

因为不合封建礼法。这一天,贾府除了唱戏外还请来了两位女先生说书。她们说的书是《凤求鸾》,说一位退休的宰辅,他有一个儿子叫王熙凤,这王熙凤上京赶考,看上了李家的千金雏鸾。贾母一听就发表了看法,觉得才子佳人的戏都是骗人的鬼话,全都是俗套,说自己不想听。贾母的评价固然是对"才子佳人"类戏剧的看法,实际上也是对封建礼教的维护。而她的这番评价是有所影射的,在贾母看来,"佳人"就应该知道应有的礼仪,随便看上一个人,就跟人家爱得死去活来的,那成什么体统? 所以,贾母的这番话是说给在座的姑娘们听的。"自由的爱情"在那个时候是不被允许的,甚至是荒唐的和不可理喻的,这是贾母她们的局限性。而李家的小姐雏鸾,大家不觉得和黛玉很像吗?李家是单一个女儿,林家也是;雏鸾琴棋书画,样样精通,黛玉也是。而雏鸾和王熙凤的爱情,也象征着黛玉和宝玉的爱情,但是雏鸾的爱情是自由而大胆的,而黛玉虽然也有反对封建礼教的思想,但是她没有大胆的行动。你看她明明深爱着宝玉,但是她从来都不敢表达,而宝玉用《西厢记》里的话来试探黛玉的情感时,黛玉反而是生气地哭了。说明黛玉是不敢冲破这些礼教的,她的行为是符合一个大家闺秀的风范的。你看贾母,她也是以这些规范要求家里的姑娘们的,所以,黛玉的爱情充满了压力。

最后,凤姐的笑话有什么寓意?

我们先看她讲了什么笑话。第一个笑话是一大家子过正月半,赏灯吃酒,什么"祖婆婆""太婆婆""婆婆""媳妇",各种孙子孙女齐聚一堂,吃了一夜的酒就散了。这个笑话留了一个尾巴,是为了下个故事蓄势铺垫的,所以这个笑话不好笑。但是我们不能忽略了它的用意,凤姐用这个笑话来影射贾府。贾母一家同样是齐聚一堂,贾母喜欢福寿双全,所以凤姐就以"五世同堂"的场景影射贾府的热闹场景,贾母听后很有情境感,心里很受用,大家也进入了情境,但是笑话戛然而止。接着她讲了第二个笑话,抬炮仗的聋子不知道炮仗已经被心急的人放了,而抱怨卖炮仗的做的炮仗质量不好,没等放,就散了。这个笑话在今天看来也不怎么好笑,但是妙在一问一答,妙在我们不知道那是一个聋子。而又有人问前面那个结尾怎么样了,凤姐就说,到了第二日正月十六,年也完了,节也完了,看着人忙着收拾东西还闹不清,哪里还知道底下的事了。你看,虚虚实实,既是虚拟又是现实,多么巧!他们有现实情境感,所以众人都被逗笑了。而我想说这两个故事的寓意,第一个寓意是不论贾府延续了多少代的福泽,最终都是要结束的;不论集聚了多少的热闹,最终也是要散的。第二个寓意是,所有的繁华都是短暂的,就像一个炮仗;所有身处繁华的人,也都不能把握繁华,也不能感知繁华将尽,就像聋子。你看,短短两个笑话,用了三个"散了"、两个"完了",不正是预示着贾府要"散了""完了"吗?

✔ 考　点

1. 袭人母亲去世了可以回家奔丧,鸳鸯的母亲也去世了,为什么不能回家奔丧?

_____

_____

2. 小丫头向老婆子要开水,老婆子以开水是给老太太泡茶的为由而拒绝,但她看见是秋纹要却立马就给了。说明了什么?

_____

_____

🍂 学习笔记

第五十五回

辱亲女愚妾争闲气　欺幼主刁奴蓄险心

情节概要

1.凤姐流产，不能处理家事，王夫人找了探春、宝钗协助李纨。探春和李纨商议，在园门口南边的三间小花厅上办事，厅上面的牌匾是"辅仁谕德"，众人称之为"议事厅"。

2.赵姨娘的兄弟赵国基死了，探春秉公办理给了二十两丧银，赵姨娘十分不悦，和探春理论，探春据理力争。

3.探春把贾环和宝玉一年家学里吃点心的八两银子也裁了。平儿告诫众管事的媳妇，不要小看了探春。

4.凤姐和平儿说，探春比自己还厉害一层，可惜是庶出，叫平儿不要驳了探春的面子。

值得一问

首先，吴新登家的向王夫人回了赵姨娘的兄弟赵国基去世的事，王夫人为什么让探春定夺？

第一，为了看看探春的办事格局。赵国基是探春的舅舅，王夫人当然知道探春办事的能力非常不错，所以才把管家的事交给探春。但是办事的格局和能力是不一样的，能力好不一定格局大。所以王夫人想看看探春除了办事能力好之外,格局是不是也过关。按理说,王夫人肯定知道赵姨娘的兄弟去世了,按照规矩应该给多少银子,王夫人也可以决定给多少。但是王夫人按而不发,让吴新登家的去问探春。吴新登家的立马会意,去请示探春。探春初次接触事务,哪里知道这些,所以就问吴新登家的惯例是什么。吴新登家的知道王夫人是要考验探春,她一来也想趁机为难一下探春,好看她的笑话;二来她也不知道探春心里到底是怎么想的,怕说出来探春不满意,反而得罪了探春。探春心里跟明镜一样,当然知道吴新登家的跟自己搞鬼,所以一点面子也不给,直接问她若是凤姐问话,是不是也要回去现查。言下之意就是你小看了我,再者也是你办事的能力差!说得吴新登家的红着脸走了。第二,为了给探春树立威信的机会。当时李纨也向探春提议,参照袭人母亲的例子,给四十两银子。一般的人可能也就按例这么处理了,但是探春多么精细的人,她不想落人口舌,就要取账来查。结果是一般情况下,家里的都是给二十两,外面的给四十两。什么是家里的?就是家生的奴才,家里的奴才生的孩子,还是奴才。外面的奴才,就是买来的奴才,就像袭人。你看赵姨娘的兄弟赵国基,虽说是贾环的亲舅舅,但是本质上他就是贾环的奴才,而探春也只愿意给二十两银子,就是证明。由此可见,探春是非常讲原则的人。但是她也有自己的难处,对此赵姨娘就非常不理解,觉得探春也太较真了。这是赵姨娘鼠目寸光了,她只看到眼前的利益少了,却不想探春如果徇私,各位管事的奶奶都在等着看笑话呢,以后让探春怎么处理事情呢?我们之前就说过,探春有自己的自尊和不得已,她有意疏离了赵姨娘他们,也是为了更好地保护他们,只是愚昧如赵姨娘,根本不能理解,还总是让探春难堪。

其次,探春有权力多给自己的舅舅点钱吗?探春为什么坚持只给二十两呢?

第一,探春当然有权力定钱的数额。李纨的意见是参照袭人母亲去世的标准,给四十两银子。李纨当着探春的面,一定是按照高的标准给的,这个时候她怕探春不好出面为自己的舅舅多要点钱,所以非常贴心,自己出面说可以按高标准给赵国基银子。探春多么精明的人,她知道按照这样的标准是有问题的,所以就问吴新登家的其他姨娘家里死了人都是什么标准。吴新登家的就说自己也忘了,并说这不是什么大事,赏多少谁还敢争不成。这说明,虽然在明面上有相关的规定,但这种赏银的弹性还是很大的。这一点可不能忽略了,你看贾府钱财的管理,账面上一套,操作上另一套,这样的混乱可以生发多少腐败! 探春的难得之处是她严格按照规定的数目给,这非常重要! 第一,在王夫人和凤姐的心中有了分量。王夫人和凤姐固然不会在意几两银子,但是由此看到了探春办事的格局大,能力强。王夫人和凤姐都是贾府中的管理者,在她们的心中有了分量,在贾府也就真正有了分量。第二,在贾府的下人心中有了威信。威信是怎么建立的? 我认为就是按照原则,恩威并施,不偏不倚。这是很难做到的! 中国是讲究人情的社会,我们总是顾及各种各样的情面而违背原则,有的人甚至因此而违背法律。贾探春在这件事上体现了很强的领导力,秉公办事,越是顶住了赵姨娘的压力,就越是在贾府下人的心中有了威信! 第三,她也是为了保护自己的母亲。探春当然知道,在贾府没有人将自己的母亲赵姨娘放在眼里。其实这也牵累了探春,所以探春特别敏感,也特别在意嫡庶这些概念。而只有自己真正强大了,才能不被人看扁。同样是庶出,贾探春比贾迎春不知道强了多少倍,连邢夫人也这样感叹过。大家都敢欺负贾迎春,却非常敬畏贾探春。我觉得这种敬畏也能给赵姨娘以保护,大家会顾及探春的面子而兼及赵姨娘。

最后,王熙凤评价李纨是"佛爷",你怎么看?

我觉得她评价得非常精准。也是在这一回,平儿回去将事情一一回复了凤姐。凤姐觉得探春是一个很好的帮手,而且有文化,比自己更强。凤姐借此一一评价了贾府中堪担家庭事务的人,当说到李纨的时候,她说李纨是个"佛爷",也不中用。我觉得"佛爷"评价得很好,"也不中用"就值得商榷了。第一,佛爷很慈悲,李纨也非常慈悲。在贾琏私会鲍二家的,平儿被凤姐打了之后,是李纨帮平儿出头;在黛玉最后香消玉殒之际,也是李纨陪着料理后事。所以说,李纨非常慈悲。第二,佛爷很宽和,李纨对待下人和凤姐不同,凤姐采用的是威严的方式,李纨采用的是宽和的方式。威严是面上服从,宽和是内心敬服;威严有立竿见影之效,宽和却有潜移默化之功。至于说李纨"不中用",我不这样看,从李纨组织诗社来看,她绝对是个有思想有原则的人,以李纨的宽和,再加上"原则"治家,我觉得未必不如凤姐。第三,佛爷很有智慧,李纨给自己的定位非常清楚,那就是教育好贾兰。既然管家的事情是凤姐处理,她就乐意担个宽厚的好名声。通过这一回,我们知道探春和李纨配合得非常不错,李纨也是有管理才能的。但是,李纨有意藏拙,是为了成全凤姐和王夫人。因为凤姐是王夫人的内侄女,王夫人让凤姐管家,那用的是王家自己人,最后的权力依然牢牢地握在王夫人自己的手上。李纨看得明白,也想得通透,而凤姐却认为李纨"不中用",那真的是看走了眼。

☑ **考 点**

1. 吴新登家的为什么有意为难贾探春?

_____

_____

2. 凤姐问平儿探春管理贾府这一日的事情,平儿一一跟凤姐说了,凤姐笑道:"好,好,好,好个三姑娘!"请结合上下文说说这里四个"好"连用有什么作用?

_____

_____

🍃 **学习笔记**

第五十六回

敏探春兴利除宿弊　时宝钗小惠全大体

📋 情节概要

1. 贾探春因为买办买的胭脂水粉不好，建议减除买办每月的月例，并学习赖大家的做法，把大观园包了去，赚利钱，众人称善。

2. 大家商议着定了管理大观园的人选，宝钗建议生的利不用归账，让管理的人认领相应的大观园的开销，并拿出部分钱凑齐，分给其他没能管事的大观园里的妈妈们，众人称善。

3. 江南甄府来人向贾母请安，聊起了甄宝玉的事情，两个宝玉长相性情都相似。贾宝玉梦见了甄宝玉。

👆 值得一问

首先，贾探春和薛宝钗的对话，到底在讲什么？

当读到这一回的时候，我们发现贾探春和薛宝钗你一言我一语地互相较劲，她们到底在说些什么，很多人一头雾水。我们来解析一下，大家会发现，这段对话真是有文化的人的对话，非常有趣。第一，探春说："我因和他家女儿说闲话儿，谁知那么个园子，除他们带的花、吃的笋菜鱼虾之外，一年还有人包了去，年终足有二百两银子剩。从那日我才知道，一个破荷叶,一根枯草根子,都是值钱的。"意思是说很多看似无用的东西其实都是值钱的。第二,宝钗笑探春,说她竟然没见过朱子的《不自弃文》。这篇文章的意思是说不要怨天尤人,要反求诸己,就是要看见自己的价值。薛宝钗是取笑探春婆婆妈妈讲了一大堆,其实用这篇文章就可以把意思说清楚了,就是笑探春没文化。第三,探春心里不爽就反驳:"那不过是勉人自励,虚比浮词,那里都真有的?"意思是我当然读过,只不过我认为那是虚的,不如我自己说的实在,并顺便笑话宝钗书呆子气。第四,宝钗当然不服,就说探春办了几天事情,把朱子都看不起了!意思是说探春连圣人都敢非议。第五,探春又说了一段:"当日姬子有云,登利禄之场,处运筹之界者,窃尧舜之词,背孔孟之道。"《姬子》不知道是否为杜撰,这段话意思是说官场上的人或者买卖人,窃取尧舜的言辞,违背孔孟的道理,本质都是为了"利",表面上说得好听而已。探春的意思是非议圣人的人多了去了,学会变通更重要!宝钗让探春继续说,探春不想背负唯利是图的骂名,所以就不说了。二人的见解有所不同,宝钗觉得哪怕是世俗的利,通过学问包装就会高端大气上档次;探春觉得不必拘泥于圣人文章,能够实际得利就可以。

其次,薛宝钗为什么不同意由莺儿的母亲来管理怡红院的香草?

因为莺儿是宝钗自己的丫鬟,薛宝钗不想自己也卷入利益的争端中。在这一回,大家觉得莺儿的母亲管理香草是行家,所以推举她。但是宝钗不同意,原因有以下几点:第一,贾府的下人都争着要这点好处,尚且分派不全,莺儿的母亲不是贾府的人,不合适;第二,若是将莺儿的母亲安排进来,大家会觉得是宝钗从中安排的,自然会迁怒于宝钗;第三,有更合适的人选,那就是茗烟的娘。由此也可以看出薛宝钗的安排真是滴水不漏。

最后,写出个甄宝玉来干什么?

甄宝玉的出场其实最早在第二回,不知道大家还记得不记得,是通过贾雨村的介绍呈现的,因为甄宝玉也是贾雨村的学生。而在这一回,我们知道甄宝玉的内在性格和贾宝玉非常相似。通过江南甄家的嬷嬷见到贾宝玉时的表现,我们知道了甄宝玉和贾宝玉的外在容貌非常相似。也是在这一回,贾宝玉在梦境中与甄宝玉相见,发现他们二人生活的环境也非常相似。后来是在第一百一十五回,两位宝玉相见,甄宝玉大谈经济文章,让贾宝玉感到厌烦。甄宝玉绝不是曹雪芹的随意之笔,其用意有以下几点:第一,从艺术效果看,是为了成就"假作真时真亦假"的艺术效果,真真假假,亦真亦假,我们读者也都沉浸到底哪个宝玉是"真正"的宝玉的思索之中。这一回非常值得玩味的是贾宝玉和甄宝玉互梦的故事,这让我想起了"庄周梦蝶",到底谁是谁的梦境,还真的不好说,我甚至有个大胆的想法,整个贾宝玉的故事就是甄宝玉的一个梦,所以叫《红楼梦》。第二,理想与现实的强烈对比,贾宝玉是理想中的完美形象,而甄宝玉则是现实中的完美形象。贾宝玉叛逆多情,与世俗士大夫的经济文章之道格格不入,而甄宝玉则不同,他痛改前非,致力于经济文章,考取功名,是典型的世俗成功人士。在第二回中,通过贾雨村我们知道,甄宝玉和贾宝玉的性格是非常相似的。而他们最后分道扬镳,一个继续"执迷不悟",一个"豁然明朗",都源于同一个梦境——太虚幻境。在第五回中,贾宝玉因为警幻仙姑进入梦境,警幻仙姑想要点化贾宝玉,结果贾宝玉执迷不悟;而在第九十三回,甄家的包勇告诉我们,甄宝玉也进入过太虚幻境,而经过警幻仙姑的点化,甄宝玉豁然开朗,痛改前非,从此一心读书,考取功名。理想的完美和现实的完美,你选哪一个呢?第三,从情节的角度来看,暗伏了甄宝玉给贾宝玉送玉的情节。由于《红楼梦》原书后四十回缺失,我们无法看到这个故事,但是在元春省亲那一回中,元春点了四出戏,在第三出《仙缘》处脂砚斋评语:《邯郸梦》中,伏甄宝玉送玉。由此可知甄宝玉在情节上的作用。第四,从主旨的角度来看,作者明贬暗褒贾宝玉,明褒暗贬甄宝玉,其实是作者对整个封建统治的讽刺和否定。

☑ 考 点

1. 提出外包大观园兴利除弊的人是谁?

_____

_____

2. 探春认为大观园里生的利钱要归账到园子里，薛宝钗不这样看，那么薛宝钗认为该如何处理大观园生的利钱？这样处理的意义是什么？

_____

_____

🍂 学习笔记

第五十七回

慧紫鹃情辞试忙玉　慈姨妈爱语慰痴颦

📋 情节概要

1. 王夫人领着贾宝玉拜访了甄夫人，得知甄家确有甄宝玉，且发现甄家与荣宁二府无甚差别，有些地方或略好于贾府。

2. 贾宝玉来看黛玉，黛玉在歇午觉，宝玉看紫鹃穿得单薄，就摸了紫鹃的衣服，被紫鹃一顿数落，宝玉伤心得哭了。

3. 紫鹃通过雪雁知道宝玉还在难过，故意骗他黛玉要回苏州，吓得宝玉大病一场。紫鹃被贾母责备，宝玉吃了王太医的药后逐渐好转。

4. 薛姨妈看上了邢岫烟，说与薛蝌，贾母做主，促成了婚事，薛蝌和邢岫烟都很满意。

5. 薛姨妈和宝钗来看黛玉，宝钗向薛姨妈撒娇，黛玉触景伤心，薛姨妈安慰黛玉并认黛玉作女儿。薛姨妈说给黛玉和宝玉做媒，紫鹃让薛姨妈跟老太太商量。

6. 湘云捡到了邢岫烟的当票，因不认识来问众人，被薛宝钗巧妙地掩饰过去了。

👆 值得一问

首先，紫鹃只不过责备了宝玉几句，宝玉为何哭得那么伤心？

我们先来看看紫鹃责备宝玉的前因后果。宝玉去看黛玉,结果黛玉在午睡,他见紫鹃穿得单薄就摸了摸紫鹃的衣服,然后说:"穿这样单薄,还在风口里坐着,春天风馋,时气又不好,你再病了,越发难了。"而紫鹃立马责备宝玉,紫鹃的意思是,第一,男女有别,大家都大了,不要动手动脚;第二,有些小人会抓着这些把柄大做文章;第三,黛玉让她们不要和宝玉说笑,黛玉近来也开始避着宝玉了。宝玉一听见这些话,滴着泪,呆了五六顿饭的工夫,可见宝玉之伤心。我们觉得,紫鹃说的话句句在理,没有什么问题,也正是因为无可辩驳,宝玉才格外伤心。而宝玉伤心的原因,我们还是可以推敲的:第一,宝玉完全出自真心,并没有掺杂半点男女之意,更没有轻薄的意思,而紫鹃的一番话完全误会了宝玉的关爱之心,所以宝玉非常委屈;第二,黛玉让丫鬟们不要和宝玉玩笑,虽然这是黛玉对宝玉的一种保护,但是宝玉觉得黛玉没有真正理解自己的心意,觉得黛玉只顾及不要因为和丫鬟玩笑而落人口舌,却没有顾及宝玉对丫鬟们体贴的心思和纯粹的情感,所以宝玉很失望;第三,就是成长的烦恼,宝玉一直沉浸在孩子的世界里,是没有清晰的男女之限的,但是成长是不可避免的,所有的人都在提醒他:我们都长大了,不可以像小孩子那样不分男女地胡闹了。其他的女孩子逐渐有了男女的意识,有意避嫌,这让宝玉深感悲伤。

其次,紫鹃为什么骗宝玉说黛玉要回苏州老家呢?

第一,确定一下宝玉的心意到底有多坚定。紫鹃固然是知道宝玉和黛玉的心思的,但是黛玉是女孩子,在那个年代,女孩儿是羞于表达自己的情感的,更何况是像黛玉这样的千金小姐。所以,黛玉虽然渴望追求自由的爱情,但是在实际行动中,却非常地谨慎小心,只敢耍耍性子,刷刷在宝玉心中的存在感。紫鹃是看在眼里,急在心里,所以她就亲自出马,考验宝玉的真诚度。结果一说,差点儿没把宝玉给急死,紫鹃也由此知道了宝玉对黛玉爱得深刻。第二,给自己谋一个好的归宿。紫鹃是黛玉的大丫鬟,黛玉出嫁,紫鹃一定是跟着黛玉走的。

最后,薛姨妈是真的疼黛玉吗?

一方面,有真心的部分。黛玉此时父母双亡,寄居贾府,虽然有贾母的疼爱,但终究是可怜之人。所以,薛姨妈见到黛玉因为宝钗有母亲可以撒娇而难过,心里是同情黛玉的。另一方面,更多的是假意。薛姨妈也说怕人多口杂,对黛玉过好会被人说是巴结贾母。实际上这就是现实,薛姨妈对黛玉好,还就是为了讨好贾母。薛姨妈在这一回说要把黛玉说给宝玉,紫鹃听了忍不住问薛姨妈为什么不到老太太和太太那里说去。薛姨妈则用四两拨千斤的方法,说紫鹃自己想嫁人了,一个玩笑就把紫鹃的"灵魂拷问"给打发了。因为薛姨妈从来没有真正想把黛玉说给宝玉,她心里想的是把宝钗说给宝玉。所以,薛姨妈纯粹就是试探,而通过紫鹃之口,老道的薛姨妈已经知道了黛玉的心意。

☑ **考 点**

1. 宝钗知道邢岫烟在贾府受邢夫人冷落,为什么不能早些安排邢岫烟和薛蝌成亲,以摆脱困境?

_____

_____

2. 宝钗为什么阻止史湘云去为邢岫烟打抱不平?

_____

_____

🍃 **学习笔记**

第五十八回

杏子阴假凤泣虚凰　茜纱窗真情揆痴理

--- 📋 情节概要 --

1. 老太妃去世，贾母、邢夫人、王夫人等婆媳祖孙都入朝陪祭。尤氏处理荣宁两府事宜，且托了薛姨妈来照看，薛姨妈与黛玉同住，黛玉与薛姨妈更加亲近。

2. 下人们因为主子不在，各种生事。因为各官官人家遣散优伶，众人商议将园中十二个女孩儿，遣送了四个愿意走的，将留下的人分散到园中使唤。

3. 宝玉去看黛玉，发现藕官在烧纸钱并被一婆子发现，宝玉帮忙解围，芳官告诉了宝玉藕官烧纸的缘由。

4. 芳官的干娘偏心亲女儿，让亲女儿先洗头，剩下的水才给芳官洗。芳官和她干娘闹了起来，宝玉等人帮助芳官。

--- 👆 值得一问 --

首先，在芳官看来可笑又可叹的事情，为什么宝玉听了又是欢喜，又是悲叹，又称奇道绝？

我们先说说在芳官看来为什么可笑可叹。第一，藕官祭祀的人是葯官，因为戏里面藕官是扮演小生的，葯官是小旦，两人因入戏太深而在现实生活中也萌生了情愫，分不清楚戏里和戏外，竟像夫妻一般，所以在芳官她们看来是"可笑"的。第二，两人都是女儿身，这样的"同性之恋"在芳官她们看来是无法理解的，也是非常不正常的，所以感到可笑。第三，菂官死了，藕官竟然讲出男人续弦的道理，将情感转移到了蕊官身上，而藕官毕竟不是男人，所以芳官觉得可笑。第四，戏子身份卑贱，无人关怀，而藕官、菂官两人能够有如此真挚的情感，又能勇敢面对世俗的眼光。面对她们的这份情感，芳官又觉得"可叹"。而宝玉听了又是欢喜又是悲叹，则是意料之中的事情。因为宝玉是一个"情不情"的人，也就是说，宝玉很多时候对没有情感的事物都会移情，看到落花会想到邢岫烟的出嫁，听到少女抽柴火的故事要寻根究底，等等，这些都是宝玉"移情"的体现。而面对人与人之间的情感，宝玉就更有共情的能力了。第一，在宝玉看来，情只要是真挚的，那么是可以不分性别的。藕官和菂官两个女孩子因戏生情，相亲相爱，这非常符合宝玉的情感价值观，所以宝玉感到又欢喜又称奇。第二，藕官对情感的那番话，即男子死了妻子要续弦，是为了让死者安心，只要自己在心中不忘记死者，就是真情。这番话在世俗之人看来是非常不符合世俗对深情的定义的，而宝玉恰是超越世俗的人，在他看来，最重要的是"真心"，只要不忘记，那就是真情。藕官的这番话非常符合宝玉的情感态度，所以宝玉很欢喜，因而称奇。第三，因为菂官之死使得有情人难成眷属，所以宝玉感到非常惋惜。第四，藕官祭祀菂官的方式，在贾府是非常困难的，而藕官仍坚持每年祭祀，这让宝玉非常感慨，也悲叹藕官的不容易。所以，宝玉让芳官转告藕官，以后祭祀只要"诚心"，焚一炉香即可。

其次，十二个女孩子为什么大多不愿意离开贾府？

因为相对于贾府，外面的世界更加黑暗。不知道大家还记不记得，这十二个女孩子是当年为迎接元妃省亲买的，现在因见各官宦家，凡是养优伶的，一概蠲免遣发，尤氏便和王夫人商议，让女孩子们自己决定是去是留，结果离开的人，书中说是四五人，实际上只有三人离开了。留下的人里文官给了贾母，芳官给了宝玉，蕊官给了宝钗，藕官给了黛玉，葵官给了湘云，豆官给了宝琴，艾官给了探春，茄官给了尤氏。这里就有八人了，加上死了的菂官，共九人，所以走的是宝官、玉官和龄官。宝官和玉官的戏份很少，但是通过第三十回，我们知道她们会在怡红院玩耍，而且宝官和玉官合起来组成"宝玉"，我觉得她们二人的离开，其实影射了宝玉的最终出走。而龄官就比较重要了，龄官是一个痴情且充满反叛精神的女孩子:当时在蔷薇花下划"蔷"字,看呆了宝玉;宝玉想让龄官唱《牡丹亭》里的曲子,龄官硬是不愿意唱。小说后来没有提及龄官,而我觉得龄官最后应该是被贾蔷接走了,至于结局就不好说了。因为,贾蔷是一个斗鸡走狗、赏花阅柳式的人物,他会不会因为龄官而改变呢?我认为很难,所以在我看来,龄官的结局应该不会好。说了那么多,这些女孩子宁可当使唤的丫鬟也不要外面的自由,从她们的话里我们也知道了原因,她们要么是没有父母亲人的,要么是回去了还要再次被卖的。这十二个女孩子,让我们真正感受到了底层人的心酸。什么是极致的卑贱?不是人不如猪狗,是人如同货物!

最后,作者为什么强调贾府的刁奴?

贾府里的刁奴在这一回中有了比较总体集中的反映。因为宫里死了老太妃,主子们不在家,贾府里的奴才们或赚骗无节,或呈告无据,种种不善,处处生事。作者凸显贾府奴才们的刁横,其实是蕴藏深意的。第一,说明了贾府的腐败已经非常严重了。也就是说,贾府外在看着是诗书世家,一副整齐有序的样子,实际上从根子上已经开始腐烂了,奴才们的腐败无度,实际上就是贾府腐败无度的一个体现。第二,揭示了贾府中主子和奴才的矛盾。平常贾府里的奴才都相安无事,不是因为主子奴才们和和睦睦,而是因为有凤姐镇着,这群人不敢生事,一旦没有了凤姐镇着,这群人就胡作非为了。比如凤姐生病的时候,探春管家,这群刁奴就想着要看探春的笑话,还好探春厉害。但是像凤姐、探春这样的主子,也得罪了这些奴才,后来凤姐失势了,没有人再听她、怕她,其实这里也为凤姐后来的悲剧结局埋下了伏笔。第三,体现了奴才之间的矛盾。不要小看了小人物之间的矛盾,他们的矛盾往往有着巨大的破坏力。他们为了自己的私利,互相倾轧,挑拨离间那是寻常的事了,这也为后来绣春囊事件的出现,贾府内部抄家的展开做了铺垫。

☑ **考 点**

---

1. 藕官烧纸祭奠的对象是谁?

_____

_____

2. 结合宝玉祭祀,说说他关于祭祀的主要观点,并简要说明有关宝玉祭祀他人的情节(写出对象、地点和方式)。

_____

_____

✎ 学习笔记

第五十九回

柳叶渚边嗔莺咤燕　绛芸轩[注]里召将飞符

📑 **情节概要** -

1.史湘云担心犯了杏癍癣,向宝钗求取蔷薇硝,宝钗因都给了黛玉,故命莺儿去林黛玉那里取,蕊官趁机去看藕官。

2.莺儿在柳叶渚边摘了些柳叶,编了个花篮送给黛玉。黛玉想热闹些,就和薛姨妈一起去宝钗房里吃饭。

3.莺儿又在柳堤山石上编起了花篮,春燕来了说她妈和姨妈越老越爱钱,而这里现是她姑妈管着,叫莺儿不要折柳条。

4.春燕的姑妈看到莺儿折柳条不高兴,就指桑骂槐,春燕的母亲过来,正气芳官的事情,又恨春燕不遂她的心,便要打春燕。

5.春燕跑到宝玉的房里,麝月命小丫头去叫平儿来管春燕娘,平儿命撵出去并打四十板,婆子苦求方免。

👆 **值得一问** -

首先,春燕是真的帮着别人却来数落自己的姨妈、姑妈和母亲吗?

是真的。这是春燕通情理的地方。春燕看见莺儿在那里编篮子,她就过

[注]《红楼梦》众多版本中存在"绛芸轩"和"绛云轩"两种说法,甚至同一版本中也将两者混用,为方便理解,本书统一采用"绛芸轩"的说法。

去和莺儿说了一番话,春燕很赞同宝玉对女儿的评价:"女孩儿未出嫁,是颗无价之宝珠;出了嫁,不知怎么就变出许多的不好的毛病来,虽是颗珠子,却没有光彩宝色,是颗死珠了;再老了,更变的不是珠子,竟是鱼眼睛了。"我们仔细思考会发现,宝玉对女孩儿的评价很生动,但也有其局限性。第一,女孩儿没有出嫁的时候又年轻又天真,完全没有受到世俗的熏染,所以是无价的宝珠;第二,等女孩儿出嫁了,沾染了男人世俗的习气,又因为生活琐事的干扰,所以就没有了光彩,是颗死珠;第三,等再老了,容颜老去又愈加世俗,眼里心里都是利益,所以说就变成了鱼眼睛。春燕就是用这样一番话来评价自己的姨妈和母亲的,认为她们越老越把钱看得真。而春燕的话其实非常通情理,第一,她能够帮理不帮亲。她看到了自己姨妈和母亲的不足之处,觉得自己姨妈得了藕官的许多好处,而藕官想要花一点,就怨天怨地,觉得姨妈没有良心。而自己的母亲竟然先是不愿让芳官洗头,后又要芳官用亲女儿洗过的水洗头,最后跟芳官吵起了架,可见小气。姨妈、母亲,这些都是春燕至亲的人,但春燕能看到事实并且客观地评价,所以说春燕是非常通情理的。第二,莺儿采了柳条儿编篮子,而这里的柳条是春燕的姑妈管着的,她又怕管理不周就逼着春燕来看管。春燕直接指责莺儿不让她采柳条的话,会得罪莺儿,不说的话又会挨姑妈的责骂,所以就借助说自己姑妈的小气来暗示莺儿不要采柳条了。

其次,莺儿凭什么说这里的东西别人乱掐不可以,独她可以?

当春燕看到莺儿在编篮子的时候,春燕其实非常紧张,因为这是她姑妈的产业,又交代了自己看着。如果姑妈知道莺儿掐了柳条,一定会怪罪自己,但她又不敢直接得罪莺儿,所以就以姑妈小气说事,跟莺儿说小心她姑妈看见了抱怨。莺儿底气十足,就说了别人不可以掐,独她使得的话。原因是:第一,园子自从分了地基之后,花草是按份例分配给各房的,而薛宝钗从来没有要过花草,所以莺儿认为作为宝钗的丫鬟,采点柳条是没有问题的。第二,园子里分人管理的建议虽然是探春提出来的,但是薛宝钗是政策的重要制定者,这个园子中凡是有产业的人,都应该感恩宝钗。所以,莺儿觉得采点柳条,别人不敢说什么。第三,薛宝钗的身份特殊。从亲戚关系来说,她是王夫人的外甥女,和贾府核心的掌权者非常亲;另外,她又是和母亲薛姨妈一起进京待选而暂居于贾府的,所以又是贾府的贵客。作为薛宝钗的贴身丫鬟,莺儿觉得自己掐点儿柳条,没人敢说什么。可结果呢?春燕的姑妈果然不乐意了,就故意指桑骂槐,借着春燕来责备莺儿。莺儿多么聪明的人,当然知道春燕姑妈的意思,可她也不好明着跟人家吵,所以她也借着春燕说事,就说是春燕让她掐柳条,求她编篮子的。原本想开个玩笑,结果惹来了春燕的母亲对春燕的一顿打骂,还惊动了平儿。

最后,平儿是真的有事来不了吗?

平儿当然是故意不来的。我们不要忽略是麝月派人叫平儿过来处理春燕娘之事的,她可是宝玉房里的大丫头,代表着是宝玉要请平儿来处理事情。而书中说是平儿不得闲,所以叫了林大娘来处理。林大娘就是林之孝的老婆,林之孝是荣国府的管家,所以他的老婆是管理荣国府里这些做事的婆娘的。这个时候王熙凤还在祭奠老太妃没能回来,所以管家的第一责任人就是平儿了。按理说,宝玉有事烦她过来,平儿是任凭多大的事情都会先放下亲自过来处理的。但是,这次平儿却没有亲自过来,而是让林大娘处理,原因如下:第一,为了留有后路。大家想啊,和春燕闹起来的人是春燕娘,春燕又是宝玉房里的丫头,所以一旦真的处置起来,不好看的人还是宝玉。所以,平儿没有亲自去,而是让林大娘处理,这样处理的空间就有了很大的弹性,如果是她亲自去下了命令,执行起来的话,为难的是春燕和宝玉;不执行的话,自己的权威扫地,不利于接下来事情的处理。第二,是为了震慑春燕娘,树立威信。平儿自己不出现,就没有给春燕娘以任何辩解吵闹和求情的机会,直接下了命令,让林大娘打她四十个板子然后撵走。这样做雷厉风行,非常有震慑力,所以吓得春燕娘直求情。第三,也是表明自己事情繁杂,这是小事。事情处理好后,平儿才来问事情的原委。平儿当然知道事情的原委,她又问一遍,是为了表示对怡红院的重视。平儿也说明了自己不能来的原因:自己事情非常多,这是最小的一件事情了。这是《红楼梦》的一个艺术特点:以写处显示不写之处,写了极小的事情是为了说明事情太多、太杂,来不及写的,就留给读者想象了。

✔ 考 点

1. 在春燕把事情都说了之后,宝玉责备婆子,说她在怡红院闹也就罢了,怎么还得罪了亲戚,这里的亲戚指的是?

_____

_____

2. 这回写了平儿评价春燕母亲的事情,说这算是极小的事情,还有大的可气可笑之事,后文却没有提。平儿的评价和后文并没有提可笑可气之事,其作用是什么呢?

_____

_____

🍂 学习笔记

第六十回

茉莉粉替去蔷薇硝　玫瑰露引来茯苓霜

📋 **情节概要**

1.宝玉让春燕跟着她母亲去跟莺儿道歉,莺儿并不计较,蕊官出来让春燕她们带了蔷薇硝给芳官擦脸。

2.春燕跟宝玉讲了蔷薇硝的事,贾环看到,让宝玉分他一半,芳官不乐意给贾环蕊官送的蔷薇硝,就回房寻自己常使的,结果没了,所以拿了茉莉粉给贾环。

3.赵姨娘发现是茉莉粉,挑唆贾环去闹,贾环不敢,赵姨娘就自己去怡红院,结果和芳官等人闹了起来,探春去了才作罢。

4.探春想找出挑唆赵姨娘的人,艾官告诉探春是夏妈妈挑唆的。翠墨又把艾官说的告诉了夏妈妈的外孙女婵姐儿。

5.芳官来找柳家的传饭,柳家的求芳官把自己的女儿柳五儿弄到怡红院当差,芳官讨来了玫瑰露送给柳五儿。

6.柳家的把玫瑰露分了半盏给自己的侄儿,她的嫂嫂则送了柳家的一包茯苓霜,说给柳五儿吃。

👆 **值得一问**

首先,茉莉粉不是挺好的吗,赵姨娘为什么会生那么大的气?

事情是这样的，春燕和她母亲因为柳条的事情去跟莺儿道歉，分给薛宝钗的蕊官就托春燕给怡红院的芳官带了一包蔷薇硝，结果贾环看见了，他就想要。你看贾环哪里有一点主子的样子，眼界极小，什么东西都想贪一点，连奴才的东西都想要。曹雪芹在这里的笔法非常有趣，他描写贾环，先是"伸着头瞧了一瞧"，然后是从"靴桶内掏出一张纸来托着"，让宝玉分一半儿给他，极为猥琐的样子，香香的蔷薇硝和那张靴筒里臭臭的纸形成了鲜明的对比。芳官因为是蕊官相赠的，不想拿这个给他，就回房拿自己的，结果发现被人用完了。但是必须打发贾环，麝月因为急着吃饭，就让芳官随便拿点什么敷衍一下，因为愚蠢如贾环，根本看不出来。芳官依言行事，结果被赵姨娘发现了，于是她大发雷霆。第一，对方毕竟是个戏子，被一个戏子骗了，她感觉受尽侮辱。她说芳官比自己家的三等奴才还不如，所以，芳官这等戏子在当时的地位是最卑贱的。而赵姨娘绝对是一个看人下菜的人，如果是晴雯、麝月骗了贾环，她多半会忍气吞声，但是芳官一来身份卑贱，二来是怡红院的新人，所以赵姨娘觉得此人自己还能降得住，所以大发雷霆。第二，赵姨娘对自己的身份过于敏感，觉得芳官看不起自己和贾环。我们知道贾府的姨娘虽然嘴上说是半个主子，但实际上还是奴才，有时候甚至还不如体面的奴才。所以，本质上，赵姨娘非常自卑，她觉得芳官敢骗贾环，那就是看不起自己和贾环。而从芳官骂赵姨娘的话"梅香拜把子——都是奴几"可以看出来，芳官确实把赵姨娘看作奴才。第三，赵姨娘想借此争一口气，树立权威。赵姨娘在《红楼梦》里总是气急败坏的，就是因为她把自己当主子看，而人家把她当奴才看。她一生都想争口气，让别人敬重她，把她当主子。可是她的做法却总是越加让别人看不起，因为她太不尊重自己了，她居然冲到怡红院和芳官等人扭打在一起，简直可笑！所以，赵姨娘越想树立权威，就越是颜面扫地。探春也教育她，小丫头们就像是猫儿狗儿，你觉得不可恕，就让管家媳妇去责罚，哪有亲自去打闹的！

其次，跟贾环要好的到底是彩霞还是彩云？

我觉得既有彩霞，又有彩云。在荣国府，女孩儿们都愿意和宝玉亲近，不愿意和贾环亲近。这很好理解，贾环从颜值到性格，再到人品，都很差！大家还记得吗？在第二十回的时候，贾环和莺儿赌钱，输了钱还要赖，莺儿就觉得他连奴才的眼界都不如！然后是第二十五回，贾环给王夫人抄经，宝玉和彩霞开玩笑，贾环心里嫉妒就打翻了烛台伤了宝玉，如此阴毒！然后是第三十三回，贾环在贾政面前诬告宝玉奸淫母婢，如此恶毒！最后是在本回中，贾环连奴才的一点蔷薇硝都贪，格局多么狭小！先是彩霞，独她愿意亲近贾环，但是我们知道，彩霞是一个非常正经的女孩子，所以她和贾环的相处，那也是非常讲究礼节的。可是贾环怀疑彩霞和宝玉好，所以就生了嫌隙。后来贾环就跟彩云要好，所以金钏儿才让宝玉去东小院子拿环哥和彩云，由此也可见，彩云是个相对轻薄的人。而后来彩云禁不住赵姨娘的请求，从王夫人那里偷了玫瑰露，宝玉为了保全彩云和探春就自己承担了罪名，结果贾环反而怀疑彩云和宝玉有情，也深深地伤害了彩云。

最后，芳官拿着糕点喂鸟吃，反映了什么呢？

芳官来厨房找柳家的吩咐晚饭，结果看见一个老婆子手里托了一碟糕点，就想吃一块。这是翠墨让蝉姐儿买的糕点，所以蝉姐儿就不肯给芳官，芳官就拿着柳家的给的糕点喂鸟吃。第一，是为了气蝉姐，说自己根本不稀罕这些糕点。这就是芳官心气高的地方，你不给我吃，我还根本就不稀罕。第二，是为了摆架子，为了证明自己的高贵。芳官也是介意自己的身份的，她是戏子出身，因为宝玉的另眼相待，她才能在怡红院当差。第三，芳官非常轻狂。这么好的糕点喂鸟吃，只是为了表明我比你高贵，有人巴结我（指的是柳家的巴结芳官，想要将柳五儿弄到宝玉房里当差这件事）。芳官的狂还可以从她对赵姨娘的态度中看出来，面对赵姨娘的责骂，芳官丝毫不落下风，甚至敢和赵姨娘厮打在一起，她看不起赵姨娘，甚至连贾探春都不放在眼里了，才敢这么做。

✅ 考 点

1. 柳家的为什么对芳官特别好？

_____

_____

2. 芳官面对赵姨娘关于茉莉粉替去蔷薇硝的责备，为什么丝毫不畏惧，还敢与之厮打？

_____

_____

🍂 **学习笔记**

第六十一回

投鼠忌器宝玉瞒赃　判冤决狱平儿行权

📑 情节概要

1. 莲花儿来找柳家的,让她给司棋炖嫩鸡蛋,柳家的推托没有,结果司棋大闹厨房,柳家的只好蒸了蛋。

2. 柳五儿给芳官送茯苓霜,结果被林之孝家的发现问题,莲花儿看见厨房里的玫瑰露瓶子,牵扯出了彩云给贾环偷玫瑰露事件。

3. 宝玉通过芳官知道,玫瑰露是芳官送给柳五儿的,茯苓霜则是柳五儿的舅舅送给柳五儿的。

4. 宝玉知道丢的玫瑰露是彩云偷给了贾环,为了保护大家,宝玉说玫瑰露是自己拿的,茯苓霜也是自己送的。

5. 平儿将事情原委回了凤姐,凤姐想严格处理,平儿觉得没必要与人结怨,自己也不必过于操劳。

👆 值得一问

首先,司棋作为一个丫鬟,怎么敢打砸大观园里的厨房?

原本大观园里的人都是到园外吃饭的,后来因为天冷贾母心疼这些人,就下令在大观园里设置了厨房,由柳家的负责。这一天,柳家的正在准备饭食,结果迎春房里的小丫头莲花儿走来说司棋想吃碗炖鸡蛋,柳家的不乐意了，就推托没有鸡蛋，却被莲花儿发现还有十来个鸡蛋。结果莲花儿回去添油加醋了一番，司棋就领着小丫头们来大闹厨房，看到这里，我们不禁纳闷——谁给司棋的胆子？第一，这是贾母下令设置的厨房，贾母可是贾府最高的统治者，司棋大闹厨房，明摆着就是给贾母难堪。第二，厨房里的伙食被破坏了，一方面大观园里的主子们没有饭吃，另一方面这要是责怪下来，别说是司棋，就是迎春也承受不了罪责。第三，柳家的本来就是按照各房的份例安排伙食的，主子们要另外加餐，柳家的也许不敢说什么，但是奴才们也动不动要加个餐的话，这得增添多少人力、物力、财力？所以，柳家的拒绝了也是合情合理的。而司棋敢大闹厨房，除了性格强悍之外，还有司棋料定柳家的绝对不敢将事情上报：第一，柳家的行为双标，被司棋等人看在了眼里。莲花儿也说了，前些天晴雯想吃芦蒿，柳家的就问是用肉炒还是鸡炒。而司棋想吃碗炖蛋，柳家的却推托说没有，这明摆着是为了自己的女儿柳五儿能进入怡红院而巴结晴雯，这样看人下菜，别人自然不服气。第二，之前司棋想吃豆腐，柳家的就弄了馊的豆腐给司棋，有意无意不知道，但是看轻司棋是明摆着的事情。试想，如果是晴雯想吃豆腐，柳家的一定不会弄出馊的来。所以，司棋是新仇旧怨一起算，柳家的也算是有把柄在司棋手上。第三，在大观园里设置厨房，原本就是为了照顾园子里的人方便。虽然主要是为了照顾主子们的饮食，但是，我们知道，贾府里的大丫鬟们个个金贵得不得了，饮食挑剔，且就算是吃主子们的份例，那也是吃得理直气壮，所以，大丫鬟绝对是在厨房照顾之列的。第四，柳家的把事情闹出去了，王熙凤打狗也要看主人，司棋毕竟是迎春的大丫鬟，相对而言，柳家的就显得没有靠山了。所以，综合上述几点，柳家的绝对只能打落了牙齿往肚子里咽，司棋也才敢领了丫头们大闹厨房。

其次，宝玉为什么要顶包玫瑰露和茯苓霜？

大家应该还记得玫瑰露，当时宝玉因为忠顺王府的事挨了打，王夫人心疼宝玉，就给他拿了活血化瘀的两瓶贡品"玫瑰露"，宝玉喝了一些，剩下的也就放着了。因为芳官和柳五儿关系很好，柳五儿又多病，芳官就拿了些玫瑰露给柳五儿喝，结果柳五儿很喜欢，芳官就连瓶子从宝玉那里要了来，送给了柳五儿。柳家的就拿着玫瑰露送了些给自己的侄儿喝，她嫂子投桃报李，就拿了茯苓霜送给柳五儿吃。而另一边贾环知道玫瑰露是好东西,赵姨娘就央求彩云从王夫人那里偷了来,玉钏儿整理房间时发现少了东西,林之孝家的正因为这件事情而烦恼,结果撞见了要给芳官送茯苓霜的柳五儿。莲花儿当时因为给司棋要炖鸡蛋,所以就看见了厨房里的玫瑰露瓶子。这下牵扯出了玫瑰露和茯苓霜两桩事情,林之孝家的要办理了柳五儿,而最冤的人正是柳五儿!宝玉知道了事情的来龙去脉,就决定自己顶包担下罪责,众人也同意他这么做,原因如下:第一,柳五儿确实冤枉。玫瑰露是芳官给她的,而茯苓霜则是自己的舅舅送的。像贾府这样的官宦人家,按理说,是不允许下人们私带物品进出的,就是为了防止发生偷盗的事情。而茯苓霜又确实是柳五儿的舅舅赠予的,如果牵扯出来,又是一件罪责,同时也辜负了亲戚的情谊,所以宝玉不忍心这样做。第二,宝玉等人害怕牵累了探春。玫瑰露其实是赵姨娘求彩云偷的,如果深究,赵姨娘和贾环自然脱不了干系,但是这又会使探春伤心难过,所以,宝玉为了不伤及探春,就自己顶包认罪。第三,宝玉敬佩彩云的为人。当平儿说贼已经有了,但是却在冤枉好人,所以宝玉准备顶包的时候,彩云敢于担当,一概承认了下来,众人都佩服彩云的胆识。所以,宝玉也是为了保护彩云。第四,平儿、宝玉等人也不想将事情闹大。事情闹大了,总归是理家的人治家无方,况且也不是什么大事情,能恩威并施地处理了,才是安和治家的道理。

最后,平儿的处理方式和凤姐的处理方式谁的高明?

我们先来看看二人处理方式的区别:平儿是同意宝玉顶包的,但是同时也叫来了彩云和玉钏儿对质,恩威并施,既让柳五儿、玉钏儿等人感激她的恩德,同时也警醒了她们以后做事要讲原则;而凤姐却不这样看,她明明知道柳五儿无辜,也决议要赶走了不用,想要责罚王夫人屋里的丫鬟,逼她们供出罪来,好警示其他人不敢犯法。我觉得相对而言,平儿的方式要更高明:平儿是"儒法并用",因为她不单单是施恩,她也立威,告诉罪犯她心里什么都清楚,以后要注意,这种方式更让人口服且心服;而凤姐则迷信"法家",只采用严刑峻法,这样的结果是别人口服而心不服,一旦失去了威严,人心也就都散了。所以平儿才劝凤姐,她终究是贾赦那边的媳妇,不要过多得罪贾政这边的人,吃力不讨好。凤姐终究悟不到这一点。

✔ 考　点

1. 平儿知道是彩云偷了玫瑰露给贾环，说怕伤着一个好人的体面，这个"好人"指的是谁？

_____

_____

2. 平儿为什么劝凤姐要学会睁一只眼闭一只眼，不要过于操心？

_____

_____

🖋 学习笔记

第六十二回

憨湘云醉眠芍药裀　呆香菱情解石榴裙

📋 **情节概要**

1.平儿吩咐林之孝家的要小事化了,所以依然让柳家的管理厨房,遣走了秦显家的,秦显家的白白搭上了送礼的东西,司棋也非常失落。

2.贾环知道是宝玉担了罪责,就怀疑彩云和宝玉好了,非常生气,把彩云偷来赠予之物都扔给彩云,彩云将东西都倒在河里,伤心痛哭。

3.宝玉、宝琴、邢岫烟和平儿四人在这一天生日,大家凑份子摆酒宴,行令划拳,好不热闹!湘云醉酒,卧在芍药花里睡着了。

4.香菱和小螺、荳官、蕊官等人斗草玩,结果弄脏了裙子。宝玉提议换上袭人的裙子,香菱让宝玉不要告诉薛蟠。

👆 **值得一问**

首先,宝玉都帮贾环顶了罪责,贾环为何还气急败坏?

因为赵姨娘央求彩云偷了玫瑰露,正好被玉钏儿发现,本害怕事情败露。而此时,彩云告诉赵姨娘,宝玉应下了所有的事。按理说,此时的贾环应该感到庆幸才是,然而他却气急败坏,直骂彩云和宝玉好,原因何在?第一,因为吃醋。他认定了彩云和宝玉好,宝玉才会帮忙顶了罪。而放眼整个贾府,喜欢贾环的丫鬟只有彩霞和彩云而已,所以贾环非常珍视这份情感。也正因为这样,贾环才气急败坏。这样的心胸,怪不得大家都不喜欢他。宝玉之所以愿意顶罪,实际上是敬佩彩云的为人而已,并且这也只是其中一个因素,宝玉更多还是顾及探春的面子。而贾环却认定了是因为彩云和宝玉关系好,这不是太伤一心对贾环好的彩云了吗?同时也辜负了宝玉的一片好意。所以,贾环这个人真的是不讨人喜欢。第二,因为自卑。贾环是一个极度自卑的人,因为自己的身份,再加上赵姨娘的影响,贾环无时无刻不觉得自己身份低下,处处比不上宝玉,这也是他怀疑彩云喜欢宝玉的原因。越是自卑的人,越是自尊,也越是敏感。宝玉顶包这个举动,哪怕贾环知道他是好心,也深深刺激了贾环,因为贾环觉得自己在宝玉的保护下才能渡过危机,这让贾环的自尊心极度受挫。第三,因为嫉妒。同样是贾政的儿子,宝玉可以拥有玫瑰露这些好东西,只因为庶出,自己就没有;宝玉应下罪责也可以安然无恙,自己却总是活得战战兢兢。正是因为嫉妒宝玉,他才气急败坏。所以,从根本上来看,贾环的气急败坏并非只是认定了彩云和宝玉好,我觉得他只是找个发泄口,来表达自己的不爽,而彩云更多的只是一个发泄的对象。

其次,史湘云醉眠芍药裀美在哪里?

史湘云醉眠芍药裀在文学史上,甚至是美术史上都非常有名,有很多的国画都表现过这个场景。而在本回里,这其实只是很小的一个段落。我们不禁想,这幅图景到底美在何处呢?第一,美在史湘云的个性。史湘云喜欢女扮男装,性格率真放达。换成一个当时的其他女性,肯定不会醉了酒就躺在青板石凳上睡着了。当被人叫醒的时候,她还唧唧嘟嘟地行酒令呢,多么天真可爱!所以,只有像史湘云这样旷达的个性,才能与户外纷飞的芍药花形成共同的烂漫色彩,相映生辉。第二,美在色彩的搭配。青色的石凳,红色的花,史湘云的着装,还有蜂蝶的色彩,等等。这里既有明确交代的色彩,又有供人联想的色彩,相融相合,给人以非常明快、艳丽的色彩感受。第三,美在动静结合。醉酒的湘云是静的,半醒时的酒令是动的;落花是静的,飞花又是动的;青板石凳是静的,飞动的蜂蝶又是动的。这样的动静结合,给人以静谧感和生机感,非常鲜活生动。总之三者结合,就是非常有画面感的文字,所以大家读了都觉得很美。

最后,香菱为什么让宝玉不要告诉薛蟠她弄脏裙子的事情?

香菱和众丫头玩斗草的游戏,各人都说出了自己所斗之草的名字,结果香菱说她有"夫妻蕙",被荳官取笑说她想男人了。香菱羞愤地笑骂着和荳官扭在了一起,弄脏了裙子。她这条裙子是宝琴送的,香菱和宝钗各一件。香菱怕被薛姨妈责备,不知所措间,遇到了宝玉。宝玉拿了一条袭人的一模一样的裙子才帮她解了围,香菱非常感激,最后嘱咐宝玉不要跟薛蟠说。原因有三:第一,薛蟠是个大嘴巴。弄脏裙子的事情,香菱本来就是怕薛姨妈责备她糟蹋东西。如果这件事被薛蟠知道了,薛蟠一定管不住嘴,会跟自己的母亲说这件事。第二,薛蟠是个醋坛子。薛蟠被称为"呆霸王"是有原因的,这个人天然一股呆劲儿。当年为了娶香菱,打死了冯渊。宝玉虽然是自己的表弟,但是毕竟男女授受不亲,况且叔嫂的关系更需要避嫌。而香菱却只是让宝玉转过头去,就换了裙子。这要是给薛蟠知道了,不知道要打翻多少醋坛子。第三,薛蟠非常好面子。他们家是皇商,什么都不缺,所以养成了薛蟠好场面、爱面子的习惯。若是香菱因一条裙子而在宝玉面前表现出为难,薛蟠必然觉得自尊心受挫。凭借薛家之富,自己的妾居然因为一条裙子而窘迫,还受赠于贾府,薛蟠肯定会觉得没有面子。

☑ 考 点

1. 香菱弄脏了裙子,宝玉帮忙解了围,最后是拿了谁的裙子给香菱换上了?

_____

_____

2. 晴雯见宝玉对芳官好,就吃醋说,以后她们都走了,就留芳官一个人照顾宝玉就好。袭人听完后说,就是晴雯不能离开,原因是什么?说说袭人这番话的含义。

_____

_____

🖊 学习笔记

第六十三回

寿怡红群芳开夜宴　死金丹独艳理亲丧

情节概要

1. 怡红院众人为宝玉筹钱过生日,等林之孝家的查房过后,小燕提议请来宝钗和黛玉,袭人晴雯又叫了探春、李纨、宝琴和香菱。

2. 众人掷骰子抽花签玩,宝钗抽的是牡丹,写着"艳冠群芳",诗曰"任是无情也动人";探春是杏花,写着"瑶池仙品",诗曰"日边红杏倚云栽";李纨是梅花,写着"霜晓寒姿",诗曰"竹篱茅舍自甘心";湘云是海棠,写着"香梦沉酣",诗曰"只恐夜深花睡去";麝月是荼蘼花,写着"韶华胜极",诗曰"开到荼蘼花事了";香菱是并蒂花,写着"联春绕瑞",诗曰"连理枝头花正开";黛玉是芙蓉,写着"风露清愁",诗曰"莫怨东风当自嗟";袭人是桃花,写着"武陵别景",诗曰"桃红又是一年春"。

3. 平儿来给宝玉还席,宝玉看见砚台下压着妙玉写的"槛外人妙玉恭肃遥叩芳辰",宝玉不知道该回什么,想寻黛玉,却遇见了邢岫烟,经她点拨回了"槛内人宝玉熏沐谨拜"。

4. 宝玉见芳官打扮有男子气概,就将芳官唤作"耶律雄奴",湘云便将葵官唤作"大英",宝琴将荳官唤作"荳童"。

5. 贾敬服丹而死,尤氏怕家中无人接应就请来自己的继母,继母又带来了尤二姐和尤三姐,贾珍、贾蓉父子非常高兴。

首先,本回这些花签的寓意是什么呢?

《红楼梦》里有很多诗词都深有寓意,但长期以来都是公说公有理,婆说婆有理,很多人把它们当成谜语读。在我看来,谜语也挺有趣,值得一猜!宝钗的"艳冠群芳""任是无情也动人"在我看来写的是一个外在的宝钗和一个内在的宝钗形象,外在的宝钗极尽艳美动人,内在的宝钗则是理性无情的。黛玉的暗示也很明显,那就是极尽清苦,自我悲叹。史湘云的是"香梦沉酣",似乎是香甜美好,但是终究是梦境,梦醒之后还是残酷的现实。贾探春则再次暗示了她的远嫁,其他人也说贾府是要再有一个王妃,其实就是暗示了贾探春之后的结局,虽然是远嫁,但好歹是王妃,所以云边的红杏还是灿烂的(王妃之说是根据前八十回文意的揣测,而续写者并没有遵照着写)。李纨的梅花,则是暗指李纨的品格,如同梅花那般高洁,甘愿过清静的生活,一心培养自己的孩子。而袭人的武陵别景则值得细谈,武陵别景来自陶渊明的《桃花源记》,这里的含义就丰富了。第一,桃花源的生活非常美好,暗指了袭人最终安和的生活;第二,桃花源是秦人避难的地方,所以也是暗指袭人避开贾府之难而投身蒋玉菡的事情。至于"桃红又是一年春",全诗是谢枋得的《庆全庵桃花》:"寻得桃源好避秦,桃红又是一年春。花飞莫遣随流水,怕有渔郎来问津。"谢枋得是南宋抗元的义士,最后绝食而死。曹雪芹用他的诗来写袭人的改嫁,说她"又是一年春",那么之前的春天当然指的是贾宝玉。很多人认为,这是曹雪芹借助谢枋得来对比袭人,讽刺袭人的改嫁。我觉得这就格局小了,曹雪芹恰恰是借助谢枋得来说明袭人内心对宝玉真挚的爱。曹雪芹是慈悲的,他对袭人的改嫁充满了理解和同情,所以他才用了谢枋得的诗。而麝月的花签则更令人疑惑,宝玉看到词的时候是愁着眉,忙将签藏了,说:"咱们且喝酒。"因为这触及了宝玉的伤心处。宝玉是一个最喜欢热闹的人,而麝月的签却是"开到荼蘼花事了",都说荼蘼花是春天尽头的花,荼蘼开后,百花零落。所以这个签其实暗藏了"大观园"的散场,也是青春的散场,生命的散场。所以贾宝玉才悲从中来。

其次,邢岫烟听了宝玉的话,为什么只顾用眼细细打量了宝玉半日?

这要看宝玉讲了什么。缘由是宝玉生日，妙玉给宝玉送了一个帖子，写着"槛外人妙玉恭肃遥叩芳辰"。结果宝玉不知道回复什么，就遇见了邢岫烟，而邢岫烟以前和妙玉是邻居，妙玉还算是邢岫烟的老师。所以宝玉就向邢岫烟请教，邢岫烟看了之后就说妙玉"僧不僧，俗不俗，女不女，男不男，成个什么道理"。宝玉就说："姐姐不知道，他原不在这些人中，算他原是世人意外之人。因取我是个些微有知识的，方给我这帖子。"很多人认为邢岫烟这是说妙玉的坏话，不厚道。而我想说，邢岫烟绝不是这样的人。邢岫烟看似在贬妙玉，实际上是在维护妙玉。因为妙玉给宝玉帖子是不合礼仪的。妙玉是出家人，本不该做尘俗上的事，但她却给宝玉生日拜帖，所以邢岫烟说她"僧不僧，俗不俗"，在拜帖上落款别号，还是对一个男子，所以说她"女不女，男不男"。妙玉对宝玉是有情愫的，这在《红楼梦》中早有暗示。而我认为邢岫烟也看到了妙玉的出格，她想以此来说明妙玉个性的怪诞，而隐藏妙玉作为出家人生出的出格的情愫。这是邢岫烟的苦心。而宝玉一向将妙玉看作尘世外的高人，所以宝玉对妙玉更是理解和维护，这全然出乎邢岫烟的意料，邢岫烟愣着是赞叹宝玉的为人。

最后，贾蓉听见两个姨娘来了，便和贾珍一笑；贾珍下了马，和贾蓉放声大哭。这一笑一哭有什么意味呢？

第一，贾蓉和贾珍相视而笑，说明什么？父子之间对彼此的作风很了解，非常默契，难怪柳湘莲跟宝玉说"东府里除了那两个石头狮子干净，只怕连猫儿狗儿都不干净"！第二，这一哭，虚伪之极！贾敬是贾珍的父亲，是贾蓉的爷爷，可是他们对待贾敬的死一点儿不难过。因为，他们先是"笑"，一路上不见哭，直到了门口才开始哭，哭到天亮嗓子哑了才作罢，磕头把额头都磕出血，绝对的实力派演员，那是哭给别人看的。第三，一笑一哭的对比，先笑后哭，把贾珍、贾蓉父子的丑恶嘴脸揭示得淋漓尽致。

☑ 考 点

1. 林黛玉抽到的花签是什么花？

_____

_____

2. 薛宝钗抽到了牡丹花,并写着"艳冠群芳",注着"任是无情也动人",请
   结合相关内容分别说说其含义。

_____

_____

🖋 **学习笔记**

第六十四回

幽淑女悲题五美吟　浪荡子情遗九龙珮

📋 **情节概要**

1. 贾敬去世，排场非常隆重，众人送殡，贾珍、贾蓉苦于守丧，并乘空找尤氏姐妹厮混。

2. 芳官和晴雯玩抓子儿，输了不肯挨打，逃向宝玉求保护。宝玉又去看袭人，发现她正在做扇套。

3. 宝玉去看黛玉，恰巧宝钗也去看黛玉，他们发现黛玉依据古代五位美女的事迹写了五首诗，宝玉题为《五美吟》。

4. 贾琏素闻尤氏姐妹美貌，贾蓉唆使他在外面置办房子，并说通了贾珍。贾琏瞒着王熙凤偷娶了尤二姐当二房。

👆 **值得一问**

首先，林黛玉的《五美吟》到底分别说了什么呢？

我们一首一首简单看即可。第一首是《西施》，第一句"一代倾城逐浪花"，意思是倾城的美人随着浪花消失了；第二句"吴宫空自忆儿家"是说西施死了，吴宫里的人徒自想念西施；三四句"效颦莫笑东村女，头白溪边尚浣纱"是用了东施效颦的典故，但是反着用，叫大家不要嘲笑东施，人家起码尽享天年,身体强健。这首诗,其实影射了黛玉自身,美貌是会顷刻间流逝的,而多病的身体更是让她感叹自己的命运,我们从结局看,黛玉也是在最美的年纪香消玉殒。第二首《虞姬》:"肠断乌骓夜啸风"是说乌骓马的悲声让人肠断;"虞兮幽恨对重瞳"是说虞姬和项羽四目相对,充满幽怨,项羽是重瞳子,所以用"重瞳"代项羽;三四两句"黥彭甘受他年醢,饮剑何如楚帐中"是说黥布和彭越归附刘邦,最后被剁成肉酱,还不如当年像虞姬那样自杀。这首看似是对虞姬忠贞的赞美,其实是写出了自己对宝玉情感的坚定,誓死都不分开。第三首《明妃》是说王昭君的。一二句"绝艳惊人出汉宫,红颜命薄古今同"是说昭君出塞,红颜薄命;三四句"君王纵使轻颜色,予夺权何畀画工",意思是说汉元帝即使心中轻视美人(因为他拥有的美女太多了),也不应该把取舍的大权交给画师。这句蕴含了黛玉多少的悲哀!她其实是说自己的命运从来不掌握在自己手里,最终结果如何,只能听天由命。第四首《绿珠》是写石崇的侍妾绿珠。"瓦砾明珠一例抛,何曾石尉重妖娆"两句说石崇从来没重视过绿珠,把她当瓦砾一样扔掉。"都缘顽福前生造,更有同归慰寂寥"是说石崇因前世的福业,让绿珠生死相随。这首我觉得是说宝玉是重视自己的,自己也必然会生死相随。第五首是《红拂》,"长揖雄谈态自殊"是说李靖神采飞扬,"美人具眼识穷途"是说红拂慧眼识英雄,"尸居馀气杨公幕,岂得羁縻女丈夫"是说老朽的杨素怎么能拘束住红拂这样的女中豪杰!羡慕之情溢于言表,黛玉想冲破束缚,但是她做不到。五首诗,从绝望到希望,从悲情到豪情,总之是黛玉的心之所向。

其次,贾琏听了贾蓉的话,就只呆笑,贾琏"呆"吗?

先看贾琏因何呆笑。贾琏看上了尤二姐,贾蓉揣摩到了意思,就嗾使他另设房屋暗中纳了尤二姐,听得贾琏只是"呆笑"。这个"呆"可别误以为是"呆子"的呆,这个"呆"字把贾琏的好色可以说写尽了。因为,贾蓉的安排对他来说简直正中下怀。在同一回中,作者就暗示了贾琏好色得很奸猾,一点儿也不呆。就在贾蓉和贾琏同回府办事的时候,贾琏不忘吩咐贾蓉不要跟老太太提起他们是一同来的。为什么不让提?是怕老太太吗?不是,是怕凤姐。一同来的,贾蓉去问老太太好了,贾琏在哪里呢?勾搭尤二姐去了。老太太万一和凤姐说了,依照凤姐缜密的心思和对自己丈夫的了解,这纸就包不住火了。所以这呆笑和机敏是一组对比,第一,写出了贾琏的好色和内心的缜密,为了满足自己的欲望,贾琏对付凤姐也是悟出了一套心得体会,那就是做事要密不透风;第二,贾琏非常畏惧凤姐,不单单是贾琏怕,贾蓉也怕,觉得这件事最难搞定的人就是凤姐;第三,是作者的讽刺,这些浪荡子将小聪明都放在了邪道上,贾府的没落是注定了的。

最后,尤三姐为什么骂贾蓉?

贾蓉跟尤老娘说自己父亲要给尤二姐说亲的人的面貌身量和贾琏相似,问尤老娘愿意不愿意。这个问话背后众人的反应非常有趣,值得我们说说。首先是尤老娘,书里压根儿没写她的反应。但是我们可以推测,尤老娘是老江湖了,一听就懂,但是她揣着明白装糊涂,不表态。因为她若说不肯,那是不给贾琏及贾珍父子面子,堵死了将来的路;若说可以,毕竟是女儿的婚姻大事,情况也不甚了解,当然要谨慎。尤二姐是"不好意思说什么",尤二姐是默许了,从收了贾琏的汉玉九龙珮起,她就已经表明了态度,反应最大的是尤三姐,她骂贾蓉:"坏透了的小猴儿崽子!没了你娘的说了!多早晚我才撕他那嘴呢!"注意她骂时的形容词是"似笑非笑,似恼非恼":第一,就是不想笑,就是恼了!你贾蓉把我姐当什么人了?贾琏这样的人根本不配!但是尤三姐不能直说,所以只能以笑骂的方式来表明自己的态度。第二,尤三姐看透了贾蓉的算盘,骂他"坏透了的小猴儿崽子"是尤三姐知道贾蓉想要以嫁出尤二姐为契机,好继续勾搭尤二姐,这让尤三姐非常愤怒。第三,"没了你娘的说了"是尤三姐想要以这样的方式打消母亲和姐姐的念头,可惜这两人目光太短浅。

考 点

1. 林黛玉所赋《五美吟》是写哪五位美人?

2. 贾蓉在尤老娘面前给贾琏说媒，旁敲侧击撮合贾琏和尤二姐，请结合尤三姐的态度，说说尤三姐的形象。

_____

_____

🍃 学习笔记

第六十五回

贾二舍偷娶尤二姨　尤三姐思嫁柳二郎

📋 情节概要

1. 贾琏在外面偷娶了尤二姐，贾珍趁着贾琏不在，去找尤三姐厮混。尤二姐想撮合尤三姐和贾珍，结果尤三姐性情刚烈，用言行震住了贾珍和贾琏。

2. 贾琏想给尤三姐找个好人家，贾琏以为尤三姐看上了宝玉，结果尤三姐早在五年前就看上了柳湘莲。

3. 尤二姐和兴儿聊天，兴儿评价贾府众女子：凤姐泼辣、平儿全面、李纨善德、迎春是"二木头"、探春是"玫瑰花"、惜春是不管事的、林黛玉柔弱、薛宝钗高冷。

👆 值得一问

首先，尤二姐跟贾琏的对话是什么意思？

贾珍趁着贾琏不在家就去了尤二姐家里，尤二姐"讪讪的"，贾琏也假装自己不知道。这里是第一组隐性的对话，都无言，却在心里说了各种话。尤二姐"讪讪的"就是难为情，原因是贾珍来家里拜访，且是趁着贾琏不在家的时候。第一，要知道这个时候尤二姐已经是贾琏的人了，贾珍虽然是贾琏的兄长，也是应该避嫌的；第二，贾珍和尤二姐有染，贾琏知道这个事情，所以尤二姐害怕贾琏会不高兴。而贾琏假装不知道，第一是给了尤二姐足够的信任，让尤二姐不要多心；第二是给足贾珍的面子，贾琏能娶尤二姐，贾珍是出了大力气的，所以贾琏为了表示对贾珍的感谢，自然要表现出大度的样子。

第二处对话是贾琏夸尤二姐标致,尤二姐说自己虽然标致,却无品行。这就是向贾琏摊牌自己和贾珍的丑事了,而贾琏也很大度地表示不计较。当尤二姐流露想嫁出自己妹妹想法的时候,贾琏说要捅破窗户纸,还说"你因妹夫倒是作兄的",又是什么意思呢?很简单,就是尤二姐想把妹妹嫁给贾珍。尤三姐若嫁给了贾珍,贾珍就成了贾琏和尤二姐的妹夫,而贾珍又是贾琏的大哥,这关系乱的!正好应了"妹夫作兄"的话。

其次,尤三姐有没有过不守分的时候?

这个问题可麻烦大了,多少人争得脸红脖子粗,几乎要挥老拳。有很多学者认为不守分的人是尤二姐,尤三姐是守分的,比如和贾蓉、贾珍调情的人,明写的都是尤二姐,贾琏、贾珍想勾搭尤三姐都被尤三姐的泼辣给唬住了,书中的尤三姐泼辣、理智、风流、刚烈,这部分学者认为没有证据指向尤三姐不守分。我觉得尤三姐不守分,但是那是在决定嫁给柳湘莲之前。第一,你看贾蓉听到尤氏姐妹来了,和贾珍那猥琐样,还有两人对尤氏姐妹的轻薄举止,都可以证明之前他们和尤氏姐妹都有染,轻车熟路;第二,在这一回中贾琏想撮合贾珍和尤三姐时遭到尤三姐的嘲讽,从两人的惊讶反应也可以看出,尤三姐之前不是这样的;第三,尤三姐自己也说"我如今改过守分",这几个字也可以看出尤三姐之前有过不守分。这样的尤三姐其实更值得欣赏!第一,人物形象更加饱满真实。人谁无过?尤三姐有过错但改了过错,这样的人物形象更真实。第二,更可见尤三姐的坚守。一个人是很难改变自己的个性的,而尤三姐愿意为了柳湘莲而痛改前非,可以看出尤三姐的坚定和真情,也可以看出她对柳湘莲爱得真挚而热烈。第三,具有强烈的悲剧色彩。当时的世俗社会,是容不下一个犯过错误的女子的。你看通透如柳湘莲也不相信尤三姐真正改过了,最后导致尤三姐以死明志,这样的结局更加震撼人心。

最后,兴儿是怎样的形象呢?

兴儿在这一回中是大放光彩的一个人物形象!第一,伶牙俐齿,妙语连珠。你看他对别人的评价话语,如果总结一下其语言的艺术特色,一是通俗,俚语、俗语的运用,非常符合没什么文化的小厮形象;二是句式整齐,这在通俗的语言内容之上又给人凝练精致的感觉;三是幽默,什么"醋缸醋瓮""吹倒了姓林的""吹化了姓薛的",让人忍俊不禁;四是句式以短句为主,语气和语速都显得急促,一个活脱脱能说会道的小厮形象就出来了。第二,认识深刻,精准到位。比如他对王熙凤和薛宝钗的评价,可以说精准之极!你看他说凤姐两面三刀,面上一套背地一套,可以说是看透了凤姐的为人。而说怕吹化了姓薛的,这个评价其实是值得一提的,兴儿可以说看透了薛宝钗热情之下的冷漠。第三,变通讨巧,深谙人心。他非常知道尤二姐的心思,所以专挑尤二姐喜欢的话讲,既给尤二姐讲贾府的人情世故,更给她讲凤姐的坏话。当尤二姐说兴儿这样说凤姐,背地里不知道怎么讲自己的时候,兴儿的反应之快,让人惊叹!他先是下跪表敬畏,再是发誓表忠诚,然后说贾琏要是早娶了尤二姐,小的们少提心吊胆,这句话太厉害了:一方面,这是表明尤二姐在他心中是正房的太太身份;另一方面,侧面写出了凤姐的严苛和尤二姐的温和。听了这话,尤二姐能不高兴吗?最后他还跟上一句"谁不背前背后称扬奶奶盛德怜下",把自己对尤二姐的夸赞变成了大家对她的夸赞。兴儿怕是学过心理学吧!

☑ 考　点

1. 为尤二姐评价贾府各种人物的小厮是谁?

_____

_____

2. 尤三姐在家为什么总是闹事?

_____

_____

🍂 学习笔记

第六十六回

情小妹耻情归地府　冷二郎一冷入空门

📋 **情节概要**

1. 兴儿跟尤二姐、尤三姐讲了宝玉的事，尤二姐觉得"可惜了一个好胎子"；尤三姐觉得大家不理解宝玉。

2. 尤二姐问出尤三姐倾心的人是柳湘莲，尤三姐表态非柳湘莲不嫁。

3. 贾琏往平安州办事，路遇薛蟠和柳湘莲，原来薛蟠做生意时遇见盗贼，柳湘莲救了他，二人结拜为兄弟。

4. 贾琏跟柳湘莲说了亲事，柳湘莲以鸳鸯剑为定情信物相赠。贾琏从平安州回来，将亲事告知尤二姐、尤三姐，尤三姐自喜终身有靠。

5. 柳湘莲见了宝玉，得知尤二姐、尤三姐是贾珍的小姨子，柳湘莲觉得东府不干净，想退回定礼。

6. 柳湘莲找贾琏退婚，尤三姐得知后用鸳鸯剑自刎，柳湘莲后悔不迭，斩断头发随道士去了。

👆 **值得一问**

首先，贾琏一面夸赞尤三姐有眼力，一面又评价柳湘莲冷面冷心，岂不矛盾？

当贾琏从尤二姐的口中得知，尤三姐看上的人是柳湘莲的时候，贾琏先说尤三姐眼力不错,同时又评价柳湘莲是一个冷面冷心的人。他如此说其实不矛盾,说尤三姐有眼力是因为柳湘莲长相非常帅气,以至于连薛蟠这个男人见了都心生邪念。这样帅气的人被尤三姐看上了,当然说明尤三姐有眼力。而冷面冷心也并非全是贬义,对一般的人,柳湘莲绝对是面冷心冷,而对自己认定的朋友,那柳湘莲也是一个重情义的人。大家也许还记得,是柳湘莲给秦钟重修了坟茔;而在这一回,他又出手救了冒犯过自己的薛蟠,可见柳湘莲的冷面冷心是一种表象,就像面对他跟尤三姐的婚事,他有自己的道德坚守,坚决要求退婚。而面对尤三姐的死,他又表现出超乎常人的情义。因此,柳湘莲外冷而内热,冷面冷心对的是世俗中不合己意的人,热情热心对的是精神世界中与自己情义相合的人。

其次,尤二姐为什么让贾琏放了柳湘莲?

面对尤三姐的死,按理说亲姐姐尤二姐会比他人更加难过,而当贾琏让人捆了柳湘莲送官的时候,尤二姐却让贾琏放了柳湘莲。第一,尤二姐自己也说了,人不是柳湘莲杀的,尤三姐是自杀,所以即使捆了送官,那也不能治柳湘莲的罪。第二,尤二姐害怕家丑外扬,妹妹自杀而死,是因为被柳湘莲退婚,而且是因为自己的不守分而遭到了柳湘莲的嫌弃。这样的结果实在是太丢脸了,一旦告了官,这样的丑事也就会成为别人的谈资。第三,为尤三姐着想。尤二姐是了解自己的妹妹的,她知道自己的妹妹有多爱柳湘莲,甚至为了他可以舍弃自己的生命。所以这个时候,尤三姐一定也不希望自己的死牵扯到柳湘莲,所以尤二姐让贾琏放了他。第四,尤二姐理解妹妹的抉择。尤二姐、尤三姐长得漂亮,而大多数人也只是贪图她们姐妹二人的美色,对她们并没有真正的关怀。所以,尤三姐在面对贾琏、贾珍兄弟的时候,对他们兄弟又是灌酒又是指桑骂槐。由此可见,尤三姐对自己的境遇是非常不满的。而尤三姐心中有了柳湘莲后,即决心要改过,但是柳湘莲和世俗没有给她这个机会,尤二姐懂得尤三姐的绝望和决心。第五,强烈的同理心。尤二姐和尤三姐都是不守分之人,她们自己内心是底气不足的,当尤二姐面对贾琏的时候,她深深感到自己和贾珍的丑事对不住贾琏。同样的,她也觉得尤三姐配不上柳湘莲,尤三姐的死终归是其为自己曾经的过错买单。

最后,鸳鸯剑的寓意是什么呢?

我们要把它分成"鸳鸯"和"剑"来看。第一,鸳鸯象征着夫妻,这里柳湘莲以鸳鸯剑为信物,自然是象征着柳湘莲和尤三姐之间美好的爱情,尤其是尤三姐对柳湘莲的爱情。第二,雌剑是尤三姐的自刎之剑,雄剑是柳湘莲削发之剑,所以这鸳鸯剑又是斩断二人世俗缘分的象征。第三,鸳鸯剑是尤三姐和柳湘莲对彼此的情感的坚守和认同。最后尤三姐用剑自刎,柳湘莲用剑削发,这段情感在世俗看来已经结束,而以超越世俗的眼光来看,他们的情感却是在这个时候紧密交融了。尤三姐以死表明自己深沉的爱,柳湘莲的削发也表明了他对这份爱的接受,因为,世俗的柳湘莲已经随着尤三姐去了。

☑ 考 点

1. 薛蟠在平安州界遇见盗贼,是谁救了薛蟠?

_____

_____

2. 柳湘莲为什么答应贾琏为他做的媒?

_____

_____

🍃 学习笔记

第六十七回

见土仪颦卿思故里　闻秘事凤姐讯家童

📋 **情节概要**

　　1. 薛蟠寻过一番柳湘莲而不得，请同行的伙计吃了饭，难过一回。又送了许多东西给宝钗和母亲，宝钗将许多礼物转送给黛玉，黛玉睹物伤情。

　　2. 一个丫头告诉平儿，她听见两个小厮聊天中关于"新奶奶"的话，被旺儿喝断。凤姐叫来了旺儿和兴儿，从兴儿的口中知道了来龙去脉，大动肝火。

👉 **值得一问**

首先，宝玉为什么总想袭人能去看看黛玉？

　　宝玉知道黛玉睹物伤情，回到了怡红院就想着找袭人，让袭人闲着的时候能去劝劝黛玉。晴雯就告诉宝玉，袭人去看凤姐去了，保不住就会去黛玉那里。从结果看，我们知道袭人压根儿就没有去看黛玉，因为袭人打心眼儿里不喜欢黛玉。之前袭人跟王夫人说，让宝玉什么时候搬出园子，理由是姐姐妹妹们都长大了，总是混在一起不好。这里的姐姐妹妹看似是一个混淆的大概念，实际上，袭人非常清楚，宝姐姐向来和宝玉保持距离，跟宝玉最为亲昵的人是林妹妹。所以，袭人这句话是针对黛玉的。袭人一向更喜欢宝钗的宽容、大度，所以袭人并不想去劝黛玉。但是，宝玉却有种执念，想让袭人去劝黛玉，原因是什么呢？第一，袭人细腻、贤惠，说话动听。这是袭人的长项，袭人劝人能劝到点子上，这是最重要的原因。第二，在宝玉的心中，黛玉和袭人都是自己最亲近的人，他天然地希望她们俩能亲近，这是宝玉心中的一个愿望。但是，很可惜，袭人做不到。第三，我认为以宝玉的敏感，能够感觉到袭人不怎么喜欢黛玉，他们毕竟是朝夕相处的人，加上宝玉对袭人的了解，哪怕袭人藏得再深，宝玉应该也能有所感觉。宝玉希望袭人能多跟黛玉相处，宝玉相信只要袭人多跟黛玉相处，袭人一定能发现黛玉的真诚。第四，袭人表面功夫做得不错。袭人虽然心中不喜欢黛玉，但是礼节性的问候还是有的，所以晴雯才会说保不定已经去看黛玉了。但是，我认为袭人是不走心的，否则为什么黛玉需要安慰的关键时候，袭人却没有去。

其次，赵姨娘的好心为什么碰一鼻子灰？

薛宝钗将薛蟠给的东西都分散出去，包括赵姨娘也都分到了。赵姨娘心想，宝钗是王夫人的外甥女，就想着去王夫人面前夸赞宝钗一番，结果碰了一鼻子灰。第一，赵姨娘的做法过于唐突，这是最明显的拍马屁。所以，以王夫人的精明早就知道了她的来意。第二，赵姨娘居然拿着宝钗送的东西转送给王夫人，王夫人是多么尊贵的人，她怎么会看得上这些转送的东西；况且转送宝钗的礼物，这简直是侮辱王夫人，也是对宝钗的不尊重。所以王夫人直接拒绝了，这让赵姨娘感到难堪。第三，王夫人压根儿看不起赵姨娘。别说赵姨娘做法唐突，即使是符合礼仪，那也是不被王夫人喜欢的。因为宝钗的贤能有目共睹，而赵姨娘身份低微，所以也轮不到赵姨娘去夸奖宝钗。

最后，凤姐要讯家童之时，为什么要插入袭人的一段闲笔？

宝玉想着让袭人去看看黛玉，而袭人心里想着的人却是凤姐，结果她就听到了凤姐说的"天地良心，我在这屋里熬的越发成了贼了"，这句话很有意思，受了委屈才会说"天地良心"，被人防着或者冤枉了才说自己成了"贼"。一听到这个话，袭人故意加重了脚步，平儿和凤姐都装作没事人一般，而袭人多么聪明的人，说了几句话就起身走了。按理说，这里的叙事重点已经在凤姐知道了贾琏偷娶尤二姐的事件上了，为什么要加入袭人来访这段内容呢？第一，形成对比。宝玉和晴雯都想着袭人会去看看黛玉，结果袭人心里想着的人却是凤姐。这里固然有袭人跟凤姐她们关系更好的因素，人情使然。但是，我觉得这里也可以看出袭人世俗人情的练达。凤姐在贾府那是有权有势的存在，袭人没有去看黛玉而去看凤姐，我觉得是袭人对世俗的选择。第二，设下悬念。这个悬念其实从莺儿那里就开始了,她跟宝钗说凤姐很生气,再到袭人听见凤姐的那句话,无不是设下悬念,吊足了我们读者的胃口。第三,积蓄力量。这种引而不发的手法,是为了给凤姐的爆发积蓄力量。我们知道暴风雨即将到来,此处的平静是为了和凤姐的发怒形成对比,让我们感受凤姐的威严。第四,凸显凤姐的深沉城府。你看凤姐笑着迎接袭人,又跟袭人谈笑,这得需要多么深沉的城府才能做到! 凤姐可是醋瓮、醋缸,她最受不了贾琏的背叛,但是,她却没有把这件事闹出去,因为凤姐想确认之后能有一个万全的计策。

☑ 考 点

1. 凤姐审讯家童,最终是从谁那里得到了贾琏偷娶尤二姐的翔实信息?

_____

_____

2. 宝钗听了柳湘莲、尤三姐的遭遇"并不在意",而心里却惦记着让薛姨妈和薛蟠好好请请与薛蟠同去做生意的伙计。这一冷漠一热情矛盾吗? 你怎么看?

_____

_____

_____

✍ 学习笔记

第六十八回

苦尤娘赚入大观园　酸凤姐大闹宁国府

情节概要

1. 凤姐甜言蜜语将尤二姐骗到大观园里住,伺候尤二姐的丫头善姐在凤姐的授意下,虐待尤二姐。

2. 凤姐派旺儿拿钱去找与尤二姐定亲的张华,让他告贾琏国孝、家孝期间逼亲、娶亲,又打点察院只要虚张声势。

3. 凤姐来到宁国府,揪着尤氏和贾蓉大闹一顿,之后又向他们说明安顿尤二姐的计策,尤氏、贾蓉无不答应。

值得一问

首先,凤姐去见尤二姐时为什么一身素衣?

我们心目中的凤姐永远都是打扮得光鲜亮丽的,而凤姐知道了贾琏偷娶的尤二姐的住址,并带着平儿、丰儿、周瑞媳妇、旺儿媳妇四人去尤二姐住处时,却是一身素服。其实这是有背景、有原因的。第一,这个时候还处在国丧、家丧期间。国丧是指宫中死了老太妃,家丧是指贾敬的丧事。凤姐是贾府的管事媳妇,在这个时候出门理应穿素服才符合礼制。第二,她是给尤二姐一个暗示,那就是贾琏娶尤二姐那是不合礼制的。在封建社会,国丧、家丧期间别说是娶亲,连听戏这些娱乐活动都要禁止,所以凤姐有意穿素衣给尤二姐看,让她觉得自己嫁给贾琏,那不仅仅是名不正言不顺的问题,更是犯法的事情。第三,装柔弱、装可怜。一身素服的凤姐一下子褪去了往日的威严威风,口口声声在尤二姐面前示弱,甚至叫尤二姐为"姐姐",自身反而降到了"妾"的位置上,这身素服则更让凤姐显得楚楚可怜。在这样强烈亲和力的攻势之下,尤二姐将兴儿嘱咐过的凤姐的为人,早就给忘记了,甚至还怀疑是兴儿说自己主子的坏话,所以她立马答应了凤姐住进大观园,以至于中了凤姐的毒计。

其次,凤姐大闹宁国府,真的仅仅是"闹"吗?

很多人看凤姐去宁国府向尤氏、贾珍和贾蓉大闹的时候,都觉得凤姐这口恶气算是出了。但是,凤姐仅仅是去出恶气的吗?当然不是。第一,有出恶气的成分。因为贾琏娶尤二姐是贾珍、贾蓉父子给穿针引线的,凤姐当然对这两个人极度不满,所以贾珍才吓得跑了,贾蓉吓得自扇耳光,而尤氏无论如何是尤二姐名义上的姐姐,又是凤姐的嫂子。凤姐一方面恨尤氏纵容这件事,另一方面又恨尤氏包庇这件事,所以她揪着尤氏撒气,尤氏理亏,只能忍气吞声。第二,是为了示威。她太了解贾琏和贾珍这些人了。今天就算不是尤二姐,贾珍也很可能给贾琏介绍什么王二姐、张二姐。为了给贾珍他们一个下马威,凤姐趁机大闹一场,也好让类似的事情不再发生。第三,是为了稳住尤氏,好任其摆布。凤姐毒计的第一步就是控制住尤二姐,断了她与外在的联系。凤姐接走了尤二姐,一个大活人失踪了。那尤氏要是先寻起人来,凤姐就难保自己的计谋成功了。所以,凤姐先行一步,闹完了之后就开始向尤氏赔礼,把接来尤二姐的事告知尤氏,并说是为了更好地安排尤二姐入嫁。凤姐这招先兵后礼,厉害极了!尤氏既被震慑住,又被凤姐的安排给稳住了,可以说,尤二姐的命运完全在凤姐手上,而尤氏则只能任凭凤姐安排了。

最后,当凤姐说外头处理好了,为什么还要问家里该怎么办?

贾蓉是明白人,他知道张华只是为了钱,或者为了人。所以,他觉得用钱或用人就可以解决。而凤姐却故意说要留下尤二姐给贾琏,贾蓉揣测凤姐心中是巴不得张华只要人,若他要走了尤二姐,还能成就凤姐自己的美名。贾蓉真的想错了,因为凤姐真的想留下尤二姐,只不过不是活着的尤二姐。所以,她才会继续追问:"家里终久怎么样?"如果是按照贾蓉的思路,可以既给钱又把尤二姐再嫁给张华,这样就用不着惊动老太太她们了。但是凤姐决定要惊动老太太她们,所以尤氏很慌张。第一,继续震慑尤氏。尤二姐是尤氏名义上的妹妹,在国丧、家丧期间,贾珍、贾蓉搭桥将尤二姐嫁给了贾琏,这样违法的事情做出来,老太太知道之后必会生气,也必然会迁怒到尤氏身上,所以尤氏很慌。第二,请君入瓮。她问家里该怎么办的时候,其实心里早就想好了办法。那就是回明老太太是自己看中了尤二姐,要娶来做贾琏的二房的。她让尤氏、贾蓉都不出面,那尤二姐就没有任何可以求救的人了。接下来,让张华继续告,那就是在贾母和王夫人面前彻底搞臭了尤二姐的名声,继而逼死尤二姐,自己还能博个贤妻的美名。一石三鸟,何乐不为?

✅ 考 点

1. 张华告旺儿的时候,旺儿故意说张华与自己有仇,且有意牵扯出另一个人,牵扯出了谁?

2. 凤姐来宁国府闹事,朝着尤氏撒气,尤氏是凤姐的嫂子,为什么丝毫不敢冲撞凤姐?

🖋 学习笔记

第六十九回

弄小巧用借剑杀人　觉大限吞生金自逝

📋 情节概要

1.凤姐带了尤二姐给贾母和众姊妹看,贾母非常喜欢尤二姐。凤姐又挑唆张华继续告,弄得贾母知道了原委,让凤姐料理。

2.贾琏回来,贾赦赐予秋桐。凤姐明面上百般温和,暗地里却挑唆秋桐对尤二姐百般侮辱。

3.尤二姐怀孕在身却天天受气,一病不起,梦见了尤三姐。胡太医给尤二姐开了药,结果打下了一个男胎。

4.尤二姐心如死灰,吞金自杀。贾琏伤心非常,靠着平儿偷出的二百两银子,处理了尤二姐的后事。

👆 值得一问

首先,凤姐借剑杀人,都借了哪几把剑?

第一把锋利的剑是秋桐。秋桐原本就和贾琏眉来眼去,碍于贾赦的淫威,他们才不能在一起。结果贾琏为贾赦办事,办得非常不错,贾赦一高兴,就把自己房里的丫鬟秋桐赐给了他。秋桐是一个非常泼辣的女人,她看尤二姐非常不爽,所以经常在尤二姐面前指桑骂槐,以至于尤二姐流产之后,秋桐依然以尤二姐的胎儿不知道是谁的这些话来侮辱尤二姐,以致尤二姐心如死灰,吞金自杀。第二把锋利的剑是张华。张华与尤二姐有婚约,但是那是家长们指腹为婚,而且张华父亲早收了银子,本来事情已经结束了。可是凤姐抓住了张华这把剑,让张华告官,彻底搞臭了尤二姐的名声,以致贾母都觉得尤二姐是个不干净的人,凤姐自己则在背后当好人。第三把锋利的剑是胡太医,胡太医曾经给晴雯看过病,我们之前就分析过,这个人是有医术的。那么,是谁在背后搞鬼,打下了尤二姐腹中的胎儿呢?当然是王熙凤,她是最大的获益者。我们发现胡太医来给尤二姐看病的时候,表现得非常怪异,一看尤二姐的脸通身麻木,除了说明尤二姐漂亮之外,我觉得更是说明胡太医心中有鬼,紧张。第四把锋利的剑是尤二姐。有人好奇,尤二姐是被杀的人,她怎么也是剑?当然是,尤二姐流产之后,凤姐找人算命,算命的人说是属兔的人冲的,而满屋里属兔的就只有秋桐。所以,凤姐既借秋桐杀尤二姐,也借尤二姐杀秋桐。试想,尤二姐死前,可是秋桐在她窗户下大骂!所以尤二姐的死和秋桐有莫大的关系,秋桐既为凤姐洗白,同时也因此而元气大伤。

其次,秋桐这样糟践尤二姐,尤二姐为什么不反抗呢?

我们看这一回的时候,肯定心里憋屈得很。我们这个时代的人,更愿意接受"以直报怨"的行为准则,不再无原则地忍气吞声。尤二姐还是贾琏娶来的妾呢,按理秋桐只是一个被赐予的房里人,地位是比不上尤二姐的。但是为什么她敢如此嚣张呢?尤二姐怎么就不敢反抗呢?第一,尤二姐的性格软弱。尤二姐全然不像尤三姐那么有决断,她做得最坚决的事就是后来吞金自杀。第二,秋桐是贾赦赐予的人,打狗也要看主人,她连凤姐、平儿都不放眼里,更何况是无依无靠的尤二姐呢?第三,自己理亏。尤二姐的悲剧就是早先时候的失足,封建社会对待女人是严苛的!犯了错的尤二姐、尤三姐都是为礼教所不容的,大家都抓牢尤二姐曾经的过错不放,甚至尤二姐自己也深深觉得自己是一个不干净的人,底气就不足。第四,尤二姐知道秋桐的背后还有凤姐。如果之前尤二姐还被凤姐蒙在鼓里的话,当尤二姐听到凤姐对秋桐说"你年轻不知事。他现是二房奶奶,你爷心坎儿上的人,我还让他三分,你去硬碰他,岂不是自寻其死?"这些话的时候,便知道凤姐是挑拨离间之人,所以她才梦见了尤三姐。尤三姐在梦里说凤姐是一个花言巧语的"妒妇",由此也可以断定,尤二姐已经知道了秋桐背后凤姐的真面目,她也深知自己不是她们二人的对手。

最后,尤二姐的梦境有什么作用?

当秋桐在贾母和王夫人的面前不断说尤二姐的坏话时,众人对尤二姐的态度都变得非常不好,只有平儿还暗中接济尤二姐。就在尤二姐百无聊赖的时候,她做了一个梦,梦见了尤三姐让她杀了王熙凤,与之同归于尽。这个梦境我们不应该忽略。第一,这是尤二姐潜意识的显现,她知道了凤姐口蜜腹剑、外作贤良、内藏奸狡的本质。如果说之前的尤二姐还被凤姐迷惑,认为凤姐是个好人的话,这个时候的尤二姐已经知道,要致自己于死地的人正是王熙凤。在这个潜意识中,也可以看到尤二姐的心理。在现实的生活中,她懦弱无能,但是她心中其实恨透了凤姐。所以,尤二姐其实也有刚强的一面,就是想跟凤姐拼命,然而懦弱的尤二姐还是战胜了刚强的尤二姐,最终她认为这是自己的命。第二,回扣尤三姐,丰富了尤三姐的人物形象。我们知道尤三姐是一个刚强果决的人,不仅仅表现在对待贾珍、贾琏和柳湘莲身上,在这个梦境中更是体现得淋漓尽致。她不愿意委曲求全,她体现出了强烈的反抗意识,哪怕是同归于尽,也要凤姐偿命。我们读者读到这里,应该是很有共鸣的,觉得很过瘾!第三,舒缓了叙事的节奏,给绝望的尤二姐带来了宽慰。这个时候不再继续叙述尤二姐的悲惨境遇,而是以梦境的形式给予尤二姐以宽慰。梦境中尤三姐给尤二姐支招,梦境外贾琏对尤二姐也表现出在纳了秋桐之后少有的温存。第四,暗示了尤二姐悲惨的结局。梦境中,尤三姐一直说"白白的丧命""天怎容你安生"等话,则暗示了尤二姐最终的悲惨结局,为她吞金自杀做了铺垫。

✅ **考 点**

- -

1. 贾琏面对尤二姐的死非常悲痛,只叫:"奶奶,你死的不明,都是我坑了你!"贾蓉上来劝,又指着大观园的界墙,贾琏会意。这里的"会意"指的是什么?

_____

_____

2. 贾琏向凤姐要钱办理尤二姐的丧事,凤姐推说没钱。贾琏只好打开尤二姐的箱柜,拿自己的体己,结果一滴无存,贾琏又拿了尤二姐的衣物不禁哭了起来。结果平儿见了又是伤心,又是好笑。请问平儿"伤心"和"好笑"的含义是什么?

_____

_____

✿ 学习笔记

第七十回

林黛玉重建桃花社　史湘云偶填柳絮词

📋 **情节概要**

1. 贾琏在尤三姐的墓地上破了一个穴，安葬了尤二姐。贾府又处理了八个到婚配年纪的小厮的婚姻问题。

2. 史湘云打发翠缕请宝玉去看好诗，结果是林黛玉写的《桃花行》古诗，宝玉不禁流下眼泪。

3. 大家提议改"海棠社"为"桃花社"，让黛玉当社主。

4. 贾政预计六七月回京，众人帮助宝玉临字，赶功课。史湘云见柳花飞舞，填了一首《如梦令》，众人以柳絮为题，宝钗拈得《临江仙》，宝琴拈得《西江月》，探春拈得《南柯子》，黛玉拈得《唐多令》，宝玉拈得《蝶恋花》。众人填词评比，宝钗得第一，黛玉和湘云并列第二，探春、宝琴落第，宝玉白卷，只是续了探春的半首。

5. 众人填词完，听见了风筝撞击的声音，于是大家兴起，共同放起了风筝。

👆 **值得一问**

首先，这一回为什么琐琐碎碎写那么多事情？

与之前每回情节高度集中不同，在这一回中，作者琐琐碎碎写了很多事：从安葬尤二姐到小厮婚配，从晴雯、麝月、宝玉和芳官挠痒痒玩笑，到李纨打发碧月来找手帕,再是众人读黛玉的《桃花行》而改"海棠社"为"桃花社",再有交代探春的生日,贾政的书信,王子腾之女的婚配,众人帮助宝玉做功课来糊弄即将回京的贾政,众人填写柳絮词又一起放风筝。几乎琐碎到了凑字数的嫌疑!而我想说,这一回的琐碎是有原因的。第一,这是一个阶段性总结的章回。因为之前的情节主要是围绕着尤二姐展开的,而这一回尤二姐的事情已经有了最终的交代。而与之前的情节却需要一个承接和呼应,所以小厮的婚配是为了呼应之前贾府关于小厮和丫头的婚配方式,还有鸳鸯的誓死不嫁,彩云为贾环偷玫瑰露反被贾环冤枉的绝望。彩云为什么会染上不治之症?就是被贾环气的!贾政的书信是呼应之前贾政离京任职地方的事,等等。之前的情节在这一回中有了呼应和总结。第二,为接下来的情节张本。接下来的情节从琐碎又走向集中。在走向另一次的集中之前,这一回让我们感受到了贾府生活的万象。第三,舒缓了叙事的节奏。在尤二姐事件上,整个情节的走向是非常紧凑的,而且是悲情的。而这一回则多是无关紧要的事情,更多的是体现众人的娱乐,也让读者的心情从紧张走向了舒缓。

其次,薛宝钗的柳絮词凭什么能得第一?

所谓文无第一,就是说要想评价文章,分出孰优孰劣,除非水平相差较大,否则很难。而薛宝钗、林黛玉、薛宝琴几人,可以说诗歌水平非常接近,为什么众人一致认为薛宝钗的《临江仙》写得最好?全词如下:"白玉堂前春解舞,东风卷得均匀。蜂团蝶阵乱纷纷。几曾随逝水,岂必委芳尘。万缕千丝终不改,任他随聚随分。韶华休笑本无根,好风频借力,送我上青云!"第一,立意新颖脱俗,与众不同,符合儒家积极入世的道统。中国古典诗词大多表现困顿和哀愁,尤其是词,这种现象就更加明显了。以柳絮为内容的词,更是多表达漂泊无定、孤苦无依的情感。而薛宝钗能一改他人立意,不落窠臼,写出柳絮随缘聚散的旷达和青云直上的积极,立意就不同众人了。第二,遣词造句翻出新意。古典诗词也好,现代诗词也好,诗词的魅力都在于遣词造句的陌生化和心灵感知贴切化的融合。比如我们说"柳絮随风飞舞",这是准确的描述,但没有诗意。但是"东风卷得均匀",以东风吹起,以

"均匀"形容柳絮飘洒的恬然安适，自在自由，那就属于用词陌生化，而语义表达却非常贴切。第三，情感表达引起共鸣。这一点很重要！在不同的年龄读诗词，感受是不一样的，而每个人经历不一样，读出的感受也不一样。所以，林黛玉的境遇注定了落笔处情感的哀伤。而宝钗不一样，她的境遇是幸福顺遂的，所以她表达的情感更积极乐观。而大观园里众人都处在最美丽的年纪，也是处在最幸福的时光。所以，她们能切实感受到宝钗所写的这份美好。

最后，众人放风筝的情节，只是为了写娱乐吗？有什么含义呢？

第一，当然有娱乐。大观园向来是充满娱乐的地方，但是因为尤二姐的事情，太久没有欢声笑语了。所以，本回就写了众人放风筝的事情。风筝的品类非常多：美人、大红蝙蝠、凤凰等等。不一而足，令人眼花缭乱。尤其是一个喜字风筝和两只凤凰风筝相互纠缠在一起，是充满了喜庆和快乐的。第二，乐中寓悲。首先预示着众人的遭遇。这个暗示一则出自宝玉之口，一则出自宝钗之口。我们先看宝玉的话："可惜不知落在那里去了。若落在有人烟处，被小孩子得了还好；若落在荒郊野外无人烟处，我替他寂寞。"这既是对风筝命运的悲叹，其实也是对众人命运的担忧。然后是宝钗的话："且等我们放了去，大家好散。"这就是说，天下没有不散的筵席，大观园里的人最终也是要散的，贾府也是要散的，这是一个预言。而且也预示着探春的命运。探春命运的预示物一直都是风筝，这里也不例外。你看，探春放的凤凰，与另一只凤凰也缠在一起，中间还有一个喜字风筝，这里其实和李纨说探春将来说不定是王妃的内容相呼应（王妃之说是根据前八十回文意的揣测，而续写者并没有遵照着写）。凤凰，那肯定是尊贵的，风筝又是远去的，所以探春最后远嫁了。

☑ 考 点

1. 桃花社的社主是谁？

_____

_____

2. 宝玉读完《桃花行》，断定是黛玉写的，并伤心地滚下泪来。宝琴却告诉宝玉，这首古诗是自己写的，宝玉不信。结合文章，说说宝玉不相信的理由。

_____

_____

🍃 学习笔记

第七十一回

嫌隙人有心生嫌隙　鸳鸯女无意遇鸳鸯

情节概要

1. 这年八月初三是贾母八十岁生日，南安太妃、北静王妃等各豪门贵族一齐来送礼，给贾母过生日，好不热闹！

2. 尤氏发现大观园各处角门未关，派丫头找管事的女人，结果管事的女人不把尤氏放在眼里，气得丫头把管事女人的话转述给尤氏，尤氏很生气。周瑞家的知道后，告诉了凤姐，凤姐让过完了生日，捆了人送给尤氏发落。两个管事女人的女儿求林之孝家的开恩，林之孝家的就让其中一个女孩去求她姐姐，她姐姐的婆婆是费婆子，是邢夫人的陪房。

3. 费婆子去求邢夫人，邢夫人不满凤姐，当着众人的面给凤姐难堪，凤姐委屈地哭了。鸳鸯从琥珀处得知凤姐哭的原因，并告诉贾母，贾母知道凤姐的难处和邢夫人的有意为难。

4. 鸳鸯从园中出来，急着小解，找到湖山石后，忽然听到一阵衣衫响动。原来是迎春的大丫头司棋和表哥在幽会。司棋求鸳鸯不要声张，鸳鸯答应了她。

值得一问

首先，这回的前半部分"嫌隙人有心生嫌隙"很有趣，"嫌隙人"的意思是因彼此不满或猜疑发生恶感的人。那么"嫌隙人"指的是谁呢？

第一，尤氏。有人说，尤氏在这里是管事的，帮助办理贾母的生日，她怎么会是"嫌隙人"？她当然是，她对凤姐不满！因为尤二姐的事，凤姐大闹宁国府，让尤氏没脸，这是其一；凤姐又设下奸计，害得尤二姐吞金自杀，这是其二。所以，尤氏对凤姐的不满可想而知！当尤氏看到园中各处角门都没有关，还吊着各色彩灯，想着这要是遭了偷盗或者着了火怎么办？所以，绝对是凤姐管事的疏忽了。尤氏想抓住这一点，也发泄发泄。所以，尤氏当然是有心生嫌隙。第二，那两个婆子。那两个婆子如果乖乖地过去，把该做的事情做了，就没有后来的事了。可是那两个婆子明显不把尤氏放在眼里，觉得尤氏管不着自己，同时也不满于尤氏丫头的颐指气使。所以，就说了"各家门，另家户，你有本事，排场你们那边人去"的话，这就是明摆着告诉尤氏，你别耍威风，你管不着我们。尤氏怎么说都是奶奶，能受得了这气吗？第三，小丫头，小丫头对两个婆子的回答非常不满，因为两个婆子还扯上了丫头的父母，说她的父母逢迎巴结。所以，这丫头受不了了，回去就添油加醋地说给尤氏听，气得尤氏直冷笑。第四，周瑞家的，因为周瑞家的和那几个婆子一向不和睦，所以就立马报给了凤姐，巴不得借此惩戒她们。第五，赵姨娘和林之孝家的两人。赵姨娘可以说对大观园里的主子们都是充满恨的，所以她是恨不得刮点风、起点浪的人。看到林之孝家的就把事情的原委告诉了林之孝家的，并且挑唆是凤姐、尤氏这些人太张狂，拿些小事戏弄她。结果林之孝家的心生不满，就有心指导那两个婆子的女儿去找费婆子帮忙。第六，费婆子和邢夫人，费婆子是邢夫人的陪房，之前邢夫人得宠的时候也是各种兴头，现在邢夫人失了势，她也跟着受气。所以她就竭尽全力挑唆了邢夫人，以致邢夫人当众给凤姐难堪。

其次，邢夫人"因此着实恶绝凤姐"，"因此"指的是什么？

邢夫人不喜欢凤姐，可以说是尽人皆知了。而这一回非常明晰地点出来，值得我们分析一下邢夫人出于什么原因不喜欢凤姐。第一，她觉得凤姐巴结王夫人。凤姐是贾琏的妻子，所以凤姐的婆婆是邢夫人。按理说，凤姐应该在邢夫人这一房里做事才对。可是，贾府真正管家的人是王夫人，这就让邢夫人心中很不爽了，更让她不爽的是凤姐居然为王夫人做管家的事务，这不是打邢夫人的脸吗？第二，贾赦求娶鸳鸯的事。按理说，这件事跟凤姐无关。可是，当邢夫人来跟凤姐商议的时候，凤姐是反对的。这就让邢夫人不满了，后来凤姐虽然改了口，但是贾母因此骂了邢夫人。邢夫人这就是典型的迁怒了，因为觉得凤姐没有真心帮忙做这件事。第三，觉得王熙凤势利眼，只讨好贾母。我们读《红楼梦》时可以感觉到，凤姐确实不大待见邢夫人。通读整部小说，几乎没有见到凤姐说讨婆婆欢心的奉承话。按理说，凤姐那么会说话，说几句动听的话给婆婆听不是难事。但是，凤姐不屑说。我觉得，凤姐确实打心眼儿里看不上自己的婆婆。而且，凤姐讨好了贾母，平时充满威严，确实没怎么把邢夫人放在心上，邢夫人当然也感觉得到。第四，贾母喜欢王夫人和凤姐，不喜欢邢夫人。贾母是贾府中权力顶端的人物，她喜欢谁，谁在贾府的日子就好过。贾母不喜欢邢夫人的为人，这让邢夫人在贾府威望受损，已经够让邢夫人难过了；而贾母对王夫人和凤姐的宠爱，更让邢夫人心生嫉妒；且邢夫人认为自己不讨喜欢是王夫人和凤姐挑唆的，这才是让邢夫人极度生气的地方。

最后，凤姐怕尤氏心里过不去，才让人捆了两个管事的婆子给尤氏发落，尤氏在别人面前为什么笑着装没事人，不领凤姐的情？

当费婆子挑唆了邢夫人之后，邢夫人就说："论理我不该讨情，我想老太太好日子，发狠的还舍钱舍米，周贫济老，咱们家先倒折磨起老人家来了。不看我的脸，权且看老太太，竟放了他们罢。"这让凤姐非常难堪。但是，凤姐强摆着笑脸告知了王夫人原委，而尤氏却说："连我并不知道，你原也太多事了。"按照常理，尤氏应该感激才对，但她为什么反而说凤姐多事，完全不给凤姐台阶？第一，尤氏害怕得罪邢夫人。邢夫人虽然不怎么受宠，但是她的身份摆在那里。邢夫人明摆着要插手这件事，尤氏当然不敢站在凤姐这边，跟邢夫人作对。第二，时机不对，此时是贾母的生日。邢夫人也是抓住这一点做文章。因为，贾母生日期间，是不宜处罚下人的。尤氏当然不敢承担这个责任，那可是得罪贾母的事。第三，尤氏想表现自己的大度。这个时候要是说自己确实生气了，那不是明摆着说自己格局小吗？所以，她顺水推舟，就说自己从来没有放在心上，这样就显得凤姐多事，自己则反而显得宽容大度。第四，尤氏想给凤姐难堪。我们上面也讨论过尤氏因为尤二姐等事对凤姐不满,所以,尤氏此时也是借机报复。

☑ 考　点

1. 鸳鸯发现有丫头在大观园山石后面跟人幽会,那丫头是谁?

   _____

   _____

2. 鸳鸯发现了凤姐眼睛红红的,贾母也问凤姐缘故,凤姐却说是眼睛痒的。请问凤姐为什么不把委屈告诉贾母?

   _____

   _____

🍃 学习笔记

第七十二回

王熙凤恃强羞说病　来旺妇倚势霸成亲

📋 **情节概要**

1. 司棋自小与她姑表兄弟有情,于是买通了婆子们留了门,和表兄弟厮混,结果被鸳鸯无意撞破,甚是羞愧。

2. 表兄弟畏罪逃跑,司棋又添一层气而病倒,鸳鸯赌誓不告诉别人,司棋感激万分。

3. 鸳鸯来看凤姐,平儿告诉鸳鸯凤姐月经不止的病症。贾琏因为贾母生日开支而应接不上,求鸳鸯偷当了贾母的金银家伙先应付过去,鸳鸯未置可否。贾琏又求凤姐说服鸳鸯,并答应事成后给凤姐一二百两银子。

4. 来旺媳妇求凤姐促成彩霞和自己儿子的婚事,彩霞父母不同意,凤姐强势促成了他们的婚事。彩霞找赵姨娘想依靠了贾环,贾环竟毫不关心。

5. 夏太监看中一所房子,找贾琏要二百两银子,凤姐故意让平儿拿了两个金项圈儿当了四百两银子,一半给了太监,另一半给来旺媳妇办中秋节。

👆 **值得一问**

首先,司棋听了她表兄弟逃走,为什么气个倒仰?

　　司棋和自己表兄弟幽会被鸳鸯发现，鸳鸯并没有揭发他们，司棋之所以被气个倒仰，第一是因为自己的表兄弟毫无担当，这是两个人的事情，作为男人他竟然"畏罪先逃"了，在司棋看来这是不可原谅的。再加上司棋为人性情刚烈有担当，她最看不得没有担当的男人，所以被气倒了也是情理之中。第二，气自己眼光不准。司棋是一个心性非常高傲的女子，大家应该还记得因为一碗鸡蛋羹，司棋敢率领了一帮小丫头大闹大观园的厨房。她绝对是容不得一点沙子的人，而这样高傲的司棋，竟然会看上这样软弱的男人，也是司棋的悲剧，她怎能不气自己没眼光呢！第三，这违背了司棋对崇高爱情的坚守。司棋的理想是和表兄弟一起为爱承担一切，哪怕是付出生命，这是司棋难能可贵的地方。司棋当然非常畏惧事情败露，但是司棋从来没想过要逃避，在司棋看来，即使是因为这件事两个人死在了一起，那也不枉爱了彼此一场。有些人会觉得司棋的形象不够可爱，会为了一碗鸡蛋羹而大闹厨房，过于计较了；也会为了表兄弟而买通婆子们，在大观园幽会，过于放荡了。而我想说，这正是司棋非常可爱的地方。因为司棋是迎春的丫鬟，迎春胆小，人称"二木头"，司棋也跟着没少受气。但是，司棋有很强的自我意识，她觉得该是自己的权利，就一定要争取，这在我们今天看来不是很正常吗？再者，司棋与其说是放荡，不如说是义无反顾。敢于大胆地追求自己的真爱，并真心付出，这样的人当然是可爱的。

　　其次，凤姐的梦境到底有什么寓意呢？

　　这是凤姐的第二个梦境，第一个梦境是梦见了秦可卿跟她说了一番话，第二个梦境："梦见一个人，虽然面善，却又不知名姓，找我。问他作什么，他说娘娘打发他来要一百匹锦。我问他是那一位娘娘，他说的又不是咱们家的娘娘。我就不肯给他，他就上来夺。正夺着，就醒了。"第一，我们先看那人要的是"锦"，《红楼梦》很喜欢用谐音，大家读的时候要注意。他要的还是一百匹锦，说明这件事一百个"要紧"。那么到底是什么事情那么"要紧"呢？第二，凤姐梦见的是其他的娘娘来要锦，不给还上来夺，这件事情我们完全可以做一个大胆的猜测，那就是宫中的元春被其他的娘娘夺走了皇帝的恩宠。第三，面善而不知道名姓，这是非常可怕的地方，那就是这一切都是在暗中发生的，我们不知道是谁，我们也不知道应该如何预防。所以，这个梦境其实预示着元春的失宠,也暗示着贾府从根源上的败落。这个梦境应该和贾琏求鸳鸯去偷偷当了贾母的金银细软的事结合起来看,贾府的用度已经到了寅吃卯粮的程度了。算计到了贾母头上也是有寓意的。因为在我看来,如果贾母是贾府中明面上的大树,那么元春就是贾府的根基。这两起事件的结合,其实预示着贾府从"根基"到"树木"都出了巨大的问题。

最后,为什么要写夏太监和周太监来贾府要钱的事?

夏太监派人来贾府找贾琏要二百两银子,说是看中了一处房子。凤姐就让贾琏藏起来,她当着小太监的面先让来旺家的去支二百两,来旺家的会意说办不到,没钱。凤姐又让平儿去当了自己的两个金项圈,得了四百两银子,给了小太监二百两。这个事写得非常详细。第一,写出贾府经济上的不容易。既有巨大的开支无法弥补得上,又有各种人情世故需要打点,还有这些宫中的太监们动不动上门来讨钱。所以,贾府的经济真的已经负担不起了。第二,朝廷很腐败。太监敢动不动上门要个二百两、一千两,这明摆着是威胁。太监是侍奉皇帝的人,是宦官;贾府代表的是朝廷命官,是外官。照理宦官和外官不能有联系,更别说是明着要钱。所以由此我们可知,朝廷也已经腐败透顶了。第三,元春并没有想象中得恩宠。太监最是嗅觉灵敏的人,他们知道谁得势,谁失势。如果元妃得势,这些太监也不敢明摆着欺负贾府,也只有确定自己的动作能够对元春造成威胁,他们才敢明目张胆地去威胁贾府。第四,凤姐处理事情真是滴水不漏。一方面讲话极好听,说自己只要有钱都愿意孝敬这些太监们,给足了太监们面子;另一方面哭穷,在他们的面前上演了一番典当借钱的戏码,希望太监们以后不要再来要钱。这就是凤姐的本事,贾琏还真没有!

✓ 考 点

1. 来旺的儿子想要娶彩霞,彩霞的父母为什么不同意,最终为什么又答应了呢?

_____

_____

2.彩霞非常不愿意嫁给来旺的儿子,请说说具体的原因。

_____

_____

✎ 学习笔记

第七十三回

痴丫头误拾绣春囊　懦小姐不问累金凤

▦ **情节概要**

1. 赵姨娘的丫头小鹊来找宝玉,告知准备贾政问话。宝玉连夜读书复习,金星玻璃(芳官)看见一个人从墙上跳下来,晴雯借此叫宝玉说吓到了装病。

2. 贾母责问上夜的人不小心,探春说出了上夜的人聚众赌博的事情,贾母下令彻查,查出了三个大头家,其中有迎春的乳母。

3. 傻大姐在园子里掏促织玩,结果捡到了绣春囊,她不知道香囊上绣的是什么意思,以为是妖精在打架,撞见邢夫人,邢夫人大惊失色,将之塞在袖内。

4. 迎春乳母的儿媳妇王住儿媳妇来找迎春求情,绣桔让她把乳母偷去赌钱的攒珠累丝金凤拿回来,二人起了争执。探春等人来看迎春,正好遇见,就叫来平儿处理了此事。

👆 **值得一问**

首先,绣春囊是谁的呢?

回答这个问题之前,我想先说明一下绣春囊是个什么东西。绣春囊其实是一个香囊,古人佩戴香囊有防虫、驱邪等作用。而香囊的表面往往绣上了花鸟虫鱼等图案,而绣春囊上面绣的是春宫图。所以,一般来说,绣春囊是私密物件儿，没人会在大庭广众之下佩戴。而拿着把玩欣赏的，一般也是男性。这样就可以把范围缩小了。傻大姐又是在园子里山石后面捡到的，所以我们只需要想想，哪些男人在园子里山石处出现过。第一个是宝玉，宝玉会在山石处小解（园子里许多人都会这样），而宝玉也会通过茗烟买些外来的物品，所以宝玉是有嫌疑的。但是，我认为不是宝玉。第一，宝玉趣味高雅。通读《红楼梦》我们发现，宝玉看重的是"情"，他对于这种绣春囊兴趣不大。第二，宝玉年龄小，应该没胆量做这样的事。第三，茗烟不敢这么做。茗烟给宝玉买的东西，顶多是《西厢记》之类的书，万万不敢直接买有露骨春宫图的香囊。倒是贾琏的嫌疑更大，因为他经常游走于外处，而且贾琏于男女之事较为随意。但是，书中没有关于贾琏出现在山石处的描写，所以可以排除。第三个怀疑的对象是贾赦，贾赦虽然年迈，但是和贾琏一样好色，不服老还总是想着纳妾。但是，贾赦不在园子里住，所以可以排除。第四个人是薛蟠，薛蟠虽然也不在园子里住，但是薛蟠做生意回家的时候带了两箱子物件儿送给了宝钗，宝钗又转手送给了园子里的人。有人认为，很可能是粗心的薛蟠不小心把这东西夹带进去了。我觉得也可以排除，因为细心如宝钗绝对会将礼品先过目，并合理安排送某人哪些东西。第五个人就是司棋的表兄弟潘又安，大家应该还记得，他跟司棋在园子里幽会时被鸳鸯撞见，所以基本可以认定，绣春囊就是潘又安的。

其次，贾迎春为什么不愿意出面帮助自己的乳母？

迎春的乳母因为聚众赌博而获罪，乳母的儿媳妇就想让迎春出面求情，但是迎春并没有这样做，我觉得有以下几个原因：第一，乳母的罪过确实严重。正如贾母所说，乳母是奶过主子的人，自己就更要尊重些才是。而迎春的乳母却仗着自己的身份聚众赌博，确实罪不可恕。第二，迎春觉得自己没有这个分量。在得知迎春乳母的罪责时，黛玉、宝钗和探春怕迎春面上过不去都同时出面向贾母求情，贾母尚且没有答应，所以迎春觉得自己即使出面也是没有用的。第三，迎春也觉得自己的乳母过分。迎春的乳母不仅仅是聚众赌博，而且还敢私自把迎春的首饰偷去典当了赌钱，可以说是可恶至极！而更加过分的是，乳母的儿媳妇居然说自己还补贴了迎春的用度。因为邢岫烟是跟着迎春一起生活的，而邢夫人擅自克扣了邢岫烟一两银子给了邢岫烟的父母生活,以至于邢岫烟生活拮据,但是不论如何拮据,她们都不会占奴才们的便宜。乳母的儿媳妇居然讲出这样的话,确实让人生厌。第四,迎春的性格非常懦弱。历来对迎春性格的评价都是说她懦弱,我觉得除了懦弱,还有不与世争的平和。几个奴才吵架,迎春居然能够自己在那里读《太上感应篇》,这是很有境界的。所以,我觉得迎春不单单是懦弱,她压根儿就不想与世俗相争。

☑ 考 点

1. 邢夫人看到绣春囊为什么大惊失色?

_____

_____

2. 探春说出了大观园中奴才们聚众赌博的事情,贾母下令彻查,最后惩处了一批犯错的奴才,为什么单独又申斥了林之孝家的一番?

_____

_____

🖋 学习笔记

第七十四回

惑奸谗抄检大观园　矢孤介杜绝宁国府

📋 情节概要

1. 宝玉为了柳家的想找迎春一起去求情，平儿处理了王住儿媳妇的事，让她快些赎回迎春的累丝金凤，又回明了凤姐。

2. 贾琏让鸳鸯借当贾母物件儿的事被王夫人知道，王夫人让贾琏挪二百两银子过八月十五，凤姐拿自己的金项圈当了银子来。

3. 王夫人拿着绣春囊责问凤姐，凤姐极力否认是自己的物品。王善保家的说晴雯坏话，王夫人叫来晴雯痛骂了一番。

4. 王善保家的建议晚上关了园门就到各处丫头房里搜寻，王夫人和凤姐同意，于是夜里到各处翻找，查找绣春囊的线索。王善保家的胆敢开探春的玩笑，挨了探春一巴掌，又搜出自己外孙女司棋与表弟潘又安的情书和定情信物，自觉没脸。

5. 因为入画私自保管贾珍赏赐给她哥哥的钱物，违反了规矩，惜春让尤氏把入画带走，又说了不要让宁国府牵累自己的话，气得尤氏直接离开。

👆 值得一问

首先，邢夫人看到绣春囊为什么吓得连忙死紧攥住，并不立马上交给贾母，而是通过王善保家的转交给了王夫人呢？按理说，管家的人是王夫人和凤姐,而邢夫人对她俩都不满,完全可以借这个机会,把绣春囊上交给贾母,从而好好治王夫人和凤姐一个治家不严的罪名,自己不是最顺心意了吗?

邢夫人并没有这样做。第一,直接交给贾母就彻底跟王夫人翻脸了。邢夫人虽然对王夫人很是不满,但是面上的东西,邢夫人还是要顾及的。毕竟王夫人的家世摆在那里,王家是四大家族之一,她还有一个位高权重的哥哥和一个贵为皇妃的女儿。如果是傻大姐直接将绣春囊交给了贾母,那么就跟邢夫人毫不相干了。问题就在于邢夫人撞见了绣春囊,这个时候由邢夫人出面交给贾母,那么王夫人一定会将所有的怨恨都指向邢夫人,邢夫人觉得得罪不起王夫人,所以没有自己出面交给贾母。第二,邢夫人也没有自己出面将绣春囊交给王夫人。这样做,王夫人必然感谢邢夫人的大德,并将丑事消化在了二人之间,再没有其他人知道。但是,一旦这样做,王夫人只要销毁了绣春囊这个赃物,邢夫人就拿王夫人一点儿办法也没有了。第三,邢夫人通过王善保家的交给了王夫人,一方面是施恩,告诉王夫人自己没有上交给贾母,这是给足了王夫人面子;另一方面也是示威,告诉王夫人即使是销赃也是没用的,因为王善保家的就是证人,已经有其他人知道了,所以王夫人治家不严的罪名永远捏在了邢夫人的手上。所以,当王夫人拿着绣春囊到凤姐面前的时候,为什么到了痛哭流涕的程度? 当然有痛心、担心,害怕家风受损;也有自责,自己治家不严;还有责备,凤姐管家不力;更有压力,邢夫人永远抓住了自己的把柄。所以,邢夫人这一招非常高明。

其次,王善保家的为什么敢公然开探春的玩笑?

当搜查的队伍浩浩荡荡地来到探春的地盘的时候,探春早已经知道了端的,所以把众人的箱子罗列排开,探春的气势一下子就出来了。她也全然不顾及凤姐的面子,直接说自己是贼头头,凤姐只好说自己是奉命行事,让探春不要生气,也给足了探春面子,让探春的丫鬟们快关上。我想说探春和凤姐向来是有情谊的,但是这个时候探春全然不顾及凤姐的难堪,因为凤姐也是迫不得已,我认为原因有下:第一,非常痛心。我们发现探春对贾家的败落是深有感触的,她认为甄府的败落应该成为贾府的参照。但贾府却在外面没有查抄的情形下,自己内部先查抄了起来。她感到贾府的败落已经是势不可当的了,所以她才责备凤姐。第二,树立威信。探春对于自己庶出的身份非常敏感,而探春在贾府是有头有脸的人物,这一切都是探春凭借自己的努力得来的。而凤姐带一帮人来搜查探春的房间,无疑是对探春人格的侮辱,探春是不会让步的。第三,探春知道自己和凤姐能相互理解。探春知道凤姐也是被迫无奈的,再加上二人之间的情谊,所以探春也是凭借这点才冲撞凤姐。

接下来我们谈谈王善保家的为什么敢开探春的玩笑。本来探春已经被劝好了,结果王善保家的还上去故意拉起探春的衣襟,说连姑娘身上都翻了,果然没有什么,结果挨了探春一巴掌。第一,王善保家的仗着自己是邢夫人的陪房,觉得连王夫人都对她另眼看待,所以敢贸然开探春的玩笑,觉得探春不敢拿自己怎么样。第二,王善保家的想拍探春的马屁。因为探春说让他们查清楚了,别到时候又想来查自己。王善保家的想要说明探春确实没有问题,所以就掀起探春的衣襟,想以此证明探春的清白。结果马屁拍在了马蹄上,探春把这个举动看作是侵犯之举,给了她一个巴掌。第三,想要在众人面前显摆自己的地位。她本想着在众人面前显摆自己跟主子们的亲近关系,别人不能做的自己能做,多有面子!结果不仅没能显摆,反而丢了脸。第四,王善保家的觉得探春是庶出的,又是没出阁的姑娘,所以不可能厉害到哪里去。结果,她完全盘算错了。

最后,惜春说的一番话到底是什么意思?反映了惜春怎样的形象呢?

惜春跟尤氏说的话可以概括为以下几个意思:第一,入画即使情有可原,自己也是不要了,让尤氏把入画带走;第二,自己虽然是宁国府的人,但是今后不回宁国府那边了,要和宁国府划清界限;第三,宁国府名声不好听,以后不要再牵累了她;第四,尤氏这些不认字的人都是糊涂的呆子。尤氏被气个半死,但是完全拿惜春没有办法。第一,入画是惜春的丫鬟,惜春有权力处置她;第二,宁国府的名声确实不好。原文也直接点出尤氏心内原有病,比如贾珍、贾蓉父子和尤二姐、尤三姐有聚麀之乱。自己的丈夫及名义上的儿子和自己的妹妹们有染,这绝对是丢脸的事情。惜春的形象也值得分析一下,第一,非常冷漠决绝。入画是从小就跟着侍奉惜春的,也没有犯什么大错,而惜春坚决不要入画,显得过于绝情。第二,非常清高,容不得一点瑕疵。从她对入画和宁国府的态度可以看出惜春的道德洁癖,她是不能容许道德上的瑕疵的。第三,看待事物客观冷静而深刻。惜春在姐妹中年龄最小,而看待事物却非常通透深刻,她懂得了悟和割舍,所以最后她出家当了姑子。

☑考 点

1. 当凤姐等人搜出司棋与潘又安的情书和定情信物的时候,司棋为什么没有畏惧惭愧之意?

_____

_____

2. 晴雯"两手捉着底子朝天,往地下尽情一倒,将所有之物尽都倒出"。为什么突出晴雯"倒"的情态?

_____

_____

🖋学习笔记

第七十五回

开夜宴异兆发悲音　赏中秋新词得佳谶

情节概要

1. 尤氏从惜春处到了李纨处，梳洗后遇见宝钗来回李纨要离开大观园，后来探春也到李纨处，探春说了打王善保家的事，尤氏也说了惜春的事。

2. 尤氏回宁国府，看见各种纨绔子弟在宁国府聚众赌博，热闹非凡，丑态百出。其中邢夫人的弟弟邢德全公然讲邢夫人的坏话。

3. 八月十四，宁国府提前一天过中秋节，众人突然听到祠堂边上发出了长叹的声音。

4. 八月十五，众人聚集大观园赏月，击鼓传花，贾政、贾赦都讲了笑话，宝玉、贾兰和贾环作了诗。

值得一问

首先，为什么写宁国府祠堂边上的长叹之声？

这声长叹诡异之极！此事发生在八月十四，中秋节的前一天。因为宁国府还处在守丧期，加上八月十五的时候按照礼数要陪贾母过，所以贾珍就决定提前一天过中秋节，正在众人酒酣耳热、热闹非凡之际，从祠堂那边传来了长叹之声，令人毛骨悚然。第一，营造了一种诡异的氛围。在深更半夜，又是从祠堂传来的长叹声，让人倍觉诡异。第二，与节日的氛围形成强烈的对比。

此时宁国府众人提前过节，珍馐满桌，佩凤吹箫，文花唱曲，猜枚划拳好不热闹。而那一声长叹则极尽凄清寥落，与众人庆祝形成了鲜明的对比。第三，与贾珍等人聚众赌博、饮酒等事相呼应。我们要将长叹与这一回前面的内容结合起来看。贾珍因为尚在居丧期间，无聊之极，所以就聚了一群人在宁国府，明面上是练习、比赛射技，暗地里却是赌博、吃酒、玩乐，无所不为。而贾赦、贾政还命贾环、贾琮、宝玉、贾兰四人去习射，真是荒唐之极！所以这一声长叹就非常有意味了，尤其还是在祠堂那边发出的长叹。一方面是祖先对宁国府贾珍等人荒淫无道的哀伤，另一方面也是对贾赦、贾政这些长辈治家昏聩无道的哀叹。第四，预示着贾府的衰败，为贾府一系列的衰败做了铺垫。贾府经济上的困难在之前已经有诸多暗示，比如乌进孝进租的时候，贾珍就抱怨过贾府入不敷出的情况。但是，如此强烈的关于没落的暗示，还是在这一回的这声长叹中。

其次，贾政和贾赦讲的笑话分别有什么作用？

贾赦的笑话非常好理解，他讲了一个母亲因心火而需要针灸，儿子害怕针灸心脏部位过于危险，婆子就告诉他，不要紧，天下的父母多偏心！明眼人都听得懂，贾赦是说贾母偏心贾政一房。贾母也知道贾赦笑话的含义，说自己也需要这个婆子针灸一番。贾赦虽然不是有意数落母亲，但是这确实是贾赦内心潜意识的表现。而贾政的笑话，有些奇怪，虽然是挺好笑的，但是不符合贾政的形象。因为这个笑话是说一个男人怕老婆，八月十五的时候被朋友拉去喝酒，醉了。第二天吓得不得了，正好他老婆在洗脚，为了惩罚丈夫，就让丈夫舔脚，结果丈夫恶心吐了，还说不是夫人的脚臭，而是昨天喝了黄酒又吃了月饼的缘故。这个笑话挺低俗的吧？完全不像一本正经的贾政会说的。有什么作用呢？第一，丰富了贾政的人物形象。贾政可以被理解为"假正经"，虽然在明面上，贾政都是以正人君子的形象出现的，但是从贾政会娶赵姨娘那样的人，同时才华平庸，可以看出贾政的格调其实不高。讲出这样的笑话，正是为了暗示贾政潜藏在外在形象之下的"俗"。第二，体现他对贾母的孝顺。贾政平时不苟言笑，为了讨贾母的欢心，在自己的子侄辈面前完全放下了长辈的包袱，逗母亲一笑，也是很孝顺的表现。第三，非常应八月十五的景。贾政的这个笑话可以说非常扣题，笑话中是八月十五的节日，笑话外也是赏月吃月饼;笑话中是夫人强势,笑话外是贾母当权,所以也不失其贴切之处。

最后,贾赦为什么说贾环将来要袭爵位?

这个表态非常令人费解。席间因宝玉和贾兰都作了诗,所以当击鼓传花传到自己手上的时候,贾环也作了一首诗。贾政读完先是"罕异",感到惊讶,说明贾环这首诗和往日比大有进步;再是发现其中有不喜读书的句子,就讥讽贾环和宝玉都是难以教导的朽木。贾政从小喜欢读书,加上只是荣国府的次子,所以承袭爵位这种事跟他无关,只能是读书这条路了。可是,皇帝铭记贾府的功业,就格外赏赐了贾政一个官职。所以我们无法知道贾政的真实能力,但我们知道他爱读书,且很用功,只是资质比较平庸,从他给大观园题诗的那一回可以看出来。所以,贾政本质上不喜欢贾环的诗。贾环的诗得到了贾赦的欣赏,太正常了! 第一,贾赦就是不学无术的典型代表。贾赦是直接袭爵位的,在他看来读书那是平常人家的事,王侯的气度也正在不喜读书中体现。这是什么鬼理论? 所谓"狗熊惜狗熊",所以同样不学无术的贾环当然能得到贾赦的赏识。第二,贾赦同情贾环的遭遇。贾环在贾府是不受待见的,贾赦同样是不受贾母待见的人,在贾赦的心中,贾母是偏心贾政的。贾环的遭遇让贾赦有种同病相怜的感觉,所以他才会出言鼓励,说贾环将来能袭爵位。第三,贾赦故意挑起内部的矛盾。贾赦心中的不如意有目共睹,所以在同情贾环的同时,他也不喜欢宝玉,整部小说确实找不出他疼爱宝玉的影子。我们知道,承袭爵位的是嫡长子。贾赦的爵位是给贾琏的,再不济也是宝玉的,怎么也轮不到贾环。而贾赦这句话的厉害之处,就是挑起了贾环心中的欲望,让他觉得自己袭爵有望从而能和宝玉争斗。第四,为了刺激贾母。他这里是明确表态,连庶出的贾环都袭爵有望,那已经袭了爵位的自己,哪里比不上贾政这些人呢? 暗地里跟贾母较劲呢。

☑ **考 点** -

1. 薛宝钗在大观园里住得好好的,为什么要离开?

_____

_____

2. 这一回一方面写出贾府的拮据,另一方面又写出过节时的奢华,请说明这样写的原因。

_____

_____

🖋 **学习笔记**

第七十六回

凸碧堂品笛感凄清　凹晶馆联诗悲寂寞

情节概要

1. 贾赦等散去,贾母另摆一桌,因少了几人而感到冷清。众媳妇为了顾及贾母的兴致,强撑着陪贾母赏月、听曲。

2. 黛玉和湘云一起前往凹晶馆联诗,二人联了二十二韵,最后妙玉又增了十三韵,题为《右中秋夜大观园即景联句三十五韵》。

值得一问

首先,这一回让人倍感凄清,凄清的氛围是怎么渲染的呢?

第一,人数减少,使得人气不够,从而显得悲凉。宝钗和宝琴两姐妹不在,李纨和凤姐两人又病了,薛姨妈也没来。而这些人都是贾母非常喜欢的人,像凤姐一个人的嘴能顶十个,而宝钗、宝琴又是非常会说话的人。所以,少了这些人,贾母显得没有那么高兴了。第二,笛声营造了一种悲凉的氛围。这一回描写了两处笛声,第一处是从壁厢桂花树下传来的笛声,这处的笛声大家都觉得非常好听,所以即使是"呜呜咽咽"这样的悲音,因为众人的心情是开心的,总体上也还算喜乐。而这处的笛声是为了和后面的笛声对比,后一处的笛声是贾母要求慢慢吹来,结果声音非常悲凉,以至于贾母都坠下泪来。第三,黛玉和湘云联诗的内容充满了凄凉之感。因为黛玉触景生情,湘云劝黛玉不如一起联诗。在一番联句之后，黛玉在湘云的"寒塘渡鹤影"之后接了一句"冷月葬花魂"，这一句诗已经暗示了黛玉最终悲惨的命运，所以尤其悲凉。

其次，薛姨妈和宝钗是贾府的贵客，凡是集会，薛姨妈母女总是贾母的座上宾。二人为什么不参加这次的中秋集会？

第一，今年贾母没有请她们，原因是八月十五是家人团聚的日子，而且这一年贾赦和贾政都在家里。薛姨妈虽然和王夫人是亲姐妹，但是毕竟不是贾家的人。所以，在这样的节日里，贾母没有请她们。第二，薛家添了两口人，这两个人应该指的是薛蝌和薛宝琴兄妹。他们二人来京寄居在薛姨妈家里，又是薛姨妈的亲人，八月十五团聚的时候，薛姨妈母女不可能丢下他们二人参加贾母的宴会。第三，薛姨妈母女不愿意参加贾府的宴会。因为绣春囊事件，贾府秘密检查大观园中各房的物品，虽然没有检查薛宝钗的，但是敏感的薛宝钗觉得大观园这潭水太深、太乱，自己不能陷进去，所以她立马搬了出去以避嫌。而发生了这样的事情，薛姨妈母女自然心存芥蒂，不愿意与贾府过多亲密了，免得惹嫌疑。

最后，湘云和宝钗、黛玉的关系有什么变化？原因是什么？

史湘云和宝钗、黛玉的关系是有一个变化的过程的。我们先揭示答案：史湘云先跟黛玉亲近，后来跟宝钗更好而跟黛玉保持距离，最后又跟黛玉更亲近。第一，史湘云最先和黛玉亲近，因为黛玉和湘云更早认识，这是打小的情谊，不能忽略。我们回到湘云出场的第二十回看，湘云跟黛玉赌气，让黛玉挑出宝钗的不好来，就服气了。这里一则说明湘云觉得宝钗很完美，很喜欢宝钗；二来她让黛玉挑错，可见跟黛玉的亲近，而且湘云最后是跟黛玉一起住的。所以从这个时候看，湘云虽然喜欢宝钗，但是跟黛玉更亲近。第二，湘云和宝钗的关系在螃蟹宴的时候发生了变化，薛宝钗周到地为史湘云张罗螃蟹宴，让湘云感激不尽，觉得薛宝钗真是太好了。而且这段时间，史湘云越来越觉得林黛玉小心眼儿，总是辖制贾宝玉，尤其是林黛玉误剪了史湘云送给宝玉的扇套之后，她直接跟袭人抱怨；而且说唱戏的小戏子像林黛玉，黛玉虽然是生宝玉的气，但是史湘云的心里依然是不爽的。所以，这之后她彻底抛开了黛玉，把宝钗当亲姐姐相待，甚至将自己在叔父家苦难的生活都跟宝钗和盘托出。这段时间，史湘云也不再跟黛玉同住，而是搬去和宝钗一起住了。第三，绣春囊事件，抄检大观园让宝钗急于撇清关系，搬离大观园，而全然不顾及跟她同住的史湘云，让湘云看清了宝钗的决绝。湘云也亲口说："可恨宝姐姐，姊妹天天说亲道热，早已说今年中秋要大家一处赏月，必要起社，大家联句，到今日便弃了咱们，自己赏月去了。"她知道宝钗是有依靠的，从这句话可以看出，她和黛玉才是"咱们"，最后她又跟黛玉住在了一起。

✅ 考 点

1. 最后给黛玉和湘云的联句结尾的人是谁？

_____

_____

2. 结合文章内容，说说取名"凸碧堂"和"凹晶馆"的妙处。

_____

_____

🍃 学习笔记

第七十七回

俏丫鬟抱屈夭风流　美优伶斩情归水月

情节概要

1. 王夫人为给凤姐配药，各处找人参找不着。直到贾母拿出一包，又因年代太久没有了药效，宝钗出面才解决了难题。

2. 王夫人下令逐出司棋，迎春不舍亦不敢多言。司棋路中碰见了宝玉，求助于宝玉，宝玉也没办法，又听见要晴雯的哥嫂来领走晴雯。

3. 王夫人亲自来审怡红院，赶走了晴雯、与宝玉同生日的蕙香（四儿）、耶律雄奴（芳官）连带之前分到各院的戏子们。

4. 袭人劝宝玉，等王夫人气过了，再求把晴雯接回来。宝玉怀疑袭人，质疑为何其他人的错王夫人都知道，单没有挑袭人、麝月、秋纹三个人的错。

5. 宝玉觉得院里海棠花死了一半，是预示着晴雯的死，袭人觉得要预示也是预示自己而不是晴雯，宝玉捂住了袭人的嘴。袭人把晴雯的衣物和自己攒的几吊钱托宋妈妈给晴雯送去。

6. 宝玉来看晴雯，晴雯病重，叫宝玉给她倒了茶，又铰下了指甲，脱下了贴身的红绫袄与宝玉的袄交换，想着死后还如在怡红院一般。

7. 晴雯嫂子灯姑娘嘲笑宝玉是没药性的炮仗，又感叹宝玉和晴雯的纯洁。宝玉回怡红院，袭人替换晴雯睡在宝玉的外床。

8. 芳官和藕官、蕊官执意要当尼姑，水月庵的智通和地藏庵的圆信想多拐几个女孩子使唤，两人劝通了王夫人，芳官跟了智通，藕官、蕊官跟了圆信。

值得一问

首先，为什么要写王夫人到处求人参的事？

第一，写出凤姐的病情。凤姐一直有"血崩"的病症，求人参实际上是为了点明凤姐的病情，为最终凤姐病死做了铺垫。第二，写出贾府的衰落。对以前的贾府而言，人参算什么，就像凤姐劝秦可卿的，别说是一日二钱人参，二斤也吃得起。可是现在，真的如王夫人所说的"卖油的娘子水梳头"吗？完全不是，是真的亏空了。第三，写出宝钗的周全。最终给王夫人解决难题的人是宝钗，是她托付了薛蟠才解决了问题。第四，体现了王夫人的重视。王夫人一般是不管这些事务的，这也体现了凤姐的身份地位。凤姐既是贾府中实际上的管家者，同时也是王夫人的侄女，可见其重要性。

其次，袭人到底是不是告发晴雯的人？

王夫人亲自带队来整改怡红院，揪出了晴雯、蕙香和芳官。连蕙香说的同一天生日的人是夫妻这样的话都被王夫人知道了，可见告密之人与怡红院关系之紧密。所以宝玉也怀疑袭人是告密者，因为袭人和她管教的麝月、秋纹啥事儿没有。但我觉得不是袭人告发的。第一，从王夫人的反应来看，她并不认识晴雯。当王善保家的在王夫人面前告发晴雯的时候，王夫人还只是猜测哪个人是晴雯。如果袭人告发在前，那么以王夫人对袭人的重视，绝对早就盯上了晴雯。第二，从袭人和晴雯的关系来看，她们俩交情很好。宝玉睡觉时，以前都是袭人在里间服侍，后来袭人有意避嫌，是安排了晴雯在里间服侍而不是麝月、秋纹。所以，袭人是非常信任晴雯的。第三，袭人这样聪明的人，她应该明白，如果是她告发的，那么所有的人都会怀疑她。因为晴雯是怡红院中唯一可以跟袭人抗衡的大丫鬟，排挤走了晴雯，袭人自然是最大的受益者。袭人聪明，她不会这么干。那么到底是谁把怡红院中那么私密的事情告知王夫人的呢？我认为怡红院中的丫头那么多，王夫人安插几个内鬼太简单了。

最后，灯姑娘的举动，反映了她怎样的心理？

第一，认为宝玉是风月场中的老手。灯姑娘自己绝对是风月场中的高手，曾勾搭过贾琏。所以一看到宝玉，灯姑娘就坐在炕沿上，紧紧地将宝玉搂入怀中。结果宝玉吓得直叫："好姐姐,别闹。"她看宝玉实在是个害羞的老实人,跟贾琏绝对不一样,才吐槽宝玉是没药性的炮仗,并放过了他。第二,认为宝玉和晴雯一定有非同寻常的关系。灯姑娘其实早就发现了宝玉来找晴雯,但是灯姑娘故意没有进去,而是在墙边听宝玉他们的悄悄话。她亲口说觉得宝玉和晴雯一定有偷鸡摸狗的事,结果从偷听的话中得知,他俩竟然清清白白。第三,灯姑娘敬佩宝玉和晴雯的为人。灯姑娘最后让宝玉想看晴雯尽管来,再不会啰唣宝玉。啰唣就是生事、调戏,她在这里是说再不为难宝玉。灯姑娘固然是浪荡之人,但是她也有可爱的地方:那就是真性情。她佩服宝玉和晴雯的为人!

✅ 考 点

1. 宝玉说阶下的海棠花死了半边,肯定是有不好的事情发生,果然应在他身上。"他"指的是谁?

_____

_____

2. 晴雯为什么要把指甲铰下来,并脱下贴身的红绫袄与宝玉交换?

_____

_____

🍃 学习笔记

第七十八回

老学士闲征姽婳词　痴公子杜撰芙蓉诔

情节概要

1. 王夫人跟贾母报告晴雯被撵之事,并告知看中了袭人给宝玉当妾。

2. 王夫人问凤姐薛宝钗搬出园子的原因,凤姐说是因为绣春囊事件而避嫌。王夫人劝宝钗搬回园子,宝钗借家中有事,执意不肯。

3. 宝玉问两个丫头晴雯的事情,一个丫头说晴雯喊了一夜的"娘",另一个丫头说晴雯去当芙蓉花的花神去了。

4. 贾政跟众清客谈姽婳将军林四娘的事迹,让众人拟《姽婳词》以志其忠义,贾兰作了一首七绝,贾环作了一首五律,宝玉作的一首古风最好。

5. 宝玉回到园中,心中凄楚,为祭奠晴雯而写了《芙蓉女儿诔》。

值得一问

首先,两个丫头跟宝玉说的话,谁说的是真的? 谁说的是假的? 我们该如何理解?

这要分而论之:如果是从现实的角度看,第一个丫头说的是真话;若是从理想的角度看,第二个丫头说的是真话。我们先从现实的角度来看,第一个丫头说晴雯只是叫了"一夜的娘"。为什么要明确点出这一点呢? 第一,写出晴雯极度的悲惨。人在最无助、痛苦的时候会喊娘。可怜的晴雯,从小没了娘,一生孤苦,却以如此孤独的方式走完了自己的一生。第二,渲染了悲凉的氛围。晴雯最后离开人世,是以凄苦的叫声结束的,正是这样的叫声,让我们感到悲凉的意味。第三,写出了晴雯兄嫂的冷漠,他们只是把晴雯当作利用的工具,此时的晴雯已经失去了利用的价值,所以,兄嫂就弃之而不顾。第四,写出了宝玉心中的不忍和痛苦。晴雯是宝玉的大丫头,在他的心中是可以和袭人相提并论的,而她却以如此凄惨的方式离开人世,宝玉是极为痛苦的,所以才会追问有没有其他的话。正因为宝玉内心极度痛苦,所以,宝玉不愿意相信这是真的,也就有了第二个丫头的话。再从理想的角度来看,第二个丫头说晴雯已经去当木芙蓉花的花神了。那么,为什么是木芙蓉的花神呢?第一,木芙蓉非常美丽。这和晴雯的外貌特点非常契合,我们知道晴雯的外貌神似黛玉。在第七十四回的时候,王夫人就问晴雯是不是那个"水蛇腰、削肩膀、眉眼又有些像你林妹妹的",这番话足以从侧面证明晴雯的美貌。第二,木芙蓉开花在秋季的九月至十一月,花期很长。在古典诗文中,历来被认为是清高、孤傲的象征。这与晴雯的性格是非常相似的,晴雯自视甚高,从来不屑于跟他人争抢,而且自尊自爱,认为自己不比任何人卑贱。第三十七回,秋纹因为帮宝玉送桂花给老太太和太太,因此得了赏赐,秋纹就非常高兴地跟大家分享。结果晴雯就说她是宁可得罪太太也不要,足见晴雯的清高。第三,木芙蓉多生长于水边,秋江风寒,许多文人把坎坷、落寞的情感寄寓于木芙蓉,以表达自己的苦闷、失意。这就暗示了晴雯最终的悲惨结局:被赶出贾府,抑郁而终。第四,这是宝玉的美好愿望。宝玉不能接受晴雯的惨死,所以丫头编织的理想情形非常符合宝玉的期待。

其次,贾政讲姽婳将军,有什么作用?

第一,是对封建朝廷的嘲讽。"姽婳"谐音"鬼话",一个朝廷最后要靠着女子来效力,可见满朝文武"更无一个是男儿"。所以,曹雪芹是借着这个,对朝廷进行讽刺。第二,是对红楼女儿们精神的赞赏。《红楼梦》中女儿们的形象大多美好,而这里的"姽婳"将军正是对红楼女儿们形象的投射,尤其是这一回,将之与晴雯并列,其实非常耐人寻味。姽婳将军的勇烈与晴雯的坚贞相映成趣。第三,象征着红楼女儿们的悲惨命运,尤其是影射了晴雯之死。姽婳将军林四娘最后是惨死军中,也是为情而死,这和晴雯的死高度契合。

最后,我们该怎么理解贾宝玉的《芙蓉女儿诔》?

这篇祭文太长了,而且典故颇多,实词繁复,古文功底不好的人,简直读不下去。但是,我建议大家把它梳理清楚了,好好读一读。第一,这篇祭文写出了晴雯的身世遭遇,回顾了与晴雯一生的相处,以及晴雯惨死的过程,并用金玉、冰雪比喻晴雯高尚的人格,情深意切,令人潸然泪下。第二,这篇祭文既是祭奠晴雯,又是祭奠黛玉。因为晴雯和黛玉有很多相似的地方,所以这篇祭文也在很多地方呈现了黛玉的影子。比如描写容貌的"眉黛烟青",描写相处的"指环玉冷,今倩谁温",表现品格的"高标见嫉"等,所以这篇祭文是一文影射两人,也是为黛玉最后悲惨死去做了铺垫。第三,这篇祭文形式非常新颖。糅合了多种体裁的祭文,有楚辞体、赋、歌行体,又有先秦散文的影子,给人耳目一新的感觉。所以,不要小看这篇祭文,它很有创新性。

✔ 考 点

1. 说说贾母对晴雯的评价。

_____

_____

2. 王夫人劝宝钗回园子住,宝钗用了什么理由打消了王夫人的念头?

_____

_____

🍃 学习笔记

第七十九回

薛文龙悔娶河东狮　贾迎春误嫁中山狼

情节概要

1. 黛玉听见宝玉写的祭稿,建议他将"红绡帐里"改为"茜纱窗下",宝玉觉得很妙。黛玉又告诉宝玉迎春将嫁之事。

2. 宝玉遇见香菱,香菱告知宝玉薛蟠将娶夏金桂之事,宝玉不禁为香菱感到担忧。

3. 薛蟠娶了骄纵的夏金桂,一日与之商议事情,夏金桂执意不从,薛蟠与之置气,被薛姨妈教训,薛蟠在夏金桂面前气概逐渐不足。

值得一问

首先,贾母为什么不中意贾迎春嫁给孙绍祖?又为什么不阻止呢?

书中明明说孙家是大同府人氏,祖上军官出身,又是宁荣府的门生,又是世交,可以说门当户对,可是贾母却不十分称意。第一,因为孙家当年是看中了宁荣府的家世,有意讨好才拜在宁荣府门下的,不是什么诗礼望族,因此并非门当户对;第二,贾赦是择好了孙绍祖为女婿,再跟贾母禀报,这就是说并没有跟贾母商量过,他自作主张将迎春嫁出,贾母当然不高兴;第三,时间过于仓促,可以说是突然间决定将迎春许与孙家,贾母觉得不够稳妥;第四,觉得孙绍祖这个人不靠谱(这是我推测的),因为孙绍祖已经年近三十岁了,但还没有娶妻,这在当时看来绝对是大龄未婚男子了。所以贾母不是很愿意。那么贾母为什么不阻止呢?第一,贾赦毕竟是迎春的父亲,那时婚姻遵循的是父母之命,媒妁之言。所以,贾母即使不满意,也不好公然否决贾赦的决定。第二,迎春的身份毕竟是庶出的,且在贾母心中没那么重要。我们看《红楼梦》能感觉到,迎春似乎没有太大的存在感,这跟迎春懦弱的性格有关,跟迎春相比,贾母明显更喜欢探春。第三,贾母不想跟贾赦闹翻。按照常理,贾赦应该先跟贾母商量迎春的婚事,而这里贾赦却如此仓促将女儿嫁了,且是先斩后奏,以贾母的智慧,她肯定知道其中有不得已的原因。而且贾赦觉得贾母偏心小儿子,本就有些心怀不满,贾母不想把她与贾赦的关系弄得更差。第四,贾母也是对自己权威的保护。如果事事插上一手,别人会觉得贾母一手遮天,反而会背上专权的坏名声。而慎用权力,在关键的时候才能发挥更大的威力。

其次,黛玉听宝玉说了"茜纱窗下,我本无缘;黄土垄中,卿何薄命"的时候,为什么"怔然变色",又装作没事呢?

先看为何怔然变色。第一,这句话暗示了不好的结局。"茜纱窗"指代的人其实是黛玉,黛玉的房间糊的是茜纱窗,那么"无缘"当然指的就是贾宝玉和林黛玉最终是无缘的结局;而"卿何薄命"更是直指黛玉寿命不永,黛玉本来多病,所以这句话让她感到不祥。第二,这句话也戳中了黛玉的痛点。黛玉非常担心自己不能嫁给宝玉,也非常担心自己的病不能好。而宝玉的无心之语正好说中了黛玉的心事,所以她才会怔然变色。那为什么又装作没事呢?第一,内心羞涩。她对宝玉的爱情是含蓄的,女孩子最不好意思的事就是谈及自己的情感,所以这种对宝玉的真情只能藏在心里,不能表现出来。第二,她不想让宝玉难过,毕竟这是宝玉的无心之谈,如果表现出来,宝玉必然会因为自己的过失而难过,所以黛玉装作没事。第三,黛玉不想要这样的结果。她害怕面对这样的结局,她装作没事,其实也是逃避的一种方式。

最后,宝玉听香菱说薛蟠要娶夏金桂,就跟香菱说,担心香菱之后的生活。香菱非但不感激,反而责怪宝玉。为什么?

第一,因为羞涩。我说过,那个时候的女孩子是不能够表露自己的感情的。所以,大家有时候开女孩子们的玩笑,就说她想男人了之类的,但那必须是女子之间的玩笑,而且必须是很熟悉的关系,即使如此,被开玩笑的女孩子还是会羞涩得要打人。宝玉这样说,无疑触及了薛蟠和香菱的夫妻关系,所以,香菱非常害羞。第二,这不合乎叔嫂的礼仪。宝玉是没有这个概念的,他只是纯粹关心香菱。但这番话,不是叔叔能对嫂子说的,会让人觉得宝玉对香菱也有情愫在,超过了封建礼教规定的关系。第三,香菱怕别人觉得她不乐意薛蟠娶妻。宝玉的这番话,很容易引起别人对香菱的误解。香菱对于薛蟠娶妻非常高兴,能转移薛蟠的注意力而不被关注,对香菱来说绝对是件幸福的事,且香菱认为只要自己真心相待,肯定会有好的生活。实际上,香菱应该也有忧虑,但宝玉这样点出,当时的人会觉得香菱是只为自己考虑而不顾及丈夫生活的小气之人,所以香菱不高兴。

☑ 考 点

1. 贾赦将贾迎春嫁给了谁?

_____

_____

2. 薛蟠为什么会娶夏金桂?

_____

_____

🍃 学习笔记

第八十回

美香菱屈受贪夫棒　王道士胡诌妒妇方

情节概要

1.夏金桂不满意宝钗给香菱取的名字,给她改名为"秋菱"。

2.薛蟠看上了夏金桂的丫鬟宝蟾,夏金桂为了设计香菱,故意将宝蟾送给了薛蟠。

3.夏金桂设计香菱去给她拿手帕,香菱因此撞破了薛蟠和宝蟾的好事,夜间被薛蟠踢了两脚。

4.夏金桂诬陷香菱扎纸人镇魇法害她,薛蟠痛打香菱,薛姨妈带走了香菱交给了宝钗。

5.宝玉到天齐庙还愿,王道士胡诌妒妇方,引得众人大笑。

6.迎春跟王夫人诉苦孙绍祖的好色、好赌,并说了贾赦欠孙绍祖五千两银子的事。

值得一问

首先,薛家为什么拿夏金桂没办法?

第一,夏金桂的个性非常火暴,是个十足的泼妇。你看夏金桂非常懂得挟制的方法,先是摸透了薛蟠的性格,然后再找一件事情故意就是不依,闹得薛蟠丝毫没有办法。封建礼教时代,婆婆说话,媳妇是不能插嘴的,但你看夏金桂,她敢于直接驳斥婆婆。当薛蟠打香菱时,薛姨妈看不过去生气制止,借着骂薛蟠,影射夏金桂说是卖了香菱好拔去眼中钉、肉中刺。夏金桂则直接回薛姨妈"不必说一个扯一个",气得薛姨妈浑身乱战。第二,薛蟠是爱她的,同时又是一个没气性的男人。夏金桂敢这样大闹和薛蟠对她的爱是分不开的,薛蟠也被气得要打她,可是薛蟠下不去手。这跟薛蟠的个性相关,薛蟠是一个看似脾气火暴实际上没有什么气性的男人,对喜欢的人可以低三下四不要脸面,而一旦受挫了也毫无还手之力,比如被柳湘莲修理了一番而不敢还手。又跟夏金桂的手段有关,她非常懂得积久的威势的作用,治得薛蟠服服帖帖。第三,和夏金桂家的家势紧密相关。夏金桂家是皇商,薛蟠家虽然也是,但是势力在逐渐衰落。而夏金桂家无疑可以成为薛家的合作伙伴,给予薛蟠以支持。

其次,写王一贴有什么作用?

第一,从侧面写出夏金桂的泼辣,已经惊动了贾宝玉。贾宝玉问王一贴治疗妒妇的膏药。我们当然知道,贾宝玉是一片真心,他得知夏金桂的为人,非常心疼香菱的处境,所以才问起了王一贴除百病的膏药。第二,起到调节氛围的戏剧性效果。王一贴是一个非常幽默的人,你看他开的妒妇方,秋梨、陈皮、冰糖都是些清凉去火的药,并且说吃到一百岁,人死了之后,也就治好了,引得大家大笑不止。第三,以王一贴的精明对比世俗之人的愚昧。王一贴本质上就是一个卖假膏药的,他自己都说他的膏药是假的,而世人却说他的膏药灵验,一剂膏药百病皆除。疾病有药可以医治,愚昧是没有药可以医治的。世人一味追捧着假药,这不是很讽刺的事情吗?

最后,孙绍祖为什么敢欺负贾迎春? 贾府为什么不出面?

孙绍祖敢指着贾迎春的鼻子骂那么难听的话,根源就是贾赦拿了孙绍祖五千两银子,还不出来。但是,我们想贾府那可是豪门贵族,孙绍祖难道就不怕贾府,不怕宫里的贵妃? 第一,孙绍祖家真的崛起了。以前是孙家看上了贾府的权势,所以拜在了贾府门下。而此时真的是风水轮流转,贾府衰落了,连五千两银子也还不出来,想要攀附孙家,所以孙绍祖真的有恃无恐。第二,贾家真的衰落了,元春已经失宠了。孙绍祖丝毫不畏惧贾府的权势,说明他此时已经不把贾府放在眼里。而且他已经得到了明确的消息,贾元春已经失宠。第三,贾迎春的个性过于软弱。贾迎春人称"二木头",是一个非常懦弱的人,遇见像孙绍祖这样的流氓,肯定是只有挨欺负的份儿,况且迎春是庶出的,地位本就低些。第四,跟封建礼教相关。在那个嫁鸡随鸡、嫁狗随狗的年代,夫为妻纲,丈夫再出格,娘家人也都还是教导女子要忍耐,这才是维持体面的方式。

☑ **考 点**

1. 贾赦为什么将迎春嫁给孙绍祖?

_____

_____

2. 为什么写宝玉问王一贴妒妇方的内容?

_____

_____

🍃 **学习笔记**

第八十一回

占旺相四美钓游鱼　奉严词两番入家塾

情节概要

1. 宝玉求王夫人跟贾母求情，接了迎春，王夫人笑宝玉孩子气。

2. 宝玉找黛玉诉说园子里的人很多都散了，二人都哭了。

3. 宝玉读书读不进去，往大观园去，遇见了探春、李纹、李绮、邢岫烟四人在钓鱼玩。

4. 贾母叫了宝玉和凤姐，询问了他们当年被魇了的事情，并说了马道婆获罪的事。

5. 贾政叫了宝玉，让他继续跟着贾代儒读书，攻举业之事。

值得一问

首先，写四美钓游鱼的目的是什么？

第一，舒缓了叙事的节奏。《红楼梦》在写到第八十回的时候已经充满了悲情，几乎到了让人压抑的地步，尤其是读到贾迎春受到孙绍祖的虐待时，我们的内心是无比沉重的，这个时候出现了探春、李纹、李绮和邢岫烟四人钓鱼这样轻松的场景，让悲情的氛围节奏得到舒缓。第二，起到承上启下的过渡作用。承接上文大观园逐渐败落的事实，开启下文大观园彻底败落的内容。此时的大观园虽然跟之前比败落了，但是还不至于萧条，依然是有生气的，四美钓鱼正是明证。第三，突出了宝玉的贪玩儿。宝玉是一个爱热闹的人，他渴望将所有的人都聚集在一起，永不分离，大家一一从大观园离开是宝玉所不能接受的。但是，天下没有不散的筵席。而宝玉在历经了各色人物的离开而无比伤怀的时候，遇见了这四个人在钓鱼，他内心的激动可想而知，他非常珍惜这样的时刻。第四，与接下来入私塾的场景形成对比。四美钓游鱼无疑是一个无比美好的场景，但是，接下来宝玉就被逼迫着去私塾上学了，宝玉最痛苦的日子要来了。

其次，为什么写马道婆被抓的事？

第一，呼应第二十五回的内容，马道婆跟赵姨娘二人谋划，魇魔法将宝玉和凤姐二人几乎给整死。后来还是那一僧一道救了宝玉，不过那时没有揭示结局，到了本回贾府的人才知道宝玉和凤姐是遭了马道婆的毒手。第二，讽刺了贾府人的愚昧。按理说，马道婆是社会底层人物，如果没有贾母的支持，她连贾府的门都摸不到，结果她却能成为宝玉的寄名干娘。贾母本来是想保宝玉长命百岁，结果却几乎将宝玉送上绝路。所以，其中讽刺意味确实耐人寻味。第三，写出了马道婆和赵姨娘的恶毒，也是恶有恶报。马道婆毕竟是宝玉的寄名干娘，是为宝玉保平安的人，平常也没少收贾母的好处。但是，马道婆贪得无厌，为了钱财可以说是无所不为。她既收受贾母她们的好处，又接受赵姨娘的许诺，是典型的毒妇。赵姨娘自然不用说了，为了嫡庶之争，打击宝玉，她也是什么伤天害理的事都做。

最后，贾府为什么没有处理赵姨娘？

第一，马道婆已经被抓，不能找来对证。这就相当于死无对证了，赵姨娘只要咬死不承认，没人能断定此事为赵姨娘所做。所以，也就无法处理她了。第二，有损贾环和贾探春的形象。再怎么说赵姨娘是他们的生身母亲，而贾环和贾探春都是贾府的主子，如果公然因为这件事处理了赵姨娘则会牵累贾环和探春。第三，有损贾府的形象。贾府是豪门贵族，如果闹出了妾魇魔法残害嫡子的事情，一定会被其他家族笑话，所谓家丑不可外扬，说的正是这个道理。

☑ 考　点

1. 四美钓游鱼,是哪四美?

_____

_____

2. 有人给贾政介绍南边的一个学问很好的先生,贾政为什么不用他却依
然选了贾代儒呢?

_____

_____

🖋 学习笔记

第八十二回

老学究讲义警顽心　病潇湘痴魂惊噩梦

--- 📋 **情节概要** --

1. 宝玉放学去看黛玉，黛玉劝宝玉要好好念书，宝玉觉得黛玉也变了。

2. 袭人传达了王夫人让宝玉好好念书，不要和丫头玩闹的话，宝玉决心认真，结果生病了。

3. 第二天上学迟到，贾代儒让宝玉讲书"后生可畏""吾未见好德如好色者也"。

4. 袭人怕自己如香菱的遭遇，就去找黛玉探口风，黛玉说了"不是东风压了西风，就是西风压了东风"的话。

5. 黛玉做了噩梦，梦见要嫁给他人，吓得魂飞魄散。醒来咯血，吓得湘云失言。

--- 👆 **值得一问** --

首先，黛玉为什么劝宝玉读书？

我们知道总是劝宝玉读书的人是宝钗和袭人，湘云也劝过，宝玉当时就给湘云脸色看。黛玉是从来不劝宝玉读书的，因为她也不看重所谓的功名利禄。而这一回，黛玉也劝宝玉要求取功名，让宝玉觉得难受。有人认为是续写的人没有真正领悟《红楼梦》的主旨，所以乱写。我不这样认为，因为原文明明点出了,黛玉是从来不说这样的话的。那么黛玉为何此时却说了呢?第一,贾府的衰败,黛玉是看在眼里,急在心中。当时贾探春对贾府进行改革的时候,宝玉觉得不管贾府如何,最终是不会短了自己和黛玉什么东西的,而黛玉则跟宝玉形成鲜明的对比,她觉得贾府需要改革经营,才不至于支出的多而收益的少,最终亏空。第二,黛玉觉得能够支撑贾府的人,只有宝玉。在那么多年的经历之后,黛玉发现,贾府上下的男人们,真正靠谱的也就是宝玉和贾兰了。其他的人要么是庸才,要么是好色之徒,要么直接是废物。而宝玉又是贾兰的叔叔辈,所以,能撑起贾府门户的人只有宝玉,而功名又是不二的选择。第三,考取功名,是贾府长辈的期待,同时也呼应了宝玉挨打那部分的内容。黛玉在看到宝玉挨打之后,让宝玉都改了吧,其实就包含着让宝玉好好读书的意思,而这部分内容正好是个呼应。第四,黛玉把宝玉看作自己的归宿,而这样的定位,不论自己是多么不看重功名,也需要劝宝玉好好读书。但是很可惜,宝玉完全不能理解黛玉的话。

其次,贾代儒让宝玉讲的"后生可畏"章和"吾未见好德如好色者也"章两部分内容,有什么作用呢?

要回答这个问题,我们既要看所讲的内容,也需要看贾代儒和宝玉的表现。第一,贾代儒想劝宝玉及时努力,修养德行。在贾代儒看来,宝玉是一个"好色之徒"——日夜泡在女孩子堆里,肯定是好色之徒无疑了。这就是贾代儒的偏见。第二,宝玉的聪慧敏感和不喜经济之学。当宝玉说"教他及时努力,不要弄到……"时他抬头看贾代儒,因为宝玉害怕伤到贾代儒,所以不敢说。这就是宝玉的敏感和善良。因为宝玉害怕伤害了贾代儒,贾代儒就是到老了也毫无成就。而宝玉串讲的水平,和他作诗的水平相比,真是过于平庸了。可见,宝玉的才情真的不错,但于仕途经济真的不行。第三,可以看出以贾代儒为首的封建礼教的虚伪。贾代儒在讲解"无闻"的时候,认为无闻不是说不能发达做官,而是说能够明理,即使不做官也是"有闻"。仕途经济的学问明明就是劝人为官而显达,明面上非要显出道德为先的样子,真是虚伪到了可笑的地步。

最后,黛玉的梦境象征着什么呢?

第一,象征着自己和宝玉有真挚的爱情,却不能终成眷属。黛玉对宝玉的爱真挚而深刻,她渴望嫁给宝玉,而宝玉也在梦境中掏出自己的心给黛玉看。说明在黛玉的心中,她非常肯定宝玉对她的爱。但是,梦境中她要嫁给别人当偏房,这预示着她和宝玉最终难以在一起。第二,象征着黛玉的真实处境,在贾府中大家都是看老太太的面子而关心黛玉的,而且贾母对黛玉的关爱也是值得讨论的——对黛玉的婚姻一直悬而不决,其实也是另有打算。第三,象征着黛玉的悲惨结局。梦境中贾雨村要带黛玉见她父亲,而此时黛玉的父亲早已经过世。所以,这其实暗示着黛玉已经病入膏肓,命不久矣。

☑ 考 点

1. 贾代儒让宝玉说书,说书的主题是什么?

_____

_____

2. 袭人从来不背地里说别人,她为什么跟黛玉讨论夏金桂和香菱的事情呢?

_____

_____

🍃 学习笔记

第八十三回

省宫闱贾元妃染恙　闹闺阃薛宝钗吞声

情节概要

1. 一个老婆子骂自己的外孙女儿,导致黛玉多心,哭晕了过去。

2. 袭人来看黛玉,跟紫鹃说了宝玉夜里心窝疼的事。

3. 王太医给宝玉和黛玉看了病开了药,紫鹃托周瑞家的向凤姐支月钱,凤姐拿了自己的银子给她。

4. 周瑞家的跟凤姐讲了外头如何传贾府富贵的歌儿,凤姐只是叹息。

5. 贾元春生病,贾母、邢夫人、王夫人和凤姐去宫里探望,贾元春倍感悲伤。

6. 夏金桂和宝蟾拌嘴,薛姨妈和宝钗去劝,夏金桂句句怄气,气得母女二人出了房间。

值得一问

首先,黛玉为什么会因为不相干的话而哭晕?

黛玉听到一个老婆婆骂自己的外孙女儿,感觉是专骂自己,哭晕了过去。我们乍一看会觉得很不可思议,八竿子打不着的事儿,能让她直接哭晕。第一,黛玉过度敏感。黛玉的敏感多心一直是非常严重的,随着在贾府的日子愈加煎熬,黛玉的敏感也愈加严重。第二,跟黛玉之前的梦境有关。

黛玉梦见贾雨村要接她回去,嫁给他人当偏房,可以说这就像一根刺刺在了黛玉的心中,她非常恐惧自己不能继续待在贾府,所以当听见有人骂"你这不成人的小蹄子!你是个什么东西,来这园子里头混搅"的话,瞬间勾起了她心中的恐惧。第三,黛玉的病情愈加严重,处境愈加不容易。大观园里的人走的走,散的散,黛玉的病情也一天天加重,这也加重了黛玉的疑虑。

其次,为什么总写元妃的"哭"?

第一次集中笔墨写元妃的"哭"是在元妃省亲的时候,短短的省亲过程,她哭了好几次;接下来就是这次探病,元妃又是一顿哭。元妃在我们心中的形象,似乎永远是泪眼婆娑,楚楚可怜的。为什么总写她哭呢?第一,她真的没有我们想象的那般得宠。在我看来,皇帝封赏她是看中了元妃的家世。因为如果真的得宠,元妃的日子不至于过成这样。第二,她真的非常想念家人团聚的日子。元妃说大户人家不如小门户的人家可以享受天伦之乐这样的话,说了两次。可以看出元春是一个很重伦理亲情的人,冷冰冰的皇宫,哪能让元妃体会这个!第三,她真的病重了,知道自己命不久矣。她是把这次家人的探视当作诀别的,所以哭得尤其伤心。

最后,写夏金桂和宝蟾的吵闹有何用意?

第一,突出薛家的纷乱。薛家虽然比不上贾家这样的豪门贵族,但是至少也是富贵人家。但是,自从娶了夏金桂之后,薛家就变得一地鸡毛了。第二,突出夏金桂和宝蟾的无理取闹。夏金桂按理说也是皇商之女,家教不至于这样。可惜父亲死得早,母亲过于骄纵她,所以养成了她泼皮无赖的性情。加上薛蟠畏惧夏金桂,开始躲着她,香菱又跟了宝钗,夏金桂有火无处发泄,就和丫鬟宝蟾吵了起来,可见物以类聚。第三,突出薛姨妈的痛苦、无奈和薛宝钗的周全。面对夏金桂的吵闹,薛姨妈和薛宝钗形成了一个对比的关系。薛姨妈是急火攻心,想要挟制夏金桂又总是无可奈何;薛宝钗则从解释薛姨妈说话过急的原因到劝夏金桂把话说开,再到说明对嫂子的尊重,可谓逻辑清晰,冷静客观,句句在理。可惜的是,说理的对象是夏金桂,真是秀才遇到兵,有理说不清。

☑ 考　点

1. 通过周瑞家的我们知道外头的人给贾府的富贵编了一首歌儿："宁国府,荣国府,金银财宝如粪土。吃不穷,穿不穷,算来……"请问省略号里的内容是什么?

_____

_____

2. 这首歌儿有什么作用?

_____

_____

✎ 学习笔记

第八十四回

试文字宝玉始提亲　探惊风贾环重结怨

情节概要

1. 贾母和贾政说起要给宝玉娶亲的事，贾政希望宝玉能有功名，不要辜负了人家。

2. 贾政叫了宝玉看宝玉作的文章《吾十有五而志于学》《人不知而不愠》《则归墨》，另外给他出了一个《惟士为能》的题目，宝玉破了题，贾政比较满意。

3. 薛姨妈来看贾母，说了家中夏金桂的事情，悲伤异常。众人劝慰一番。

4. 王尔调给宝玉说亲事，说的是邢夫人亲戚张大老爷的女儿。贾母嫌弃张家要招入赘的女婿，便断然否决。

5. 巧姐生病，王夫人从薛姨妈处找来了牛黄煎药，结果被赵姨娘打发来探病的贾环打翻了。

值得一问

首先，贾母为什么不直接让贾政去定下了宝钗给宝玉当媳妇，非要拐弯抹角的呢？

我们先讨论一下，贾母心中有没有适当的人选。我认为当然有，而且基本和黛玉无关了。因为贾母说要给宝玉娶亲，不要在意什么亲戚远近，富贵与否，只要脾性好、模样周正即可。按照这样的标准看，首先就把黛玉给排除了。黛玉是贾母从小带大的，贾母当然知道黛玉的脾气不好。所以，贾母心中的人选是宝钗。当薛姨妈跟贾母诉苦的时候，贾母劝薛姨妈的一番话中，就明确说明了宝钗的性格好，而且还跟黛玉比较，明确表示黛玉在性格和待人接物方面比不上宝钗。说明贾母在心里是衡量过两人的，毕竟黛玉是她的外孙女，而且宝黛之间的情感，她肯定是清楚的。但是，贾母在心里已经倾向于宝钗了。最有力的证据是凤姐的一番话，凤姐之前总是在黛玉的面前开宝玉和黛玉的玩笑，为什么这里却明示贾母，宝玉的理想对象是薛宝钗而非林黛玉呢？因为她懂得贾母的心思。但是为什么贾母不明说呢？第一，贾政和王夫人才是宝玉的父母，婚姻大事毕竟要遵循父母之命，所以，贾母只是给了贾政一个方向，并没有明确的指示。第二，也可以挑选更好的。贾母没有把范围限定死，这是贾母对宝玉的宠爱，宝钗固然是极好的，但是难保贾政等人没有更好的人选，这也是给自己留下挑选的余地。第三，撇清关系，维护自己公正者的形象。贾母一般不轻易替人做决定，而婚姻大事，她更不会轻易地决定了。她这样模糊的指示，可以让自己抽身而出，起码不会被宝玉和黛玉指责了。第四，试探各方的反应。一方面是试探贾政夫妻的反应，看看他们有无人选，是否有准备；另一方面当然是看看薛姨妈家的反应，这事情最终还是要看薛姨妈的意思。虽说是十拿九稳的事，但是贾母还是如此谨慎，可以看出她的老成持重。

其次，都说贾母劝薛姨妈的一番话非常有艺术性，艺术在哪里呢？

第一，推托自己不知道薛姨妈家的情况，给薛姨妈留足面子。家丑不可外扬，薛姨妈觉得夏金桂的事情闹得肯定在贾府尽人皆知了。可是贾母却说是听说姨太太肝疼原要打发人去问候，后来听说好了，就没有找人了，意在说明自己不知道薛家的事。第二，夸赞宝钗，极具暗示性。说宝钗心胸脾性是百里挑一，说给人家作了媳妇，公婆怎么不疼，家里上上下下无不宾服。这暗示还不够明显吗？贾母害怕薛姨妈心中有疑虑，甚至直接拿出了黛玉和宝钗对比，说黛玉不如宝钗。为什么要在薛姨妈面前说呢？因为要打消薛姨妈心中的疑虑，直接暗示黛玉没戏，宝钗则热烈欢迎。

最后，贾政看了宝玉的文章，为什么心情不错？

明清时期科举取士，考的是八股文，题目一般出自"四书五经"。现在大家一般都会大骂八股文，认为它束缚人们的思想，但说句公道话，八股文挺考验人的思维的。换句话说,写好八股文不容易,得是聪明人！从文章来看,宝玉写得不算好,但是贾政却破天荒心情不错。第一,宝玉很有慧根,一听就懂。贾政出了一个《惟士为能》的题目,宝玉经过前面的指点,答得就非常不错。这一点非常重要。八股文跟我们现在的议论文有一点儿像,本质上考的都是学生的思维和表达能力。经过数十年的磨炼,表达能按照八股文的套路走,基本不成问题。但是思维就不一定了,不够聪明永远落入窠臼,不能推陈出新。第二,觉得家族继承有望,宝玉学业充满希望。像贾府这样的家族,要想延续荣耀,功名格外重要。尤其是贾政一脉,原本是无法承袭爵位的,所以更要靠读书,走科举之路。

☑ 考 点

1. 贾母为什么要给宝玉娶亲？

_____

_____

2. 贾母为什么不同意宝玉娶张大老爷的女儿？

_____

_____

🍃 学习笔记

第八十五回

贾存周报升郎中任　薛文起复惹放流刑

📑 情节概要

1. 北静王生日，贾赦、贾政、贾珍、贾琏、宝玉五人去给北静王祝寿，北静王独独厚待宝玉，还赠送了宝玉一块玉，仿的是宝玉身上的玉。

2. 贾芸给宝玉递了拜帖，宝玉看了帖子上的内容傻了似的，哭一会儿，笑一会儿。

3. 贾政升官，王子腾给贾府请戏庆祝，亲戚们也来贾府庆贺，正好那天是黛玉的生日。

4. 薛蟠打死了人，薛姨妈和宝钗托薛蝌处理，夏金桂却揪着香菱哭闹。

👆 值得一问

首先,北静王为什么独对宝玉青睐有加?

北静王非常喜欢贾宝玉，几乎是毫不掩饰地喜欢。在给秦可卿送丧的时候，北静王就单独召见了宝玉，并且送了一串手串给宝玉。宝玉还转赠给了黛玉，结果黛玉不要。而这一次北静王是单拉着宝玉，说很惦记他，并单独留了宝玉吃饭。王爷单独留饭，这可是莫大的恩遇了。我们不禁问，北静王为什么那么喜欢宝玉？第一，宝玉颜值很高。高颜值在任何年代都是占便宜的，长得好看的人，大家都喜欢。第二，宝玉出身离奇，衔玉而生，引起了北静王的兴趣。当年北静王见到贾政，立即问贾政衔玉而生的公子的情况，可见北静王对宝玉很感兴趣。第三，宝玉志趣高雅，颇有文采。从北静王的言行举止中也可以发现北静王的高雅。加上北静王和宝玉的年龄接近，大家都是年轻人，性格相合，就更有话题，所以就更投机。第四，北静王府和贾府历来交好，况且，贾府是皇亲国戚，北静王对宝玉青睐有加也就不足为奇了。

其次，贾芸给宝玉的拜帖中写了什么？宝玉为什么又哭又笑呢？

贾芸的拜帖里写的，一定是关于庆贺宝玉的婚事等内容，而且一定写明了结婚的对象是宝钗。从宝玉的神情中就可以判定，宝玉是不耐烦地笑，摇头，还撕碎了纸。按照麝月的话说就是傻了似的，哭一会子，笑一会子。第一，对结婚对象是宝钗而不是黛玉的极度不满意。为什么不耐烦？宝玉不是不愿意娶亲，而是非黛玉不娶，所以他哭。第二，对家人的这个决定感到无奈和荒唐。他认为自己肯定是娶黛玉的，而家人的安排似乎全然出乎意料，让宝玉倍感荒唐，所以他笑。第三，宝玉不愿意相信这是事实，而又非常害怕这是真事。宝玉看了这个帖子，连饭都吃不下了，他真的被吓到了。

最后，这一回的戏曲有什么含义呢？

我们知道《红楼梦》里的戏曲不是白唱的，它一般都有一定的含义。在这一回，既有贾政的高升，又恰逢黛玉的生日，所以这一回的主角是贾政和黛玉。贾政当然代表着贾府，黛玉则仅关乎自身。这一回的戏，首先是《蕊珠记》里的《冥升》，很可惜，它没有流传下来，我们不知道它到底演绎了什么故事。但是我们根据原文可以知道它是关于嫦娥下凡，几乎嫁了人，通过观音点化，从而飞升月宫的故事。里面还有几句曲词："人间只道风情好，那知道秋月春花容易抛，几乎不把广寒宫忘却了！"这一回直接说黛玉生日那天打扮得像嫦娥下凡，嫦娥就是影射黛玉的。第一，影射黛玉和宝玉不能终成眷属。黛玉和宝玉的情感是很深厚的，而且在很多人看来他们是天造地设的一对儿，所以才会说几乎要婚配给了人。但是嫦娥终究是飞升了，所以，暗示他们二人不能成为眷属。第二，暗示着黛玉之死。黛玉是天上的绛珠草，只有肉身死了，才完成了在人世的一个轮回。所以，嫦娥重返天宫，预示着黛玉之死。另一出戏是《吃糠》，写赵五娘吃糠忍贫、侍奉公婆的故事。第一，暗示着贾府的败落，吃糠意味着极度的贫穷。第二，影射宝钗的贤惠，赵五娘吃糠、侍奉公婆,也是影射宝钗苦苦地操持着贾府。最后一出是《达摩渡江》,是达摩点化徐孝克的故事,文中说还扮出些海市蜃楼。这一出戏有以下几层含义:第一,预示着宝玉出家。达摩点化徐孝克,也是预示着宝玉对佛门的皈依。第二,暗示人间富贵都为虚妄。海市蜃楼虽然美,但是都是假的,告诉我们尘世的繁华不过是虚妄罢了。这是对《红楼梦》人世观的又一个照应。

✅ **考　点**

1. 宝玉说自己前些日子把玉摘下来,挂在帐子里,满帐子都是红色的。凤姐说是"喜信",这凤姐说的喜信指的是什么呢?

   _____

   _____

2. 袭人为什么觉得贾芸是个心术不正的?

   _____

   _____

🍂 **学习笔记**

第八十六回

受私贿老官翻案牍　寄闲情淑女解琴书

情节概要

1. 薛蟠因为酒铺当槽儿的多看了蒋玉菡几眼内心不爽，第二天又找碴儿并砸死了他。

2. 薛姨妈去求贾政，贾政只肯托人说情，薛姨妈又去求了凤姐和贾琏，花了几千银子，买通了知县。

3. 知县判了薛蟠是误伤导致小二之死，小二母亲张王氏喊冤而被撵。

4. 宝玉去看黛玉，黛玉正在看古琴谱子，并给宝玉讲了琴理。

值得一问

首先，为什么花那么多笔墨写知县被买通后审案的情节？

薛姨妈找贾政帮忙，但是贾政只愿意找人打招呼，不愿意提及银物。薛姨妈那是老江湖了，她知道单找人恐怕是解决不了人命官司的，所以，就找了贾琏花了几千银子买通了知县，于是就有了重审案子的情节。第一，为了写出封建王朝的极度腐败，人命是可以用钱买得的。这里面就可以看到，有权势的人可以为所欲为，毕竟那是人治的年代，法令可以任意解读。被买通的知县装模作样地判案，不禁让人哑然失笑。他居然能演绎得如此天衣无缝，丝毫不令自己尴尬，甚至让人觉得他办案追求细节，会反问，能推理。如果不知道实情,甚至会以为知县是位秉公办案、追求正义的好官了,可见他收钱收得多么频繁,才能在公堂上表现得如此自然。第二,写出贾政的坚守是多么可悲,可笑。一方面他不愿意行贿赂之事,另一方面他又不能拒绝亲戚的请求,所以就答应下一个托人说情而不提及钱物的救人方法。显然,他想让自己尽量干净一些,但是,在那样的社会中,他干净不了。第三,写出贫苦人民的可悲可叹。第一个是张三,因为多看了蒋玉菡儿眼就送了命;第二个是李二,他本来是给张三作证的,结果迫于权势,不讲原则,立马改了口供;第三个是张王氏,死了儿子,权势压迫之下,儿子身上的伤都能莫名被减少,她除了哀号没有任何办法。我想说,在权势压迫下,贫贱之人真的卑微如草芥!

其次,贾母关于元妃的这个梦境有什么寓意?

在这一回中提到贾母身体不好,总是梦见元妃,元妃告诫贾母“荣华易尽,须要退步抽身”。第一,预示着元妃势力的衰微。我们总是说,元妃没有我们想的那么受宠,这是在很多地方都有了暗示的。毕竟妃子的势力往往取决于自己受宠的程度和家族的势力,皇帝的爱是天下最善变的了。而此时的贾府仍得以立足绝对是因为先代的荫庇,而不是现在的武功,就那几个没用的庸才,皇帝才不需要倚仗呢。第二,给元妃之死做铺垫。元妃之前生病,后来又因病去世,这个梦境就是为元妃的死做铺垫。第三,预示着贾府的权势衰退。元春其实是希望贾府能够早点抽身,保有富贵的。但是,贾府的衰败已经是无可挽回了,其实这也是贾母潜意识中的表现。第四,暗示着贾母的忧虑和无奈。为什么贾母会有此梦呢?贾母是贾府权力的象征,她看似已经全然退居幕后,实际上贾府的一切都决定于贾母。而贾母也深知贾府的衰退,所以是看在了眼里,急在了心上。

最后,为什么写黛玉跟宝玉谈琴理的情节?

第一,用谈琴来暗示谈情的主旨。我们说《红楼梦》大旨谈情,这肯定是没错的。而宝玉和黛玉的情感线又是这本书的主线,所以,借助黛玉谈琴理来暗示宝、黛的情感关系,非常合理。你看黛玉的琴理多么讲究:要有知音,要焚香,要换衣,要盥洗。第二,用谈琴理来突出黛玉对情感的极度追求。这既是黛玉对弹琴的要求,也是黛玉对爱情的要求。所谓曲高而和寡,黛玉追求的情太高,除了宝玉,根本就不能将就。第三,用谈琴理来觅知音。宝玉当然就是黛玉的知音,因为凡是黛玉弹的,宝玉他都爱听。可是,黛玉也有自己的忧虑:宝玉真的都懂自己的心思吗? 所以她才会说对牛弹琴。第四,写出黛玉和宝玉对待情的矛盾。黛玉对情是吹毛求疵式的纯洁,所以是"情情";而宝玉觉得是学着玩儿,没必要如此讲究。所以,宝玉用情没有黛玉专,却更博,就是这个原因。

✔ 考 点

1. 说说薛蟠打死张三的前后过程。

_____

_____

2. 宝玉说黛玉有了兰花,就可以弹《猗兰操》了,黛玉听了为什么难过?

_____

_____

🍃 学习笔记

第八十七回

感秋深抚琴悲往事　坐禅寂走火入邪魔

📋 **情节概要**

1. 宝钗给黛玉写了一封信,诉说自己的伤悲。

2. 探春、湘云、李纹、李绮来看黛玉,聊了人与地方的缘分,勾起了黛玉的伤心事。

3. 紫鹃服侍黛玉喝了粥,雪雁给黛玉拿了包裹找衣服,黛玉看见旧手帕和铰断的穗子不禁悲从中来。

4. 宝玉去看惜春,惜春和妙玉在下棋,宝玉和妙玉打了招呼,妙玉红了脸。宝玉和妙玉辞别惜春,听见黛玉在弹琴,声音悲戚且弹断了弦。

5. 妙玉坐禅,想起日间与宝玉的对话,走火入魔。惜春听了此事,觉得妙玉尘缘未断,她自己则万缘俱绝。

👆 **值得一问**

首先,宝钗为什么要给黛玉那封信?

第一,诉说自己愁闷的心绪。因为宝钗家最近发生了许多烦心事,先是薛蟠娶了夏金桂,这泼辣的夏金桂闹得薛家鸡犬不宁;然后是薛姨妈因为夏金桂的烦心事而生了病;最后是薛蟠斗殴生事,身陷囹圄之中,此事也还没有最终解决。所以,几重事情叠加起来,都需要宝钗打理操持,确实愁闷非常。

第二，回顾友情，黛玉是宝钗的知音。因为宝钗引导黛玉不要读《西厢记》之类的书，又加上给黛玉送燕窝等事，彻底感动了黛玉。再者，二人寻常一起写诗、起社，朝夕相处，确实是情感亲密的。加上黛玉性情真挚，敏感聪慧，也同样身处不幸之中，宝钗觉得自己的这种情感也只有黛玉才能真正懂得。第三，试图获得黛玉的谅解，从而减轻内疚。这个时候，宝钗已经知道自己被许给了宝玉，她当然是愿意也是渴望嫁给宝玉的。宝钗当然有追求自己幸福的权利，但是，她太清楚宝玉和黛玉之间的感情了。宝钗能许给宝玉，心中除了高兴之外，其实也有对黛玉的歉疚。你看她写的"何去何从兮，失我故欢"，她极力表明身不由己，也知道自己将失去黛玉这个朋友。有人从这里觉得宝钗挺虚伪的，明明自己已经许给了宝玉，还写这样的信给蒙在鼓里的黛玉，这简直就是欺骗黛玉的感情。我想说，这里有真情，但是也有假意。

其次，妙玉为什么会走火入魔？

第一，妙玉的尘缘未断。妙玉出家原本不是自己选择的，她出身于仕宦之家，是因为从小体弱多病，家里人给她买了许多替身都不管用，所以才入了空门，希望能借佛门的清净保养她的身体。所以，她虽然自称槛外人，实际上根本就没有离开过俗世，她的意愿还在俗世。第二，妙玉喜欢宝玉。妙玉对宝玉的好感是肉眼可见的，从允许宝玉取红梅花，到给宝玉用自己常用的绿玉斗喝茶，再到这一回跟宝玉说一句话就红了脸，都说明妙玉真的很喜欢宝玉。你看"看了宝玉一眼，复又低下头去，那脸上的颜色渐渐的红晕起来"，这哪像是出家人的表现？就是娇羞的少女看见喜欢的人的表现。第三，妙玉正值青春妙龄。妙玉走出禅房的时候，听见了两只猫一递一声厮叫，这里写得很隐晦，实际上是猫儿发春呢。作者借这两只猫儿的叫声暗示了妙玉对宝玉的情愫。所谓食色，性也，太正常不过了，妙玉就是因为强行压抑反而走火入魔。

最后，黛玉的琴声有什么意蕴呢？

第一，黛玉因为宝钗的悲伤而悲伤。这是最浅层的意蕴，因为宝钗的这封信，黛玉也拟了词，回应了宝钗的信。这就是黛玉真实可爱的地方，她真心替宝钗感到悲伤。第二，黛玉为自己的身世处境而悲伤。"望故乡兮何处"这是黛玉悲苦的根源，因为双亲去世，寄人篱下，黛玉的故乡之悲尤其哀婉动人;"予之遇兮多烦忧",这是直写自己的亲身遭遇,多烦忧;"之子与我兮心焉相投"既指宝钗和黛玉,更指宝玉和黛玉,两心相投;但是"人生斯世兮如轻尘",生命轻如尘埃,转眼就"天上人间兮感夙因",天人相隔了。第三,暗示了黛玉之死。妙玉说音韵可烈金石,不能持久,果然就断了一根弦。妙玉之所以连忙就走,是因为妙玉感受到了不祥的预兆,她知道黛玉将命不久矣。

☑ 考 点

1. 宝玉和妙玉打招呼,妙玉为什么红了脸?

_____

_____

2. 说说这一回中铰断的香囊的来历。

_____

_____

🖋 学习笔记

第八十八回

博庭欢宝玉赞孤儿　正家法贾珍鞭悍仆

情节概要

1. 鸳鸯找惜春抄《心经》帮助贾母度过八十一岁生日，惜春答应。

2. 宝玉提了蝈蝈儿给贾母解闷，并说了是因为帮助贾环做对子，贾环送的；又说贾兰对得很好，贾母夸赞一番。

3. 鲍二和周瑞闹矛盾，周瑞的干儿子何三和鲍二打架，贾琏踢了周瑞，贾珍命令将鲍二和何三各打了五十鞭子。

4. 贾芸想求凤姐，从贾政掌管的工部得点工程，凤姐没有答应，贾芸很不高兴，把带的礼物挑了两件给小红。

5. 一个丫头听见三间空屋里有叹息声，凤姐三更时睡不着感到害怕，就叫了平儿和秋桐作伴，天亮后王夫人派丫鬟来找贾琏。

值得一问

首先，鲍二和周瑞吵架，到底反映了哪些问题？

我们先来看看他俩到底为什么吵架，无非是鲍二怀疑周瑞贪污了果子，周瑞不服气就和鲍二拌了嘴，结果周瑞的干儿子何三不爽了，就跟鲍二打了起来。第一，反映了贾府的下人之间多有矛盾。周瑞和鲍二的拌嘴其实就是贾府下人之间关系的一个缩影，类似的矛盾很多，像丫鬟之间也多有矛盾。

但是鲍二和周瑞的矛盾,还牵扯了周瑞的干儿子何三,周瑞也并没有出面制止,可见贾府的奴才气焰很嚣张,矛盾很复杂。第二,反映了贾琏、贾珍等贾府的管理者管理方式的简单粗暴。周瑞是荣国府的管家,周瑞家的又在荣国府当管事的妈妈,所以说周瑞一家在贾府其实是挺有地位的,就像周瑞的女婿,因为做古董生意招了官司,求周瑞家的帮忙,周瑞家的完全不着急,等回了凤姐一切就搞定了。但是,在面对这样一件小事的时候,贾琏他们气急败坏,直接踢了周瑞,完全不给面子,并各打了鲍二、何三五十鞭子,赶了出去。没有任何处理的策略可言,反而让各人间的矛盾更深了,且都恨上了贾府。第三,贾府的经济制度混乱。鲍二跟周瑞闹,表面上是因为贾府的果子核对事宜,本质上反映的却是贾府整个经济制度的问题。虽然有核对的单子,但是贾珍根本就是个糊涂虫,懒得核对。这么多年下来,周瑞肯定是知道贾珍的性格的,果子不会核对,推而论之银子就有可能也不核对。所以,谁能保证周瑞就一定是干净的呢?

其次,为什么突出巧姐看到贾芸就哭呢?

第一,为了暗示贾芸不是什么善类。小孩子天生喜欢面善的人,这里以巧姐的直觉之举来写出贾芸这个人的形象,这个人是个唯利是图且自轻自贱的人,可以为了巴结宝玉而认其作父亲。第二,突出贾芸内心的慌乱和尴尬。凤姐拒绝了贾芸的要求,这个时候的贾芸已然心生不快。贾芸虽然面上说的都是夸赞巧姐的话,但是这个时候贾芸的内心其实是非常不高兴的,写巧姐的哭,其实更是突出贾芸内心的慌乱和尴尬。第三,为巧姐被贾芸等人卖掉伏笔。巧姐看见贾芸就莫名其妙地大哭,这是孩子内心不安的表现。作者在这里埋了伏笔,暗示着贾芸将对巧姐做出不利的事情。而这一哭,也让贾芸耿耿于怀,更觉晦气,他对巧姐恨意的种子也就悄然种下了。

最后,为什么写宝玉给贾母送蝈蝈儿呢?

第一,体现了宝玉的体贴。他听说贾母夜里睡不着,就拿了贾环送的蝈蝈儿给贾母解闷,这是宝玉的贴心。第二,对比的手法,突出贾环的不成器和贾兰的聪慧。这蝈蝈儿是因为宝玉帮助了对不出对子的贾环,贾环心里感激送的。说明贾环的水平不行,但是歪门邪道的"小九九"挺多,知道用东西收买人心,以此也衬托了贾兰的聪慧。第三,写出了贾母等人的偏心。贾母明显是偏爱宝玉和贾兰的,其实贾环这样的做法也是小孩子常有的事,贾母虽然是调侃贾环,但也足以看出贾母是真的不怎么喜欢他。

✅ 考　点

1. 贾母八十一岁生日,众人都分到了抄经的任务,为什么独写惜春抄经的内容呢?

_____

_____

2. 鲍二为什么会跟何三打起来? 请结合情节简述原因。

_____

_____

🍃 学习笔记

第八十九回

人亡物在公子填词　蛇影杯弓颦卿绝粒

📋 **情节概要**

1. 宝玉去读书，袭人给宝玉打包了晴雯缝过的雀金裘，引得宝玉给晴雯填了一首词。

2. 宝玉来看黛玉，黛玉在抄经，宝玉又看到她屋里挂了《斗寒图》，并聊起当时黛玉弹琴的事，引起黛玉发出知音固少的感慨。

3. 雪雁从侍书这里听说了宝玉的婚事，将之告诉了紫鹃，不巧被黛玉听见了，她茶饭不思，只求速死。

👆 **值得一问**

首先,宝玉给晴雯写的那首词有什么含义呢？

我们先看下整首词,因为比较短,我就录入全词:"随身伴,独自意绸缪。谁料风波平地起,顿教躯命即时休。孰与话轻柔？东逝水,无复向西流。想象更无怀梦草,添衣还见翠云裘。脉脉使人愁!"第一,对晴雯的深深思念之情。自从袭人有意和宝玉保持距离之后,真正照顾宝玉饮食起居的人就是晴雯。所以宝玉和晴雯是非常亲近的。第二,对晴雯的冤屈的不满。"谁料风波平地起"一句可以看出宝玉对晴雯遭遇的震惊和不满。因为晴雯确实是被冤枉的,平地起的风波其实还是因为晴雯自身要强的个性,她得罪了太多像王善保家的这类人。第三,对晴雯高超手艺和忠诚的赞美。"添衣还见翠云裘",不要忘记,雀金裘被火烧了个洞,各种手工艺人都不敢接手,最后还是晴雯夜补雀金裘,帮助宝玉渡过难关。第四,也隐含了黛玉的命运。我们知道之前的《芙蓉女儿诔》看似是写晴雯,实际上是写黛玉;这首词也是看似写晴雯,实际写黛玉。你看"想象更无怀梦草"是仙草,其实就是暗示黛玉绛珠仙草的身份,也暗示了黛玉同样的命运。

其次,宝玉定亲的事,为什么能瞒那么久而不让黛玉知道呢?

按理说,贾府是一个充满了新闻和八卦的地方,里面又人多口杂,像宝玉的亲事,一般是很难瞒得住的,可为什么就是瞒住了黛玉?第一,贾母和王夫人亲自封过口的,谁要是敢公然传播,那就是跟贾母和王夫人过不去。这层关系是最重要的,因为贾母她们不想公开这样的消息,所以谁都不敢擅自公开说。第二,黛玉她们生活的圈子异常简单。八卦是需要消息与消息的交换的,没有消息的交换,八卦就很难形成气候,这是常识。而林黛玉长年生病,紫鹃、雪雁也因照顾黛玉的生活起居而很少离开潇湘馆,她们根本就没有机会得到这样的消息。第三,大多数人都知道黛玉和宝玉的关系。就像凤姐、李纨她们平时的调侃,虽是玩笑,但是在一定程度上反映了大家对他们二人情感的态度。她们知道这样的消息对黛玉意味着什么,所以,她们有意瞒着黛玉,黛玉她们自然很难知道了。

最后,黛玉以求速死反映了她哪些心理内容呢?

第一,对宝玉的彻底失望。林黛玉将生死都寄托在了宝玉的身上,虽然她也是懂得宝玉的心思的,但是,黛玉很难确定宝玉能否为自己的情感做主。她认为最终的决定权不在宝玉的手上,而在贾母和王夫人的手上,但是,宝玉自己一定是知道的,而宝玉却没有说任何话。所以,关于宝玉定亲的事,她对宝玉是有误解的。宝玉说怕黛玉多心,黛玉则认为宝玉有意隐瞒。第二,对贾母和王夫人的失望。在黛玉的心中,贾母和王夫人那绝对是自己的依靠,尤其是贾母,口口声声说最疼惜的人是黛玉,黛玉自己也是这么认为的。而宝玉定亲的事,让黛玉彻底看清了贾母的心。在贾母的心中,没有什么是比贾府的延续更重要的,所以,宝玉娶亲就不是宝玉个人的事,而是延续贾府繁盛的事,黛玉当然不是合适的人选。黛玉对贾母的抉择虽然没有说什么,但是,她看到了贾母的决绝。第三,对宝钗和薛姨妈的失望。这里虽然没有明说宝玉定亲的对象是谁,但是凭着直觉,黛玉认为宝玉定亲的对象是宝钗。宝钗对黛玉多么亲近,以亲姐妹相待,又是送燕窝又是写信表衷情。而此时的黛玉如何面对自己的好姐妹宝钗呢? 既无法否定与她之前的情谊,也无法面对她之后的身份。此外,还有薛姨妈,她曾说要给黛玉和宝玉说亲,对黛玉跟女儿似的,而最终的结果让黛玉根本无法面对她们。第四,对自身悲苦命运的抗争。黛玉是绝望的,但是她没有任何办法,她唯一的抗争方式就是速死。黛玉面对寄人篱下的生活,原本时时处于悲伤之中,她唯一的寄托就是能嫁给宝玉,而当这样的愿望破碎的时候,黛玉唯有速死才能解脱,唯以速死表达不满。

☑ 考 点

1. 鹦鹉的"姑娘回来了,快倒茶"这句话,有什么作用?

_____

_____

2. 雪雁从谁那里得知宝玉定亲的事?

_____

_____

🍃 学习笔记

第九十回

失绵衣贫女耐嗷嘈　送果品小郎惊叵测

情节概要

1.侍书来看黛玉,和雪雁聊起了宝玉定亲的对象贾母不同意一事。黛玉听后,病情好转。

2.贾母说明了选定宝钗而不是黛玉的原因,决定先办了宝玉的亲事再给黛玉办亲事,且不许大家走漏风声。

3.邢岫烟丢了一件小红袄,丫头问了管事的婆婆一句,遭到管事婆婆的责骂。王熙凤来处理了管事婆婆。

4.凤姐看邢岫烟拮据,给她送了几件旧衣服,邢岫烟感激不尽。

5.薛姨妈想等处理好了薛蟠的事就给薛蝌娶亲,宝蟾拿了酒和果子来声称感谢薛蝌,薛蝌想想觉得可怕。

值得一问

首先,贾母和王夫人为什么选宝钗而不是黛玉?

第一,黛玉性格乖僻,不符合贾母等人所信奉的封建伦理要求。黛玉的性格在贾母等人的眼里是乖僻,其实在我们看来是率真、任性。而这两点恰恰是封建伦理所不允许的:率真容易消解封建礼制的虚饰,任性则容易解构封建威仪的框架。第二,黛玉的身体非常不好。贾母要给宝玉找一个身体健康,容易生育的妻子,这是非常好理解的。不孝有三,无后为大,在封建大家庭中,延续香火是最重要的事。以黛玉的身体状况看,生育和寿命似乎都存在着很大的变数,贾母可不愿意赌这个。第三,宝钗性格大气,深得贾府上下人的喜欢。服众这点对于封建家庭的掌家者而言,太重要了。将来管家的权力一定会从凤姐手上转移到宝钗手上,宝钗有这样的能力。第四,宝钗身体更好。虽然她也吃冷香丸,但是跟黛玉的身体比,她简直就是吃着玩儿。我们知道宝钗身体丰腴、怕热,这些都是身体好、容易生育的外在体现,这很重要。第五,宝钗是王夫人的外甥女儿,而黛玉是贾政的外甥女儿,论血缘,宝钗跟王夫人是血亲,黛玉根本就是外人。所以,王夫人为了亲上加亲也会一心想着宝钗!第六,宝钗家底子厚,黛玉双亲已死,无依无靠。不论是过去还是现在,很多人娶亲嫁人都讲究家族势力,讲究门当户对。薛家虽然没落了,但是瘦死的骆驼比马大,跟黛玉比,宝钗不仅有较强的家族势力,而且有钱。正好,贾府现在需要的是钱,薛家需要的是权,一拍即合。

其次,婆子的前后态度,反映了什么呢?

邢岫烟丢了一件衣服,她的丫头问婆子看见没,婆子就乱嚷着说被冤枉成了贼,被凤姐一顿教训就跪下磕头求饶。第一,这些婆子们非常势利。她们很清楚贾府中哪些人好欺负,哪些人需要奉承。邢岫烟是邢夫人的侄女儿,是来投奔贾府的,加上邢夫人不待见她,以至于贾府中的奴才都不把她放在眼里。第二,邢岫烟的处境真的很悲惨。住在贾府,上上下下需要不少银子打点,可是她的份例钱被抽走了一两交给父母,根本就不够花,以至于典当衣物才能勉强度日。第三,凤姐处事周全得当。凤姐待人其实不错,当然,除了可能威胁自己的那些人外。凤姐给了邢岫烟很多衣物,既博得邢岫烟的好感,也让薛家母女倍感恩德。

最后,"木石姻缘"和"金玉良缘"的含义分别是什么呢?

这一回黛玉又因为自己和宝玉的终身大事而几乎丧命。我们知道,黛玉和宝玉的姻缘被称为"木石姻缘";宝钗和宝玉的姻缘被称为"金玉良缘"。我们来说说其中含义。第一,木石姻缘中的"木"指的是"绛珠仙草",绛珠仙草在人间的真身是林黛玉;"石"指的是宝玉所佩戴的玉,以此指代贾宝玉。因为神瑛侍者灌溉了绛珠仙草,所以绛珠仙草来人间以泪报恩,神瑛侍者在人间的真身是贾宝玉,所以黛玉对宝玉是报恩,也是还情。第二,"金玉良缘"的含义,"金"指的就是薛宝钗的金锁,"玉"当然就是贾宝玉佩戴的玉,以此来暗指宝钗和宝玉的姻缘。第三,"金玉良缘"的含义还有其他,那就是还可能暗指皇帝。我们不要忘记宝钗进京的主要目的,她是为了进宫待选。所以,薛家人口中的"金玉良缘"在最开始的时候,目标是象征着皇权的玉玺。至于为什么薛宝钗没有被选中,文章没写明,我们不得而知。但是,不要小看了薛宝钗的抱负,毕竟有表姐元春在前做表率。因此,"金玉良缘"中,宝玉是宝钗退而求其次的选择;"木石姻缘"中,宝玉却是黛玉的唯一。

☑ 考 点

1. 薛姨妈为什么跟薛蝌强调,等处理好了薛蟠的事就给薛蝌办理亲事?

_____

_____

2. 邢岫烟丢了红色的袄子,最后是谁帮忙解的围?

_____

_____

🍃 学习笔记

第九十一回

纵淫心宝蟾工设计　布疑阵宝玉妄谈禅

📋 情节概要

1. 宝蟾告知金桂薛蝌的反应，并设了计谋让金桂热心照顾薛蝌，等到了时机就灌醉薛蝌。

2. 薛蟠来信，告知薛姨妈道里驳回了县里的文书，薛蝌连夜启程去办理，宝钗因劳累操持而生了大病，茶饭不进。

3. 王夫人跟贾政谈了宝玉和宝钗的婚事，贾政说明年开春过了老太太的生日就给他们定亲，薛姨妈和贾母都赞同。

4. 宝玉来看黛玉，聊了宝钗生病和薛姨妈不似先前亲热的事，宝黛二人趁此谈禅，更坚定了二人之间的感情。

👆 值得一问

首先，贾政到底支持"金玉良缘"还是"木石姻缘"呢？

有人说贾政在对待宝玉的婚事上根本是不关心的，其实不能这么说。在第七十二回的时候，赵姨娘想要为贾环讨了彩霞当妾室，去求贾政。贾政就说自己已经看中了两个丫头，一个给宝玉，一个给贾环。儿子们的妾室之事贾政尚且放在心上，更何况是给儿子娶正室妻子呢？所以贾政一定是关心的。这一回虽然贾政认定了薛宝钗当儿媳妇，但是我们不能就武断地说贾政一直是支持"金玉良缘"的。第一，薛宝钗进京是为了入宫待选。所以，大家要明白薛宝钗所谓的"金玉良缘"，那个"玉"可并没有限定是贾宝玉的"玉"。她的目标可高远多了，那可是皇帝的"玉"。薛宝钗原本想走的是贾元春的路子，后来不知道什么原因，估计是落选了，最后不了了之。毋庸置疑，贾政非常清楚这件事，所以贾政开始的时候根本就没有想过选薛宝钗当儿媳妇。第二，贾政开始的时候不是很喜欢薛宝钗。在小说中贾政没有直接表现出来，只是一个暗示。但是，《红楼梦》是一本充满了象征意味的书，我们需要抓住细节读，才能发现其中的妙处。在第十七回，贾政对"蘅芜苑"的评价是"无味"。大家知道，后来这处地方归宝钗所住，布置得更是如"雪洞"一般。贾政喜欢赵姨娘，对王夫人一般是敬而远之。由此可以想见，贾政对宝钗这样的人是不喜欢的。虽然贾政又评价蘅芜苑"有趣"，但是还跟了一句话"只是不大认识"，贾政真的不能欣赏宝钗。第三，贾政喜欢林黛玉。同样没有正面的证据，也是侧面描写。一处是第十七回，贾政对"潇湘馆"的评价非常高，潇湘馆后来是黛玉的住处。我们说，住处的风格和人的气质紧密相关，贾政对宝钗和黛玉住处的评价，可以看出贾政对二人的情感态度。另一处暗写在第七十六回，林黛玉在跟史湘云说"凸碧堂"和"凹晶馆"来历的时候，顺带说了这两处是自己拟的，并且得到了贾政的赏识，还说凡是黛玉拟的，贾政都一字不改。可见，贾政对这个外甥女是多么喜欢！第四，黛玉跟贾政的关系更亲。宝钗只是贾政妻子王夫人的外甥女，黛玉则是贾政亲妹妹的女儿，从这点也可以看出贾政对黛玉的情感更亲近。

那么，最终贾政为什么又支持"金玉良缘"呢？

第一，林黛玉得的是不治之症。这是最重要的原因。贾政给自己的儿子选妻子，不可能选一个寿命不永的人。这一点，贾母和贾政的看法是高度一致的。第二，王夫人的促成非常重要。在王夫人看来，黛玉即使健康也是不能跟宝钗相提并论的，毕竟宝钗是自己的亲外甥女。第三，薛家对贾府有财物上的支持。黛玉父母双亡，家中的积蓄我认为已经通过贾琏交由贾母保管。所以，对贾府这样的豪门贵族而言，黛玉可以说已经没有什么价值了。宝钗则不同，薛家虽然此时已经衰落，但是有钱是毫无疑问的。所以，贾政当然明白薛宝钗对贾府的价值。

再次,为什么要提及宝钗生病?

第一,在结构上和前文内容相呼应。宝钗的病在第七回就说到过。说宝钗得的是从娘胎里就带出来的一种热毒,所以癞头和尚就给她配了冷香丸,吃了倒是能压制得住。而宝钗一般不怎么发病,这次发病的症状和之前很像,也是热毒攻心,其他的药吃了都没用,还是冷香丸给压制住了。第二,为了突出薛府此时的混乱。薛蟠犯事,好不容易打通了县里,可是道里却不买账,依然打回了县里。薛府上下慌作一团,能真正办事的人其实只有两个:薛蝌和薛宝钗。而薛宝钗又毕竟是女人,她不可能到处奔波,所以她只能在家里操持策划,结果忙到了四更天,急火攻心,发了病。可见薛府是鸡飞狗跳,一团乱麻。第三,为了说明宝钗内心的慌乱,急火攻心。宝钗急火攻心一方面是因为哥哥犯事,迟迟不能解决,中途道里又闹出了乱子,毕竟手足情深,加上劳累过度当然就急火攻心了;另一方面,是因为自己的婚事。薛蟠的事迟迟不能解决,意味着自己的婚事也充满了不确定的因素,宝钗当然有自己的心思,但是,克制如宝钗只会选择隐忍,结果可想而知,克制、压抑过度导致急火攻心。

最后,宝、黛二人谈的禅,到底讲了什么呢?

第一,黛玉问宝玉关于宝钗的话看似很复杂,实际上很简单,翻译成通俗易懂的话就是:你爱没爱过宝钗,以前、现在有没有,未来会不会? 宝钗如果爱你,你怎么办? 你俩互相爱,你又怎么办(其实是我该怎么办)? 第二,宝玉说的"任凭弱水三千,我只取一瓢饮",意思是万千女子,我只要你! 黛玉说的"瓢之漂水奈何"意思是你被别人胁迫影响了怎么办? 宝玉说:"非瓢漂水,水自流,瓢自漂耳。"意思是不要怕别人的胁迫,他们胁迫他们的,我爱我的。第三,黛玉说"水止珠沉",意思是水停了,珍珠沉了你会怎么办? 宝玉说:"禅心已作沾泥絮,莫向春风舞鹧鸪。"前句是宋代的道潜写的,说明自己的心已经像飞絮沾了泥;后句化用唐代郑谷的诗:"座中亦有江南客,莫向春风唱鹧鸪。"鹧鸪是爱情的象征,宝玉的意思是不再爱了。两句合起来就是,当和尚,不爱了! 第四,黛玉说佛门可是不能撒谎的,宝玉说"有如三宝",就是拿佛、法、僧来发誓了。黛玉终于满意了。

✔ 考　点

1. 这一回薛蟠的"信"有什么作用？

_____

_____

2. 薛姨妈为什么对宝玉不似先前亲热？

_____

_____

🍃学习笔记

第九十二回

评女传巧姐慕贤良　玩母珠贾政参聚散

📋 情节概要

---

1. 十一月初一是消寒会,贾母让宝玉跟学房请假并召集众人相聚,巧姐和宝玉先到,宝玉给巧姐说了《列女传》里的事。

2. 司棋的母亲因司棋和潘又安殉情而被坊上的人告官,司棋母亲托人找凤姐帮忙,凤姐答应出面帮忙。

3. 冯紫英拿了围屏《汉宫春晓》,一个钟表,两件共五千银两;一颗母珠,一万银两;一挂鲛绡帐,五千银两。他想卖予贾府,贾府不买。

4. 贾政和冯紫英说起了贾雨村升迁和贾府关系的事,感慨甄府的变迁并思及自家,被贾赦打断。

👆 值得一问

首先,宝玉怎么会给巧姐讲《列女传》?

这后四十回是无名氏的续书,不得不说续得其实很不错了,但是也有不好的地方。比如宝玉给巧姐讲《列女传》,我读到这里的时候觉得非常奇怪,宝玉为什么要给巧姐讲这个呢?我先说说续书者写这个的原因。第一,为了突出宝玉对巧姐的关爱,其实《列女传》这样的读物,一般是封建女子读的东西,宝玉说给巧姐听,符合叔叔教导侄女儿的身份。第二,为了说明巧姐也是遵循封建礼教的大家闺秀。续书者想要塑造一个符合封建礼教的小姐形象，所以巧姐听得很认真，也很喜欢。第三，宝玉为了讨贾母的喜欢。贾母肯定是封建礼教的代表性人物，宝玉在她的面前说这些，贾母当然是高兴的。可是我觉得宝玉不会给巧姐讲这个。还有人认为，写这个是为了突出宝玉博学，其实不存在的。这是封建家庭女子的读物，且是入门级别的，有什么好炫耀的？关键是，这不符合宝玉叛逆的形象。宝玉的思想固然带有封建礼教的局限性，但是他对忠臣烈女的态度，向来是嗤之以鼻的，他肯定不会跟巧姐谈这个。

其次，潘又安怎么会殉情？

潘又安绝对不会殉情！潘又安是一个懦弱没有担当的男人。在司棋和潘又安的事被鸳鸯撞见后，承担后果的人只有司棋，潘又安竟然一个人跑路了。所以，在我看来潘又安是一个懦弱且没有担当的人，司棋会殉情，但是潘又安这种人绝对不会！所以，我认为这部分内容写成潘又安看到司棋殉情死了，他则继续活着并且另娶他人会更好。第一，符合潘又安的形象。你要说潘又安完全不爱司棋，那也不能这么说。只是，他的性格决定了他对司棋的爱不能像司棋爱他那样坚定、勇敢。所以，他会来迎娶司棋却不会因司棋而死。第二，营造浓烈的悲剧氛围。司棋为爱而死，但是死得不值得。因为她一心一意守护的爱是不对等的，她的爱人可以随时逃跑，随时另娶他人，在这样的对比中，我们更为司棋的悲剧唏嘘不已。第三，更符合主题的表达。《红楼梦》是谈情的书，这里赞美的多数是女性的专情，司棋肯定是其中的一个；批判的多数是男性的滥情，潘又安也肯定算其中一个。

最后，为什么要写甄府的变迁和甄宝玉的改变？

第一，甄府是贾府的影射，甄宝玉是贾宝玉的影射。甄府的盛衰变化其实暗示着贾府的盛衰变化，写甄府其实是为了给贾府的衰落做铺垫；而甄宝玉同样历经了警幻仙姑的点化，他则和贾宝玉形成了对比。甄宝玉被警幻仙姑点醒了，而贾宝玉却依然"执迷不悟"。第二，表达了对人世无常的感慨。甄府和贾府都是显赫一时的豪门大家，但是没有长久的富贵，也没有长久的贫贱，盛衰总是交替无常。而人的命运也随着心性的改变或不变而不同，如甄宝玉的改变和贾宝玉的不变。第三，明褒实贬，明贬实褒，任君理解。作者对甄宝玉的改变看似是赞美,对贾宝玉的不变看似是批判,但是反过来看,一个陷入封建礼教的迷途,一个坚守自我本性的纯真,到底褒谁,贬谁? 开放式的答案给了读者巨大的想象空间。

✓ 考　点

1. 司棋为什么自杀? 请简述原因。

_____

_____

2. 为什么写冯紫英给贾府推荐宝物?

_____

_____

🍃 学习笔记

第九十三回

甄家仆投靠贾家门　水月庵掀翻风月案

📑 情节概要

1. 贾府送租的车子被县里衙役拉走了，贾琏写了帖子，知县将事情处置妥当。

2. 宝玉跟贾赦到临安伯家听戏，遇见了蒋玉菡，蒋玉菡唱了《占花魁》，宝玉听得出神。

3. 甄府的包勇带着甄老爷的信来投靠贾政，贾政问了他关于甄宝玉的事。

4. 贾政看到贾府门上贴的一张关于贾芹在水月庵鬼混的帖儿，贾芹求贾琏和赖大把事混过去，不要惊动贾政。

👆 值得一问

首先，为什么写衙役拉走贾府收租的车子这件事？

第一，写出了当时官府的黑暗和混乱。衙役有检查货物和没收货物的权力，但是那必须是违法的货物，比如说私自运输兵器等物品，这些是朝廷严格管控的。你把一堆兵器运到城里来，这肯定是不允许的，万一是造反用的怎么办？所以，官府管控的其实是违禁物品。但是发展到后来，这成了官府盘剥百姓的一种方式。比如有人运粮食进城卖，那也得留下些粮食，相当于是收了过路费。再到后来，那是雁过拔毛，凡是有点儿价值的东西，都会被扣点儿。衙役们肯定不敢自己单干，其实往往是和上级长官勾结起来干，遇到事情了就相互包庇,不了了之,可见当时的官府有多黑暗!第二,贾府的势力衰微了。要是之前,那些衙役肯定不敢没收贾府送租的车子。全盛时期的贾府多么威风,衙役们肯定打听得到,自然对贾府收租的车子也会敬而远之。可是,如今不一样了,就算是告诉衙役这是贾府收租的车,衙役也敢把车夫打一顿。再者,等贾琏写了帖子交给知县,知县也只是保证归还物品却不提处置人的事,而且没有亲自上门谢罪。说明什么?大家都感觉到了贾府势力的衰微,但是,毕竟瘦死的骆驼比马大,东西还是被追回了。第三,也暗示了普通民众的艰难。在这样政府的统治下,有权势的人还可以追回自己的物品,没有权势的普通百姓生活的艰难就可想而知了,被抢了物品,只能怪自己的命不好。

其次,为什么写甄宝玉幡然醒悟的事?

第一,为了呼应贾宝玉梦游太虚幻境的事。在第五回的时候,贾宝玉进入了太虚幻境,看到了金陵十二钗正册、副册、又副册的一些判词。警幻仙姑给宝玉闻了"群芳髓"的香,喝了"千红一窟"茶,饮了"万艳同杯"酒,听了新制的《红楼梦》曲子,又将妹妹可卿送给宝玉云雨一番,希望贾宝玉能悟透声色。而通过包勇的话,我们知道甄宝玉也历经了太虚幻境。第二,将甄宝玉的悟透声色和贾宝玉的执迷不悟作了对比。我们知道,在警幻仙姑的一番引导之后,贾宝玉依然执迷于声色,还跟袭人发生了关系;而甄宝玉却痛改前非,唯以读书为业。这就预示着在世俗之中,贾宝玉无法振兴贾家的基业,而甄宝玉却是重振甄府的希望。第三,暗藏褒贬。对贾宝玉用世俗标准评价固然是贬,因为贾宝玉自始至终都不是一个合格的继承者,用超越世俗的标准评价则是褒,贾宝玉一直在坚守自己的人格,他自始至终都在做自己,都在坚守着人最可贵的"情",所以是明贬实褒;而甄宝玉则不同,在世俗的评价中,他痛改前非成了封建道统标准的继承者,但是他失去了他的本性,所以是明褒实贬。

最后,贾琏为什么愿意帮助贾芹隐瞒?

第一,贾芹是凤姐给安排的工作。这一点很重要,凤姐安排的人,那也就是贾琏的人。现在贾芹出了大事,凤姐和贾琏肯定要受到牵连。所以,当贾芹求贾琏救命的时候,贾琏非常爽快地决定帮他糊弄过去。第二,贾琏深知这件事若闹出去对贾府不利。贾府这样的豪门贵族,在门面上那是诗礼之家。如果坐实了贾府子弟在水月庵里行此丑事,那贾府必然颜面扫地。所以,贾琏决定让贾芹一口咬死绝对没有做这样的事。第三,贾琏不想让揭发的人得意。贾琏在本质上和贾芹是一样的人,也做了各种荒唐事。如果因为这件事情贾芹被处理了,那么越发长了揭发者的志气,以后难保不会揭发更多的事情,这对自己和贾府都是不利的,所以贾琏出手帮助了贾芹。第四,贾芹的母亲相当有面子。在第二十三回,是贾芹之母周氏坐轿子进去求凤姐给贾芹一个事管管。凤姐因见她素日不拿腔作势的,便依允了。说她不拿腔作势,说明周氏恰恰有拿腔作势的资本,且从凤姐答应如此之爽快可以看出,周氏相当有面子。

☑ 考 点

1. 平儿原本想告诉凤姐水月庵的事情,结果说错成了馒头庵,凤姐听到后为什么急火攻心,吓得吐血?

_____

_____

2. 写蒋玉菡演出《占花魁》有什么作用?

_____

_____

🍃 学习笔记

第九十四回

宴海棠贾母赏花妖　失宝玉通灵知奇祸

📋 **情节概要**

1. 贾政因事不能回家让贾琏处置贾芹之事，贾琏禀告王夫人，王夫人让派个妥当人把女尼们遣回当地，并让贾芹不要到府里来，告诉水月庵的姑子，除了上坟烧纸外不许接待本家爷们儿。

2. 紫鹃遇见鸳鸯，鸳鸯讲起了傅家女儿想跟贾家结亲的事，紫鹃心里很忧虑。

3. 怡红院里的海棠本来枯萎了几株，忽然开得很好，众人都去看海棠花。探春、贾赦认为不祥，黛玉、邢夫人、李纨觉得是吉兆，宝玉、贾环和贾兰还写了诗。

4. 贾宝玉换了衣服去看花，忘记戴玉，后发现玉丢失，众人都找不到。

👉 **值得一问**

首先，海棠花在十一月的寒天开花，到底是凶兆还是吉兆？

看似吉兆实则凶兆。第一，从众人的心理看，多数人的内心都觉得这是违背常理的事，心中觉得不安，但又只好努力往吉兆上靠。先看贾母，贾母认为海棠花应该在三月份开，现在是十一月，她解释是小阳春的天气，因为暖和，所以开花。贾母觉得奇怪，所以努力找了一个符合常理的理由。众人听

299

贾母这么说，自然愿意奉承贾母，知道老人家心里慌，所以李纨率先说应该是宝玉有了喜事，才应在了海棠花上。黛玉听了，觉得这件喜事应该是自己和宝玉的婚事，所以非常高兴。而探春觉得此花必非好兆。草木知运，不时而发，必是妖孽。但是探春也就是心里想想，不愿意扰了贾母的兴头，而没什么头脑的贾赦就直接说是花妖作怪，气得贾母当即喝断。值得一提的是，凤姐知道了这件事，就让平儿送了两匹红绸子挂挂，应到喜事上去。我们看各色人等的反应，绝大多数人心里是不安的，所以才努力地往吉兆上靠。第二，紧接着宝玉失玉，也是凶兆的表现。宝玉就是因为赏花而丢掉的玉，而玉于宝玉而言那是从娘胎里带出来的，无比重要。宝玉失玉，于贾府而言绝对是一个灾难。第三，贾政升官看似吉兆，实际上是贾府的回光返照，因为下一回元妃就死了。元妃之死，绝对是海棠花凶兆的表现。元妃是贾府最大的保护者，元妃之死则意味着贾府的彻底衰落。

其次，王夫人为什么不让声张宝玉失玉这件事，而到邢夫人那边商议？

第一，为了不惊动贾母。贾母的年纪毕竟大了，加上宝玉是她的心头肉。万一因为宝玉失玉这件事而急坏了贾母，麻烦就大了。第二，不能打草惊蛇。偷玉的人一旦害怕自己被查到，气急败坏而把玉给毁了，那么麻烦就大了。不如暗地里去查，外松内紧，让偷玉的人放松警惕，反而更容易找回玉。第三，邢夫人是最有可能声张的人，王夫人这招非常高，去找她商议，既堵住了邢夫人的嘴，同时又能借助邢夫人的力量找玉。邢夫人因为绣春囊的事情，不论在心里多么讨厌王夫人，明面上却是极力讨好王夫人的，毕竟王夫人才是管家的人。

最后，王夫人真的是菩萨一样的心肠吗？

并不是，看是什么情况。因为贾芹的事情，王夫人要打发了那些小尼姑，让找个可靠的人，花几十两银子把尼姑们送到本地去，赖大听了忍不住夸赞王夫人是真正有佛心。第一，王夫人有她的善良之处。比如这里处理尼姑，她完全可以让尼姑们还俗，或者转手将她们卖掉，还能赚一笔。但是王夫人并没有那么做，而是花钱把她们送回本地，这是王夫人善良的地方。第二，王夫人有她的狠辣之处。若是有人威胁了宝玉，她就绝不会手软。比如，她在听到金钏儿挑唆宝玉的一番话后，就直接给了她一巴掌，还撵走了金钏儿；她覚得晴雯会勾引坏了宝玉，就赶走了晴雯，直接导致了晴雯之死。

考　点

1. 紫鹃听了鸳鸯说的话后，为什么心里烦躁，滴下泪来？

_____

_____

2. 宝玉看到海棠花开，只管出来看一回，赏一回，叹一回，爱一回的，心中无数悲喜离合都弄到这株花上去了。请分别罗列他为何一喜一悲。

_____

_____

学习笔记

第九十五回

因讹成实元妃薨逝　以假混真宝玉疯癫

情节概要

1. 焙茗听见测字的说去当铺找玉，结果有家当铺说有，就找了宝玉要钱，袭人听说便知是假，让宝玉不要相信。

2. 邢岫烟请妙玉扶乩，妙玉请了拐仙，沙盘上写道："噫！来无迹，去无踪，青埂峰下倚古松。欲追寻，山万重，入我门来一笑逢。"

3. 黛玉因宝玉失玉，而觉金玉无缘，反倒高兴；看海棠花开，宝玉却失玉又感到不祥。王子腾升任内阁大学士，王夫人喜出望外。

4. 元妃发了痰疾去世，贾府众人处理元妃后事，忙乱不堪。宝玉丢了玉竟然一日更比一日呆，贾母得知后高价悬赏找玉。

5. 贾政得知贾母悬赏找玉之事，虽然不满，但也不敢违拗。不久有人冒充了玉送来，宝玉看都没看就说大家糊弄他，众人便知那是假玉。

值得一问

首先，黛玉面对宝玉失玉为什么一会喜，一会悲？

第一，喜是因为黛玉觉得自己破坏了"金玉良缘"之说，觉得自己才是嫁给宝玉的人。因为宝玉失玉，众人固然是非常着急且难过的，尤其是袭人，她是宝玉的大丫头，也就是宝玉丢玉的第一责任人。那块玉是宝玉的命根子，是宝玉从娘胎里带来的,没了那块玉,宝玉几乎都傻掉了。可是黛玉不在乎这些,她在乎的是自己能否嫁给宝玉。而之前就有和尚跟宝钗说过"金玉良缘",此事像是一根刺扎在了黛玉的心中,现在连玉都没了,可以说所谓的"金玉良缘"压根儿就不存在了,黛玉当然高兴。第二,悲是因为黛玉觉得海棠在不适当的时候开花,宝玉又丢了玉,害怕海棠开花不是吉兆而是凶兆。如果是凶兆,若应在了宝玉和自己身上,那说明自己不能跟宝玉成亲了。所以又深感悲伤。

其次,元妃之死,众人为何显得不够悲伤?

我觉得元妃之死写得非常仓促,而且众人的情感都显得不够悲伤,这样的写法在我看来是有原因的。第一,元妃身体不好是由来已久的事情,前文已提及元妃生病而贾府众人探望的事,这一回也交代了元妃身体发福且有痰疾,说明元妃一直有病根在,贾府众人心里也有一定的准备。第二,元妃之死,贾府众人的忧虑盖过了悲伤。元妃是贾府的最大保护者,元妃去世意味着贾府势力的衰落,所以众人心中的忧虑盖过了悲伤,哪怕是王夫人也只是痛哭一回,想到兄长进京拜相还能稍放宽心,觉得比往日清净。王夫人可是元妃的母亲,想着的还是权势依靠,所以其他人更是可想而知。第三,皇家礼仪,容不得贾府众人表现悲伤。元妃去世,众人都忙着进宫参加丧礼,皇家的礼仪有其尊严体制,是容不得贾府的人尽情表达悲伤的,现在大家明白为什么元春说皇宫是"终无意趣",是"见不得人的去处"了吧? 皇宫里连人情都不顾及,更何况是亲情呢? 第四,宝玉丢玉的事让贾府众人过于慌乱,冲淡了众人对元妃之死的悲伤。元妃跟宝玉比,元妃只是贾府的保护者,而宝玉是贾府的继承人。所以,在贾母和王夫人的心中宝玉当然更重要,等贾母得知宝玉丢了玉之后,贾府众人的注意力都集中在了找玉上,几乎无暇为元春之死而悲伤了。

最后,贾政为什么对贾母高价悬赏找玉表示不赞同?

第一,贾政不想贾府成为众人茶余饭后的谈资而过于被关注。宝玉的出生已经引起旁人的关注,甚至是轰动了,现在又丢了玉,各种八卦的人都会讨论贾府,贾政是比较低调的人,觉得贾府过于被关注,太高调不好。第二,贾政觉得有损贾府的颜面。堂堂贾府的少爷,他的玉尚且被偷,可想而知大家会怎么说贾府管理的混乱和治家的失败。这样悬赏找玉,不就是昭告天下贾府治家之乱吗?贾政觉得丢不起这个脸。第三,贾政觉得这个办法同样很难找到玉。贾政还是相对理性的,他知道以高价悬赏的方式找玉很荒唐,因为连玉的形制都画上了,难免会有人为了骗钱而去仿制一个。事实上,立马就有了来骗钱的人。

☑ 考 点

1. 请简要概括元妃的死因。

_____

_____

2. 贾母为什么不同意贾琏惩罚造假玉来贾府骗钱的人?

_____

_____

🖋 学习笔记

第九十六回

瞒消息凤姐设奇谋　泄机关颦儿迷本性

情节概要

1. 贾琏处理了造假玉骗钱的人，王子腾在来京路上染病而死，王夫人从贾琏处得知后，悲伤不已。

2. 贾母跟贾政商议，为了冲喜要让宝玉娶宝钗，贾政心里虽然不同意，但是面上只能答应。

3. 袭人同王夫人讲了宝黛之间的情感，贾母为难，凤姐给贾母出了一个调包的办法，贾母只得同意。

4. 黛玉去向贾母请安，路上遇见傻大姐，得知宝玉要和宝钗结婚的事，恍恍惚惚去见宝玉，二人对着痴笑，等黛玉回到潇湘馆吐出一口鲜血。

值得一问

首先，贾政为什么心里不满意贾母的安排？

贾母也是心里急慌了，眼看着宝玉痴痴傻傻，就想着依照算命先生的说法，找个金命的给冲冲喜，说不定娶了宝钗就合了"金玉良缘"，甚至能把玉给找回来。贾政心里纵然不愿意，但是不敢违拗母亲，就答应了。我们姑且谈谈贾政心里为什么不愿意。第一，薛蟠还在监狱里，作为妹妹的宝钗不好出嫁。这里涉及了两层意思，一层是宝钗的父亲已经去世了，按照当时的封建礼制,除了自己的母亲,兄长的话分量也很重。而薛蟠在监狱里,无法主持宝钗的婚礼,所以不合礼。第二层意思是薛蟠在监狱里,薛家人的心都不安定,怎么能在这个时候举行婚礼呢?第二,元妃去世不久,宝玉要守九个月的功服。丧礼期间结亲在封建礼教之中是绝对不允许的,如果被人知道了,那是犯罪的事。第三,贾政自己要急着赴任,觉得在此期间举办婚礼,过于仓促。贾政在这个时候升了江西粮道,已经上报了启程的日期。所以,要在规定的时间里完成宝玉和宝钗的婚礼,时间非常紧迫。第四,过了功服再摆宴席,邀请亲朋好友在贾政看来有损贾府的颜面。试想,过了功服再摆婚宴,一方面违背礼制的事情估计是瞒不住了,到时候人多口杂,万一生出什么是非,贾府靠山已去,那得吃不了兜着走;另一方面相当于先结亲再摆宴席,在当时看来是非常奇葩的事情,贾政觉得在亲朋面前丢不起这个人。第五,跟宝钗比贾政更喜欢黛玉。这一点是我个人的看法。贾政喜欢黛玉是可以理解的:第一,黛玉是自己妹妹的女儿,是亲外甥女,宝钗是妻子的外甥女,黛玉当然跟自己更亲;第二,贾政欣赏黛玉的才情,在第七十六回,黛玉给湘云说凸碧堂和凹晶馆是自己取的名,贾政非常赞赏,可见贾政对黛玉的欣赏爱护。

其次,当黛玉知道了宝玉的婚事,就去贾母处见了宝玉,两个人也不问好,也不说话,也无推让,只管对着脸傻笑起来。二人的傻笑有哪些意味呢?

第一,宝玉的傻笑是因为失玉之后的失魂落魄,黛玉的傻笑则是失去贾宝玉之后的过度悲伤。宝玉的傻是真傻,黛玉的傻是悲伤。可是此时的宝玉已经不能理解黛玉的悲伤,也无法安慰悲伤的黛玉。所以,这里真的很悲情。第二,宝玉的傻笑里有见到黛玉的高兴,黛玉的傻笑里是见到宝玉的绝望。宝玉即使傻了,也还是喜欢黛玉,看到黛玉禁不住傻笑起来;而黛玉此时知道宝玉结婚的对象是宝钗,彻底陷入绝望,傻笑是崩溃的表现。第三,傻笑是对过去美好情意的回味,是对将来的彻底诀别。他们二人安静地傻笑,没有言语,所以其他人根本不能理解二人的世界,实际上在这相对的傻笑中是他们二人才懂得的甜蜜,但是这份美好将终结于此时,所以,黛玉说:"我这就是回去的时候儿了。"傻笑,实际上是黛玉死前的告别。

☑ 考　点

1. 结合情节,说说傻大姐在《红楼梦》中的作用。

_____

_____

2. 当贾母得知宝玉和黛玉之间的情感时说:"林丫头倒没有什么;若宝玉真是这样,这可叫人作了难了。"这句话说明了什么?

_____

_____

🍂 学习笔记

第九十七回

林黛玉焚稿断痴情　薛宝钗出闺成大礼

📋 情节概要

1. 贾母得知婚事被黛玉知道了去看黛玉,发现黛玉气息微弱,就叫凤姐准备后事。

2. 凤姐来试宝玉,告诉他要娶林黛玉,宝玉竟比往日明白些。

3. 贾母和王夫人来看薛姨妈,商定了婚事事宜,薛姨妈告知宝钗,宝钗低头不语。

4. 贾琏回明第二天就是好日子,贾府准备好了各色物件,并瞒着宝玉、黛玉。

5. 黛玉见贾府上下无一人来问候,知道自己必死,就烧了曾经题诗的手绢和诗稿。

6. 紫鹃看黛玉快不行了,找贾母、宝玉都不见人,从墨雨处得知今日夜里宝玉娶亲。

7. 紫鹃找来李纨,平儿也来看黛玉,林之孝家的要紫鹃去那边使唤,紫鹃不肯,因而换了雪雁去。

8. 宝玉成婚,最终发现是宝钗而不是黛玉,糊涂得更厉害了,点了安魂香方睡去。

首先,为什么将林黛玉焚稿和宝钗成婚结合起来写?

我认为这里是续书最精彩的部分,这种对比的写法,堪称精妙!第一,写出了林黛玉的极度悲伤和绝望。黛玉焚稿的时候,身边只有紫鹃和雪雁,寻常的时候贾母及众姐妹都会经常来看望黛玉。而这个时候,大家把心思都放在了宝玉和宝钗的婚事上,根本没有人顾及黛玉。甚至连平时非常疼惜黛玉的贾母也不像往常那样疼黛玉了,鸳鸯都感觉出来了。我觉得贾母之所以这样是认为黛玉作为大家闺秀不应该私自动情,尤其是当贾母决定了聘娶宝钗之后,更不应该作践自己来表示反抗,这让贾母心里很不高兴。众人的表现当然让黛玉悲伤绝望,而更让黛玉悲伤绝望的是宝玉将要和宝钗结婚的事实。第二,以宝玉的憧憬和兴奋来渲染悲剧的色彩。宝玉以为自己娶的是黛玉,所以非常开心,以至不像平时那般痴傻。然而他的开心正是为了对比黛玉的悲伤,也是为了对比宝玉知道真相之后的失落。第三,写出了贾府众人的冷漠和势利。贾母的态度就是风向标,贾母喜欢谁,谁在贾府就可以风光;同样贾母冷落谁,谁在贾府就难以立足。贾母此时对黛玉是不关心的,以至于所有人的关心都集中在宝玉的婚礼上,从贾母、王夫人到使出调包计的凤姐,再到众姐妹,无不如此,只有李纨和平儿可怜黛玉。

其次,当贾母从秋纹那里得知黛玉因知道了宝玉的婚事而病倒后,就带了王夫人和凤姐去看黛玉,黛玉睁开眼睛对贾母说:"老太太,你白疼了我了!"你怎么理解这句话?

第一,这是对贾母的关爱的肯定和感谢。贾母当然爱黛玉,黛玉是她唯一的外孙女儿,凭良心说贾母对黛玉的关心和照顾,那基本上是参照着宝玉的水准来的。所以,这句话有对贾母的感激。第二,这句话也有对贾母的责备。贾母固然是疼爱黛玉的,但是黛玉需要的疼爱不是吃穿用度上的格外照顾,而是成全她和宝玉的婚事。但是,在这一点上贾母并没有满足黛玉,所以在黛玉看来,贾母并非真正疼爱自己。第三,这句话是跟贾母最后的告别,表达自己必死的决心。意思是贾母所有的爱都将落空了,因为黛玉知道自己必死无疑,黛玉是带着无限的遗憾说出这句话的。以贾母的智慧当然能听懂这句话的意思,所以贾母听后才会十分难受。然而,贾母也表现出了非常狠心的一面,她觉得黛玉这样的贵族小姐私自动情,为情所困而生命垂危,就说了句"我可是白疼了他了"。这句话则体现了贾母对黛玉的极度失望,也是自我宽慰。

✓ 考 点

1. 当薛姨妈将贾府对婚事的安排都细细告诉宝钗之后,宝钗为什么看着不愿意似的而暗自垂泪?

_____

_____

2. 宝玉和宝钗成婚,那里已经有很多人打下手了,而黛玉垂危,贾母和王夫人为什么还要召紫鹃过去调遣?

_____

_____

🖋 学习笔记

第九十八回

苦绛珠魂归离恨天　病神瑛泪洒相思地

📋 情节概要

1. 回九的日子之后,宝玉病倒了,几乎到了饮食不进的程度,他让袭人去回明贾母,让把自己和黛玉放到一处,活着一起医,死了一处放,正好被宝钗听见,宝钗则直言黛玉已死的事。

2. 宝玉听说黛玉已死,梦里寻至阴司,那人告诉宝玉阳寿未尽,宝玉醒后竟然好转。

3. 黛玉是在宝玉娶亲的时辰去世的,当时黛玉遗言要送她回家去,最后叫道:"宝玉,宝玉,你好……"到了好字就含恨而去了。贾母为了宝玉不曾去送黛玉。

4. 宝玉定要去潇湘馆,贾母等人都哭得异常悲痛,紫鹃将黛玉死前的事都说了一遍,众人悲伤不已,凤姐劝贾母回去,宝玉不得已也回去了。

5. 贾母和薛姨妈商议,过了功服就另择吉日,宴请亲朋热闹一番,其间提到黛玉,二人不禁落泪。

👆 值得一问

首先,宝钗为什么敢直接告诉宝玉黛玉已死的事情?

黛玉是在宝玉娶亲的那个时辰死的,因为此时宝玉一直认为娶的是黛玉,当看见是宝钗的时候他深受刺激,病情加重。贾母下令让众人保守秘密,不得让宝玉知道。结果，宝玉吃了毕医生的药后刚好了一点，就追问袭人黛玉的事情，并表示要跟黛玉同生共死。就是这个时候，宝钗听见了，就把黛玉去世的消息告诉了宝玉。宝钗为什么这么做？第一，宝钗知道宝玉的病是因黛玉而起，瞒也瞒不住，不如告诉了他，让他得知真相，反而更好。事实证明，宝钗是对的。宝钗非常了解人性，更了解宝玉。她深深知道宝玉的病就是因为挂念黛玉而起的，不如就告诉宝玉黛玉已死的事实，也好让宝玉彻底死了心。第二，宝钗抓住了好时机，此时宝玉清醒且宝钗已经说明宝玉不能死的三个缘由，宝钗深知依照宝玉的心性，听了这番话之后是绝对不会做傻事的。你看宝钗多么理智，直接搬出三个人引出三条缘由，告诉宝玉不能死：贾母八十多岁，一生疼爱你，你不能枉费老人的苦心；王夫人已经死了一个儿子又死了女儿，现在你是唯一的儿子，你不能辜负自己的母亲；我已经是你的妻子，你也不能弃我而去，辜负了我。以此三条说得宝玉无言可答。第三，宝钗是宝玉名正言顺的妻子，她也容不得自己的丈夫心里永远装着别人。宝钗嫁给宝玉是受了很大委屈的，她深知宝玉对黛玉的情感，但是这个时候，能彻底解决宝玉心病的人只有自己。因为贾母和王夫人顾及的是宝玉的身体，宝钗要顾及的还有宝玉的心。

其次，黛玉死前叫道："宝玉，宝玉，你好……"到了好字就含恨而去了。这段描写被很多人称道，那么它到底妙在哪里呢？

第一，反复的手法，写出黛玉对宝玉的深情。黛玉死前已经眼泪尽绝而气若游丝了，但是她却是"叫道"，而且连着喊了两声"宝玉"，可见黛玉的竭尽全力。由此也可以知道黛玉对宝玉的牵挂和深情。但是我们依据语境，黛玉叫出来的话，应该有对宝玉的恨和指责，总而言之是误解。而不论如何，误解至深也是用情至深。第二，渲染了悲剧的氛围。不论是黛玉的叫声，还是最终话未尽而人已去的情节，都极尽渲染了悲剧的氛围，让人痛心不已，遗憾不已。第三，留白艺术，给读者想象的空间。很多研究《红楼梦》的人都尝试过将文中的省略号转换成文字，那么黛玉会说什么呢？可以是你好狠心，你好虚伪，你好过分等类似的指责；也可以是你好无奈，你好可怜，你好孤独等类似的理解；还可以是你好好珍惜，你好好保重，你好自为之等类似的祝愿。

最后，贾母同宝玉等人一起来哭黛玉，异常悲痛，你怎么理解贾母的"哭"？

第一，贾母内心非常悲痛不舍。我们不能说贾母的哭是虚伪的，毕竟黛玉是贾母唯一的外孙女儿，黛玉从小跟着她长大，所以，黛玉的死对于贾母而言,确实是极为悲伤的事。第二,贾母心中充满了对黛玉的愧疚。贾母是有愧于黛玉的,她明知黛玉和宝玉的情感,明知此事会对黛玉造成什么影响的情况下,依然坚定地选择牺牲黛玉。所以,贾母对黛玉是歉疚的。第三,贾母对黛玉之死感到惋惜和责备。贾母的哭中还有对黛玉的责备,她一直认为大家闺秀不应该私自动情,婚姻大事必须遵照父母之命、媒妁之言,黛玉竟然为情而死,贾母是无法理解的。第四,贾母在黛玉临死之际心思却都放在了宝玉身上,此时的痛哭,更可以衬托黛玉的悲哀。黛玉最亲的人是贾母,可是贾母在黛玉死后都没有第一时间去看一眼。可见,贾母对黛玉的爱起码没有那么真诚。黛玉也看透了,所以才说自己在这里没有什么亲人。

✅ 考 点

1. 众人去哭黛玉,为什么特地点出宝钗"极痛哭"?

_____

_____

2. 黛玉去世,贾母为什么想去哭她一场,最终又没去呢?

_____

_____

🍃 学习笔记

第九十九回

守官箴恶奴同破例　阅邸报老舅自担惊

📋 **情节概要**

1.凤姐跟贾母和薛姨妈讲了宝玉和宝钗的情状,逗得贾母和薛姨妈欢笑不已。

2.大观园中只有李纨、探春和惜春住着,贾母担心宝玉触景生情也不让宝玉去,好生冷清。

3.贾政到任行事廉正,李十儿等人嫌没油水可捞,众人商议故意怠工,贾政无法只得任其行事。

4.周琼给贾政寄了信,想给自己的儿子求娶探春,贾政觉得门当户对。

5.贾政于公馆看见刑部对薛蟠的本子,写明薛蟠捏造误杀,贾政惊愕不已。

👆 **值得一问**

首先,李十儿这些奴才,怎么就敢联合起来为难贾政?

贾政此时外放江西粮道,专门掌管漕粮事务,是个肥得流油的差事。李十儿等人原本想着跟贾政外放肯定能捞到不少油水,加上各地方官员的馈送,按说跟着的人都能沾光。可是,贾政为人非常正直廉洁,一切馈送分文不取。因为当时的小吏贪污成风,眼看跟着贾政没有前途,以李十儿为首的奴才便联合起来为难贾政,连抬轿的都各种拖沓耽误。贾政怎么说都是大官,奴才们怎么敢这么做呢？第一，贾政为人宽厚多恩且不愿多事。李十儿是贾政带来的奴才，他非常清楚贾政的脾气性格。料定了这么为难贾政，贾政也不会将他们怎么样。第二，当时各地为官风气就是贪污成风。这些人知道，给官员当差的人都是以拿好处贪污的形式发家的，他们觉得这种方式是合情合理的。第三，这些人连日子都过不下去了，决定放手一搏。按照当时的惯例，给官员当差的长随只靠工资是远远不够的。跟着贾政这样的人，连日子都过不下去了，他们只好放手一搏。第四，他们料定贾政搞不定，最后会妥协。李十儿知道，在当时官场的形势之下，像贾政这样的清官简直就是异类，很难混得下去。而且贾政处理事务，这些长随是少不了的。既然是少不了的，贾政自然只能妥协，按照李十儿等人的方式办。

其次，贾政看到刑部的判决为什么担惊受怕？

刑部的判决是"薛蟠殴伤张三身死，串嘱尸证捏供误杀一案"。就是说，薛蟠杀人是真，误杀则是捏造的。第一，捏造误杀的罪责跟贾政有关，贾政害怕牵连自身，这是贾政担惊受怕的原因之一。薛姨妈当时求贾政帮忙，贾政同意托人说情，结果那个知县就因为这件事受到牵连被免了官。第二，意味着薛蟠可能要受刑抵死。薛蟠是薛姨妈的儿子，是自己妻子王夫人的外甥，如今宝玉又娶了宝钗。薛蟠如果受刑，那也是贾政办事不力，也不能面对家人。第三，贾府势力衰落，很难处理这样的难题。此时元妃已死，贾府最大的靠山已经没了。要是之前，贾府面对这样的罪责也是能处理的。而此时则不同往日，别说是帮助薛蟠免脱死罪，就是自救脱罪都困难重重。因为刑部的这个判决非常可疑，原本按照知县的上报，刑部是不会干预处理的。而刑部能这样批示，说明朝廷中别有用心的人已经想借助薛蟠来搞垮贾府了。贾政深知，此时贾府完全无法抵抗这样的政治风险，他已经感受到了危险的气息。这才是贾政担惊受怕最重要的原因。

---- ☑ **考 点** --------------------------------------

1. 贾政为什么对周琼提的亲事感到满意？

_____

_____

2. 跟着贾政的门房签押等人为什么集体告假离去?

_____

_____

✎ **学习笔记**

第一〇〇回

破好事香菱结深恨　悲远嫁宝玉感离情

📋 **情节概要**

1. 薛姨妈得知薛蟠案被刑部驳审，薛蟠也被定了死罪。薛宝钗劝慰母亲，薛姨妈告知薛家已经亏空。

2. 夏金桂听见薛蟠死罪之事开始大闹，宝钗安慰，反而被讥讽。

3. 薛蝌在家，夏金桂故意打扮得妖妖娆娆去勾引他，吓得薛蝌直逃，夏金桂准备豁出老脸强行拉走薛蝌行不轨之事，结果被香菱撞见，薛蝌趁机逃走。

4. 宝钗听见了探春远嫁之事，深感悲伤，袭人也很难过，赵姨娘反而很高兴。

5. 宝玉问紫鹃黛玉的事，紫鹃总不理。宝钗觉得紫鹃忠诚，并不责怪。

6. 宝玉得知探春远嫁的事，哭倒在炕上，经宝钗开导后稍安。

👆 **值得一问**

首先，夏金桂一会儿疯癫，一会儿妖娆，说明了什么呢？

第一，夏金桂对薛蟠毫无感情。薛蟠被刑部判了死刑，这个时候的夏金桂不是担忧和心疼丈夫，而是时时刻刻想着自己，甚至还想着勾引他人，说明她根本就不爱薛蟠，她只爱自己。第二，夏金桂不想守寡。按照当时的情形，女子嫁人后一生从夫，丈夫死了，有了儿子就跟从儿子，没有子嗣那也是婆家的人。所以,想要改嫁那是很难的,尤其是像薛家这样的豪门贵族。但是夏金桂实在不能忍受寡妇的生活,但她又不能摆脱即将成为寡妇的命运。所以,夏金桂心中非常不甘。第三,夏金桂想要摆脱薛家的控制。她闹是闹给薛姨妈看的,她没有其他办法,所以只能凭借发疯的方式闹,用这种方式向婆婆薛姨妈示威,让薛姨妈对她无可奈何,她也就能凭着自己的性子为所欲为了。这一点,在夏金桂的不断努力下已经成功了。因为,薛家不可能说将来薛蟠死了就休了夏金桂,那太丢脸了,不如像宝钗想的,家里的东西随便夏金桂去。第四,夏金桂看上了薛蝌。夏金桂知道自己无望摆脱寡妇的身份,离开薛家又不能,所以,夏金桂就想在薛家另找依靠。结果夏金桂错了,不是所有的男人都如她所想的那般毫无底线。

其次,赵姨娘面对探春远嫁为什么感到高兴?

几乎所有的人都对探春的远嫁感到悲伤,唯独探春生母赵姨娘感到高兴,原因何在?第一,探春在家并不帮衬赵姨娘,反倒是帮着外人,赵姨娘怀恨在心。比如,在第五十五回,探春处理舅舅赵国基的丧事,不愿意给四十两丧银,而是严格按照规矩给了二十两,诸如此类的事深深地刺激了赵姨娘。第二,赵姨娘觉得探春会妨碍贾环出头。探春真的太优秀了,作为亲弟弟的贾环可以说样样不如探春。在这样的对比中,大家越发看见探春的优秀,贾环的猥琐。而赵姨娘是一心依靠儿子的,所以,她希望探春远嫁,贾环没有了对比可能还能出息些。第三,赵姨娘希望探春过得跟迎春一样。大家知道迎春的遭遇,那是经常挨孙绍祖的打骂的。赵姨娘希望探春也过上这样的生活,她心里才痛快。可见赵姨娘的狭隘!其实探春做很多事都是为了保护赵姨娘,希望她能活得有尊严,但是赵姨娘不懂得。第四,赵姨娘感到沾了光。探春嫁的也算是封疆大吏,作为生母心里还是得意的。赵姨娘叫探春不要忘记自己,她心底还是希望能沾探春的光。

☑ 考 点

1. 为什么在这一回写王夫人点出贾迎春的生活状况呢?

_____

_____

2. 根据这一回,说说夏金桂为什么恨香菱。

_____

_____

🖋 **学习笔记**

第一〇一回

大观园月夜感幽魂　散花寺神签惊异兆

📋 情节概要

1. 凤姐安排好探春妆奁后，想去看探春，走至大观园，感到过于凄凉寂静，遇见了秦可卿的魂魄。

2. 贾琏去求裘世安办事，因为王子腾于海疆任职时的亏空，要他弟弟王子胜和侄儿王仁补赔。结果裘世安上朝去了，贾琏白跑一趟，甚是恼火。

3. 宝玉和宝钗预备去给王子胜过生日，恩爱的情状让王熙凤想起自己和贾琏的关系而深感悲伤。

4. 散花寺姑子大了说起了王大人府里闹鬼的事，王熙凤因在大观园遇秦可卿，所以觉得大有道理，去散花寺求签，上面写着"王熙凤衣锦还乡"。大家都觉得是吉兆，唯有宝钗觉得未必。

👆 值得一问

首先，王熙凤为什么会忍受贾琏的气？

贾琏一向畏惧凤姐，可是在这一回贾琏去总理内庭都检点太监裘世安家打听事，结果没有遇见人，回来就找平儿和凤姐撒气。他哪里来的底气呢？第一，贾琏在替凤姐的哥哥和叔叔办事。凤姐的哥哥王仁和叔叔王子胜都不是什么好人，别看王子腾混得风生水起，王子胜和王仁两人却都不行，全靠沾着王子腾和贾府的光。如今王子腾去世,贾府衰落,这俩自然就没了靠山。你看王仁,借着王子腾去世趁机择定日期接受亲友吊唁送礼,捞了好几千银子,王子胜不乐意了(估计没分给他),王仁就提前给王子胜过生日,也是为了借生日捞钱安抚王子胜。所以王仁也是够没脸没皮的,既借死人捞钱,也借活人捞钱;王子胜也没底线,王仁提出提前过生日捞钱,作为长辈居然欣然接受。而王子腾任职海疆的时候亏了钱,御史参了一本,认为亏空的钱应该由王子胜和王仁补。这下两人慌了,捞钱可以,赔钱怎么可以?因而急忙来求贾琏。所以贾琏找裘世安就是为了这事儿。第二,王子腾去世,凤姐家的势力锐减,凤姐的气势自然不足。凤姐所在的王家,我们知道的是王子腾、王子胜和王仁。凤姐的父亲我认为应该是王家的长子,王子腾的兄长,应该是后来丢了官,隐退家中了。王家的代表人物就成了王子腾,一路飞黄腾达。除了他,王家的男人再没有上得了台面的。所以,王子腾一死,王家的势力可谓消散矣。第三,贾琏尽心竭力,确实受了委屈。贾琏在这件事情上还是不错的,看着王夫人处于悲伤之中,凤姐身体又不好,所以就没有将这件事告知她们。谁知道去找裘世安居然白跑一趟,这是贾琏受的第一层委屈;贾琏费尽心力想摆平此事,而王仁和王子胜为了捞钱竟然大摆酒席,这是贾琏受的第二层委屈。此时的凤姐,贾琏撒什么气,她都得忍着。

其次,王熙凤抽的签为什么众人喜欢,独宝钗觉得另有缘故?

我们先看签上的词,上面写着"王熙凤衣锦还乡",下面写着:"去国离乡二十年,于今衣锦返家园。蜂采百花成蜜后,为谁辛苦为谁甜!行人至,音信迟,讼宜和,婚再议。"第一,众人喜欢是因为"衣锦还乡"是个好词,意思是功成名就之后回归故乡。第二,宝钗觉得另有缘故是因为凤姐作为一个女流之辈,哪有什么功成名就可言?"衣锦还乡"的另一层含义就是"裹锦尸还",正是暗示王熙凤之死。第三,"蜂采百花成蜜后,为谁辛苦为谁甜"就是说王熙凤算计经营了一辈子,最后还是一场空。第四,"行人至,音信迟,讼宜和,婚再议"是对王熙凤的具体暗示:勾魂的无常就要到了,或者是送行的人就要到了;所有的领悟、规劝和忏悔都太晚了;以前结下的冤仇都不必计较了;凤姐死后贾琏拟将平儿扶正(第一百一十九回,贾琏心中打算这样做)。

✔️ **考 点**

1. 为什么写凤姐遇见秦可卿的鬼魂这件事？

_____

_____

2. 王熙凤为什么要把柳五儿补到怡红院？

_____

_____

🖊 **学习笔记**

第一〇二回

宁国府骨肉病灾禭　大观园符水驱妖孽

📑 情节概要

1. 王夫人让宝钗开导探春，并劝解宝玉看开探春远嫁的事。探春于次日起身，以话劝慰宝玉，宝玉似有醒悟。

2. 尤氏从大观园穿过走至宁国府，感触大观园此时的悲凉，回去竟病倒且胡诌发狂。贾珍请了毛半仙算卦，说是遇见邪祟。众人听闻，都吓得要搬出大观园。

3. 贾赦请道士到园中作法驱邪，一番法事后，依然无人敢住。

4. 贾琏告诉贾赦，贾政犯了失察属员的罪，被节度使参了一本。派人去吏部核实，确有此事，只因皇帝体恤，降了贾政三级。

👆 值得一问

首先，为什么总写大观园里的邪祟之事？

写大观园里邪祟灵异的事件是从黛玉去世时听到不远处有音乐之声开始的。这句话是宝玉问探春时探春回答的，当时我们还感觉不到邪祟，顶多觉得诡异。到后来凤姐去园里看探春的时候，遇见了秦可卿的魂魄，尤氏穿过大观园回去后染病，贾赦带领家人看动静的时候被五色灿烂的东西吓得躺倒。真真假假，虚虚实实，吓得人心惊肉跳。为什么这样写？第一，营造了极度凄清悲凉的氛围。大观园彼时有多热闹，现在就有多冷清。最热闹的时候，宝玉、黛玉、宝钗、湘云、李纹、李绮、邢岫烟、李纨、宝琴、迎春、探春、惜春等人，再加上众人的丫头都住在里头，大家起诗社，玩游戏，烤鹿肉，不知道多开心；而此时则不同，死的死，散的散，只剩下李纨等人住里面。所以，此时的大观园是极其寂寞冷清的。第二，预示着贾府灾难的来临。所谓事出反常必有妖，这样的渲染其实是为了给贾府即将来临的灾难做铺垫。这些邪祟事件，让我们隐隐感觉到贾府的危机和衰败，是贾府气数将尽的显现。第三，写出贾府众人内心的悲凉。经历宝玉失玉、元妃薨逝、黛玉之死，贾府众人都倍感压抑。我们先不讨论大观园中是否真的有鬼怪，我们可以肯定的是，贾府里人心的气势已经弱了。所谓心境生象，悲凉的心境容易生出邪祟的物象。第四，暗示主题。大观园从彼时的热闹到此时的冷清，正好吻合了《红楼梦》关于人生的主题：不管多么热闹的筵席都是要散的，最终只落得片白茫茫大地真干净。

其次，节度使好好的为什么要参贾政一本？

节度使是周琼的亲戚，如今贾政的女儿探春嫁给了周琼的儿子，可以说此时的节度使也是贾政的亲戚了。况且，探春到贾政任所，出嫁的时候，节度使认亲戚，还专门设了宴席贺喜。为什么这个时候要参贾政一本呢？第一，出于无奈。我认为要参贾政一本绝对不是节度使的本意，而是有人从中作梗，节度使也是迫于压力而已。不要忘记此时贾府的靠山元春已经去世，正是贾府政敌陆续出击的时候。我觉得能够让节度使迫于压力不得不出手的人应该是忠顺王，曾经找贾府要蒋玉菡的那个老王爷。第二，出于保护。节度使既然迫于压力不得不参，而贾政现在又是自己亲戚的亲家，那么最好的方式就是避重就轻，所以就参了一个监管不力的罪名。这一点，贾赦也猜到了。第三，划清界限。节度使应该敏锐地感觉到了贾府势头不对的地方，所以为了表明态度，特地参了贾政一本，以此来和贾府划清界限，免得将来贾府真的大难临头了牵连自己。所以，能当上节度使那也绝对不是一般的角色，参上一本也能"一石三鸟"，节度使挺高明！

✅ **考 点**

1. 宝玉送别探春,由之前的悲转为喜,请按照小说和你的理解说说宝玉悲和喜的原因。

_____

_____

2. 节度使参了贾政失察属员的罪,本应该革职,皇帝为什么没有革贾政的职务?

_____

_____

🍃 **学习笔记**

第一〇三回

施毒计金桂自焚身　昧真禅雨村空遇旧

▤ 情节概要

1. 贾琏将贾政被参、连降三级、奉旨回京的事都告诉了王夫人,王夫人不悲反喜,觉得当京官才能保住自身。

2. 夏金桂想用毒药毒死香菱,结果阴差阳错,宝蟾将夏金桂的汤和香菱的对调了,夏金桂反而毒死了自己。

3. 夏金桂的母亲得知夏金桂服毒死了,来薛家大闹。在找毒药的过程中,薛家发现夏金桂的首饰都没了,便责问宝蟾,宝蟾为了自保说出了夏金桂往娘家拿财物的事实。

4. 夏金桂母亲听了大怒,直言说是宝蟾毒死了夏金桂,宝蟾便说出了夏金桂让宝蟾熬汤,宝蟾阴差阳错换了汤而毒死了夏金桂的事。夏金桂母亲求息了这事。

5. 贾雨村在知机县的急流津渡河等人夫的时候,在一个破庙里遇见了甄士隐,听了一番禅机,始终没有了悟。

👆 值得一问

首先,宝钗为什么要抓住夏金桂金银首饰的问题不松口?

这就是宝钗的智慧!当宝蟾说夏金桂拿了毒药放在首饰匣子里,让看看还有没有剩余的毒药时,薛姨妈发现首饰少了很多,原本是薛姨妈随口一说的话,宝钗立马抓住了不放,就说这些首饰在哪里一定要问宝蟾。其实,宝钗这样说是极具智慧的。第一,从宝蟾这里找突破口。宝蟾是夏金桂的贴身丫头,夏金桂的首饰丢了,宝钗让问宝蟾当然是合情合理的。而宝蟾为了摆脱自己的嫌疑,一定会把责任推到夏金桂的身上。在宝钗看来,这些首饰说不定就和毒药联系在了一起,通过宝蟾推卸责任而引出夏金桂接触的人和事,说不定就能找到线索。第二,为了转移注意力,把主要矛盾从香菱转移到宝蟾身上。这个时候所有人都将视野集中在到底是谁毒死了夏金桂这件事上,而嫌疑人不外乎宝蟾和香菱,但是两个人都不承认。宝钗心中当然明白香菱肯定是无辜的,同时也不能拿宝蟾如何。既然在谁害死了夏金桂一事上无法突破,不如转移到宝蟾身上,暂且保住香菱。第三,为了引起夏家的内讧。宝钗知道宝蟾的为人,宝蟾肯定不会自己去担责任的,那么就会供出夏金桂私自处理薛家给予的首饰等事,那么肯定就会得罪夏家,这狗咬狗的戏码一上演,得利的人自然就是薛家了。结果也正如宝钗所料,果然是夏金桂自己闹的鬼,把自己的小命给搭进去了。本来闹得轰轰烈烈的一场人命官司,被宝钗轻轻巧巧地化解了。

其次,在急流津甄士隐为什么不与贾雨村相认?

我们先看甄士隐都跟贾雨村讲了什么。我们看其中比较重要的几句话。第一句是:"什么真,什么假!要知道真即是假,假即是真。"这句话是说你认定俗世的名利是真的,其实它是假的;你认定超越世俗的思想观念是假的,其实它是真的。第二句是:"我于蒲团之外,不知天地间尚有何物。"第三句是:"果蒙不弃,贫道他日尚在渡头候教。"第一,甄士隐已经彻底悟道,不愿与尘世的人相认,这里面当然包括贾雨村。第二,甄士隐知道贾雨村此时依然纠缠于名利中,还不能悟得,所以不必与之相认。第三,甄士隐当然看得出来,贾雨村说要供养之类的话是出于报答恩情,并不是已经悟道了。第四,甄士隐知道像贾雨村这样的人,最终一定会失意于官场而有相见的机会,不必急于此时。

✔ 考 点

1. 请说说夏金桂想要毒死香菱,为什么会把自己给毒死了?

_____

_____

2. 夏金桂的母亲为什么会改口说是宝蟾毒死了自己的女儿?

_____

_____

🍂 学习笔记

第一○四回

醉金刚小鳅生大浪　痴公子馀痛触前情

情节概要

1. 贾雨村进入都门，醉金刚倪二撒酒泼，被贾雨村带走整治。倪二家人找到贾芸想通过他求贾府放过倪二。

2. 贾芸想通过贾府给倪二求情，结果连门都进不去。倪二家人追问，贾芸没办法只好让倪二妻子去求周瑞的女婿冷子兴。

3. 倪二回到家，妻子将事情告诉倪二，倪二认为贾芸忘恩负义，要将贾府的丑事公之于众，弄垮贾府。

4. 贾政于江西粮道任上被参回家，皇帝得知姓贾的两位官员犯事，因为和贾府牵连甚远，不曾怪罪。同僚好友都趁机劝贾政约束子侄。

5. 宝玉思念黛玉，想央求袭人把紫鹃叫来好好问问黛玉死前的情状，袭人和宝玉说等宝钗不在的时候自己去细问了再告诉宝玉。

值得一问

首先，醉金刚倪二明明没有生什么大浪，那么为什么回目名拟作"醉金刚小鳅生大浪"呢？

我们先看看倪二为什么如此火大。因为曾经贾芸想从贾府谋个管事，就想从他舅舅那里弄点香料送礼，结果吃了闭门羹。还是倪二出手借给贾芸十五两三钱四分二厘银子,帮助他谋得了种花草的职务。所以,倪二是有恩于贾芸的。而此时倪二得罪了贾雨村,想通过贾芸求贾府帮忙,实际上贾芸也是尽力了。但是,贾府的奴才也是势利眼,看贾芸在贾府不得宠,所以连门都不报。贾芸又好面子,不愿意说实话。所以,倪二就误解了贾芸,认为他是个忘恩负义的人。第一,"大浪"是一个喻指,指的是贾府之后的灾难。倪二生气骂的话是:"我便和几个朋友说他家怎样倚势欺人,怎样盘剥小民,怎样强娶有男妇女……叫你们才认得倪二金刚呢!"这些可以说都是事实,也是后来贾府败落的罪证。第二,贾府的败落是墙倒众人推,是倪二这些小民集体愤怒的结果。这也是这个标题的用意,像贾府这样的府第,得罪的人确实太多了。

其次,同僚好友为什么都劝贾政约束子侄?

第一,皇帝对贾府的印象非常不好。皇帝为什么要问贾政先人的名字?贾化与贾府先祖贾代化名字像只是一个方面,另一方面贾化涉及的是私带神枪一案,是不好的事情。而贾范的家人抢占良民妻女更是混账,而且还是贾政的远亲。说明凡是姓贾的做了不好的事情,皇帝都自觉将他们和贾府联想在一起。这种联想很可怕,好事不联想,坏事马上联想到贾府,说明背后有人搞鬼,暗戳戳说贾府的坏话,皇帝听多了自然对贾府的印象就差了。第二,贾府的子侄确实挺荒唐的,尤其是东府贾珍等人做的事,比如贾珍在守孝期间,借助习射而聚众赌博、喝酒,简直无所不为!所谓没有不透风的墙,大家都是官场中人,消息灵通,你懂我也懂,可怜贾政自己却蒙在鼓里。第三,这些人都嗅到了贾府危险的气息。他们在心里知道,此时的贾府非彼时的贾府,靠山已死,政敌暗动。皇帝对贾府的印象已经很不好了,所以,好友同僚是出自关心,想让贾政约束子侄,免得被有心之人抓住把柄。

☑ 考 点

1. 请简要概括倪二所说的"我便和几个朋友说他家怎样倚势欺人,怎样盘剥小民,怎样强娶有男妇女……叫你们才认得倪二金刚呢!"具体的事件。

_____

_____

2. 贾芸没办法帮助倪二，为什么让倪二家的去找冷子兴？

_____

_____

🖋 **学习笔记**

第一〇五回

锦衣军查抄宁国府　骄马使弹劾平安州

📋 情节概要

1.锦衣府堂官赵老爷带人来抄贾赦的家,西平王爷认为贾赦、贾政同房异爨,只抄贾赦一房,而赵老爷认为贾赦、贾政没有分家,应该同抄。

2.赵老爷从贾琏的房间里抄出了两箱房地契和一箱借票,都是违例取利的,非常兴奋。

3.北静王奉旨查抄贾府,宣旨让赵堂官提贾赦质审,余下的交给西平王。贾政向两位王爷乞恩,两位王爷决定只将贾赦一房所有的交出。

4.贾母等一众女眷因为查抄之事,被吓得乱作一团。贾政同司员登记物件,抄处贾赦房中的各种财物,琳琅满目。

5.贾政通过焦大知道东府也被抄家了,薛蝌来到贾府,贾政让薛蝌打听,薛蝌打听得贾赦和东府都犯了大罪,贾政气得直跺脚。

👆 值得一问

首先,为什么详细罗列抄出的财物?

第一,借助贾赦的财物之多,写出贾府的奢侈富贵。我们要知道,这个时候的贾府已经落寞了。可见俗话说瘦死的骆驼比马大,此言非虚。短短功夫,且只有贾赦一房,抄出来的珍贵之物就已经写满了一页,物品也是琳琅满目,有些从未见过,有些从没听过,我们可以想见贾府整个府第财产宝物之繁多,以及鼎盛时期是多么奢华!第二,贾赦的贪婪和奢侈。这里抄出的物品是贾赦所有,贾赦一人就拥有如此之多的物品,但是贾赦不满足,看上了古董扇子,还是出手害得石呆子家破人亡。第三,贾府确实败落了,贾赦挥霍无度,没有什么现金。你看抄出来的银子只有成色不好的银子五千二百两,赤金五十两,钱七千吊。也许我们认为这也是不少的一笔钱了,但是我们要知道这是贾府,贾赦更是世袭的一等将军,贾府百年豪门,就抄出来这么一点现金,当然寒酸!所以,贾赦才会因为还不出五千两银子而把迎春嫁给了孙绍祖。说明贾府的基业此时确实是败落了,贾赦也的确是个败家的爷们儿!

其次,贾府中的众亲友听到西平王不用盘查的命令"就一溜烟如飞的出去了",这句话有什么作用?

第一,揭示了人性的现实,趋利避害。这一句话真的是把人性写尽了!一溜烟如飞地出去,把众人惶恐的心理和急于跟贾府划清界限的心情写到了极致。贾府风光的时候,大家都是贾府的亲朋好友,巴结都来不及;一看贾府被查抄,各路亲朋好友都怕自己受到牵连,一听到西平王说不必盘查,逃得比谁都快。第二,写出了贾府的孤立无援,绝望恐惧。贾府之前可以说是结交天下,风光无限。而与众人飞奔而去形成对比的就是贾赦、贾政等人吓得面如土色,满身发颤。在这样的对比下,我们发现贾府其实没有什么真正的亲朋好友。一切都是因权势而聚集,一切也都因祸患而散去。从众亲友为贾政回京喝酒祝福,到众人的一哄而散,对比之下尤其使人感受到此时贾府的孤立无援和贾府众人的绝望恐惧。第三,悲喜结合,实现了极具讽刺性的戏剧效果。大家不要忽略了西平王前面的话——"这都是亲友",有这样当亲戚朋友的吗?一旦遇到事情没有想着帮助的,都是巴不得逃得远远的。用"一溜烟"和"飞",连用比喻和夸张的手法,虽然是写贾府的落难,极具悲情,但是,这一众亲友的飞奔还是给这悲剧增添了喜剧的效果,让人忍俊不禁。

✓ 考 点

1. 为什么独凤姐听见平儿说外面的王爷要进来抄家产,就昏死在地呢?

2. 北静王来时, 赵堂官为什么感到高兴?

_____

_____

📝 **学习笔记**

第一〇六回

王熙凤致祸抱羞惭　贾太君祷天消祸患

情节概要

1.贾母受到惊吓,吃了定心的药丸方略好,她觉得不如合了眼随子孙如何,贾政着急异常。

2.北静王府长史告知贾政,贾赦一房的和违规的高利贷入官,其余的归还,革了贾琏的职,免罪释放。

3.贾琏和凤姐因积累的七八万金一朝而尽不免悲痛,贾政问及贾琏高利贷之事,贾琏不知,贾政只能叹自己糊涂,子侄没有出息。

4.各亲友来问候贾政,说到贾政奴才在贾政粮道任上要钱的事。孙绍祖派人向贾政要钱,说贾赦欠他的。贾政心中埋怨贾琏夫妇,见凤姐病重又隐忍不言。

5.凤姐心中只求速死,贾母将体己分给凤姐、平儿,并安排了尤氏婆媳和佩凤、偕鸾。

6.贾母于院内焚香,希望上天降罪于她而放过子孙,宝玉、宝钗来请安,众人皆悲痛大哭。

7.史家打发人告诉贾母史湘云出嫁的事,宝玉心中难过。贾政传了赖大,知道历年用度入不敷出,且知道是鲍二告发了贾赦和贾珍。

值得一问

首先，此时的凤姐为什么一心求死？

第一，凤姐因为私自放高利贷，心中无比愧疚。像贾府这样的高门贵府放高利贷不单单是违法，更是丢脸的事。而凤姐是一个非常会敛财的人，她既通过贾府的权势谋划利益，又通过延迟下发贾府的月利来收利息，当然还会用自己积累的财富放高利贷。她知道贾政等人都恨她，只是看在她生病和贾母的面上才没有发作，凤姐心里跟明镜一样，自然是既羞且愧。第二，凤姐多年的积累付诸流水，心中无比痛惜。你看凤姐辛辛苦苦积累的七八万两银子就这样打了水漂，且因此获罪。七八万两银子是什么概念？当时二十两银子够一户一般的人家过一年，以此类推，八万两够一户普通人家过四千年。由此一想，我们就知道豪门贵族的富贵。这还是败落了的贾府，且只是贾府中王熙凤的私房钱！第三，贾琏的话让凤姐彻底崩溃。平儿让贾琏请个大夫给凤姐看病，你看贾琏居然说："我的性命还不保，我还管他么！"贾琏是凤姐的丈夫，是她在贾府的依靠，但是关键时刻贾琏对凤姐只有责备，也是够绝情的。这句话可以说让凤姐彻底绝望，只求速死。第四，凤姐一心求死还有一点是因为有平儿，她没有了后顾之忧。凤姐的唯一惦念就是巧姐儿，她知道自己死了，平儿也绝对会对巧姐儿好的。

其次，贾母祷告后各人悲伤大哭，尤其是宝钗，原因何在？

第一，想到薛蟠将来处决，不知道可不可以减缓。这是薛家母女一直背负的痛，毕竟骨肉亲情，薛蟠的事一直让宝钗悲伤不已。第二，想到贾府的家业萧条、败落，经济上也没有了保障。贾府的经济入不敷出由来已久，但是像这样抄了大半家业则是真正的伤筋动骨，毕竟宁国府已经全军覆没，荣国府只留了贾政一房，到如今别说是维持豪门生活，就是维持普通的运转都极其困难。第三，看到宝玉依然疯傻，毫无志气。宝玉是重振贾府的希望，但是此时的宝玉疯疯傻傻，别说以举业重振家门，就是普通人的机灵都没有。第四，文中虽没有写，但是我们知道，宝钗非常介意的一点是，疯傻的丈夫心里还一直装着黛玉。如此种种，怎能不让宝钗悲痛欲绝呢？

☑ 考　点

1. 鲍二是贾府的奴才,贾府对奴才一向很好,那么鲍二为什么要告发贾珍呢?

_____

_____

2. 贾母祷告后各人悲伤大哭,尤其说到宝玉的悲苦,结合小说说说原因。

_____

_____

🍃 学习笔记

第一〇七回

散馀资贾母明大义　复世职政老沐天恩

情节概要

1. 北静王转述皇帝的意思,革除了贾赦和贾珍的世袭爵位,没有处置贾政,贾政感恩戴德。

2. 贾母得知贾府的经济状况,将自己的积蓄拿出一一分给众人,贾政等人自责又感激。

3. 贾母过来看凤姐,凤姐看见贾母等人依然关心她,自责之余也心生宽慰。

4. 皇帝开恩,将贾赦的世袭给了贾政,众亲戚皆来道喜。家计萧条,贾政不能在外应酬。

5. 包勇得知贾雨村对贾府落井下石非常气愤,在街上骂了他,贾政怕惹事派他看园子。

值得一问

首先,皇帝只没收了贾赦一房和宁国府的财产,还赦免了贾政的罪。但是贾政想把皇帝赏还的府第和大观园奏请入官,为什么?

这样的心思贾政出现了两次:第一次是当贾政得知皇帝赦免了自己的时候,他提出了这样的想法,北静王和众官都劝贾政不必如此;第二次是皇帝将贾赦的爵位转给贾政的时候,贾政入宫谢恩,再次表达要把赏还的府第和大观园奏请入官,直到降旨说不必,贾政才放心。我们从贾政才放心这句话中可以看出,贾政当然不想把赏还的资产折入官中,他坚持奏请有他的无奈和打算。第一,想借献资产赎罪。这个时候贾府的罪状还是挺多的,虽说皇帝赐还了部分家产,但是贾政心中依然不安定。尤其是贾赦和贾珍等人的命运,更是前途难卜。贾政希望借赐还的财产充官减轻他们的罪责。第二,想借献资产表忠心。贾政对皇帝赐还家产的举动,是充满感激的,因为这毕竟代表了皇帝的体恤。所以,贾政也想借献家产表明对皇帝的感激和自己的忠心。第三,想借献资产消灾祸。贾政认为若将赐还的家产都充了官,那些想继续搞垮贾府的人,会因为看到贾府的败落而就此收手。第四,想借献资产探心思。贾政对皇帝赐还家产的举动除了感激还有畏惧,贾政想借献资产充官,探探皇帝的心思。贾政不确定皇帝是真的体恤赐还,还是用赐还家产的方式试探他的态度。结果贾政的态度应该是让皇帝很满意,皇帝觉得贾政是个忠诚老实的大臣,所以就没让资产充官。

其次,包勇明明很忠心,但是贾府的人包括贾政都不喜欢他,为什么呢?

第一,包勇是甄府的仆人,难以融入贾府。包勇是甄老爷推荐过来的仆人,且直接推荐给了贾政用事。你想啊,中途来的人,容易受到排挤。况且,包勇是甄老爷推荐给贾政的,一般仆人还真比不了,这让其他的仆人多少有点"羡慕、嫉妒、恨"。当然,主要是恨。第二,包勇为人正直,看不惯贾府的奴才欺上瞒下的行为,得罪了贾府的人。包勇看贾府此时已经败落,而贾府的仆人却依然欺上瞒下,他非常看不惯。贾府中的奴才估计是骄横惯了的,他们不能接受包勇的正直。我说世界上最可怕的就是对比,一群乌合之众一起欺上瞒下,突然有个正直的奴才对比,那些乌合之众就害怕了,他们害怕自己的丑恶在对比之下会过分显眼。所以,他们为了自保只能排挤和抹黑包勇。结果,贾府的主子听多了关于包勇的坏话,自然觉得包勇不好。第三,包勇一心护主,不分场合,可能会给贾政带来麻烦。包勇听见别人的闲谈,说贾雨村对贾府落井下石,他就气愤得不得了,看见贾雨村坐轿子来了他还趁着酒劲骂街。此事毕竟道听途说,不能断定真假。设想,如果此事是假的,贾雨村并没有这样做,岂不是得罪了一个可以帮助贾府的朋友吗?如果此事为真,贾雨村知道事情泄露,一不做二不休,再次对贾府下手,贾府岂不是又遭一劫?

✔ 考 点

1. 从贾母的资产分配中分析一下贾母的形象。

_____

_____

2. 这一回,众亲戚又来给贾政道喜,说明了什么?

_____

_____

🍃 学习笔记

第一〇八回

强欢笑蘅芜庆生辰　死缠绵潇湘闻鬼哭

情节概要

1. 史湘云出嫁回门，来向贾母请安，贾母讲了薛家、王家、甄家的事和贾家的处境，二人悲从中来。

2. 贾母想找个理由热闹一下，史湘云想到了薛宝钗的生日，贾母命鸳鸯拿出一百两让预备两天的酒饭。

3. 众人都来给宝钗过生日，迎春讲了自己的委屈，贾母不高兴，凤姐虽勉强说了几句有兴头的话，但是始终不像先前爽利。

4. 众人喝酒，宝玉建议让鸳鸯来行令，终究不似先前热闹。李纨掷出"十二金钗"引得宝玉思念黛玉，宝玉去潇湘馆而隐隐听见哭声。

值得一问

首先，这一回给宝钗过生日，写得看似热闹，实则冷清。作者是怎么做到的？

第一，对比的手法。这里对比的手法我认为主要用了两次，第一次对比是薛宝钗之前的生日和这一次生日的对比。在第二十二回，薛宝钗过十五岁生日时，贾府还处于鼎盛时期，大家喝酒、说笑、听戏，好不热闹。而宝钗这一次的生日则完全不同，贾府已经遭了抄家之难，今非昔比，细心的读者应该发现了,贾府以往逢生日都有请戏,而这次宝钗的生日中已经没有了。第二,众人的情绪和反应。在这一回中各人都有自己的心思,邢夫人、尤氏、惜春等人也都是因为贾母叫,不好意思不来。值得一提的是鸳鸯和凤姐。金鸳鸯第一次行酒令是在第四十回,刘姥姥二进荣国府的时候。金鸳鸯神气十足,在刘姥姥酒令的带动下,众人大笑;而这一回金鸳鸯行酒令已经完全没有了当时的神气,众人也都没有了笑声。而凤姐之前逗贾母笑绝对是高手,而在此时虽然勉强说几句玩笑话,也不似先前爽利,能引人发笑。第三,环境的渲染烘托。也正是在宝钗过生日的这回,宝玉想起了黛玉的死,要去大观园看看。此时大观园的景象是“满目凄凉,那些花木枯萎,更有几处亭馆,彩色久经剥落,远远望见一丛修竹,倒还茂盛”。加上临近潇湘馆,宝玉隐隐听见黛玉的哭声。在这双重渲染之下,宝钗的生日愈发显得冷清了。

其次,贾母跟史湘云介绍各家的遭遇,有什么作用?

第一,证实了一荣俱荣,一损俱损的事实。贾母在这里讲起了薛家、王家、甄家的败落,这些家族和贾府都有密切的关系,早在葫芦庙里的门子跟贾雨村讲护官符的时候,就把这些家族的关系说了一遍,这里只是一个呼应和对比。只是那时候,各个家族的势力都还非常强盛,而此时各个家族都已经败落了,贾母的六亲同运和之前的一荣俱荣,一损俱损正好呼应。第二,突出贾母的坚强和豁达。贾母在叙述这些的时候,固然是充满了悲情的,但是贾母有她的过人之处,那就是享得了富贵也耐得住贫贱。她想得更多的还是儿孙生活的不容易,没有悲叹自己命运的坎坷。按理说,体验富贵和贫贱生活的人是贾母,她又是贾府中最具权威的人物,年纪又大,最受打击的人其实是贾母!然而,她觉得这样的日子对她来说不算什么,就怕年轻人受不了。第三,为后文宝钗生日的强颜欢笑做了铺垫。贾母在这个时候想了一个热闹的办法,那就是给宝钗过生日。结果众人各怀悲戚,压根儿就提不起兴致。

---- ✓ **考 点** --------------------------------

1.贾宝玉为什么向贾母提议,不要大家说什么话而是让鸳鸯行酒令?

_____

_____

2. 宝玉看到李纨掷了"十二金钗"，为什么深有感触，悲从中来？

_____

_____

🍂 学习笔记

第一○九回

候芳魂五儿承错爱　还孽债迎女返真元

📋 情节概要

1. 宝钗和袭人聊天,故意说黛玉仙去不肯混在世上,宝玉决定在外间睡,果真没有梦见黛玉。

2. 迎春泪别贾母,众人借宝钗生日又与贾母待了一天。

3. 宝玉还想梦见黛玉,决定在外间睡,看五儿像晴雯,就跟五儿聊天,五儿误解了宝玉的心思。

4. 宝钗担心宝玉,袭人把宝玉的铺盖移到里间,宝钗和宝玉圆了房。

5. 贾母生病,后得知迎春病逝,贾母之病也一日比一日重,贾政命贾琏安排后事。

👆 值得一问

首先,五儿为什么把宝玉的一番话完全误解为儿女间的调戏之言?

第一,这些话确实容易引人想入非非。你看宝玉转述晴雯的那番话,如果结合当时的语境,是非常让人感动且感慨的。因为王夫人是把晴雯当作狐狸精赶走的,而实际上晴雯向来守身如玉,和宝玉之间也是非常纯洁的关系。而众人却都误解晴雯和宝玉之间有特殊关系,晴雯是极度委屈的,所以才说了"早知担个虚名,也就打个正经主意了"。而一旦脱离了语境,宝玉把这个话讲给五儿听,那还了得!什么叫"也就打个正经主意了"?在五儿看来,简直就是明示了,所以,五儿为了自证正经,就骂了晴雯。第二,五儿对宝玉原本就有非分之想。宝玉绝对是大观园里的香饽饽,很多女孩子的梦中情人。长得好看,待女孩子又体贴,家里有财,个人又有才,还有比这更合适的托付终身的对象吗?所以五儿看上宝玉,虽然是非分之想,但是那也只是想想。我们从本回中也可以找到证据:说五儿看见宝钗稳重,宝玉疯傻,又得知王夫人把很多女孩儿给撵了,她就没一毫儿女私情了。说明什么?之前有呗。有过儿女私情,听了这番话更别有意味了。第三,五儿不了解宝玉,也不了解晴雯。宝玉是博爱的人,但是他不滥情更不色情;晴雯是自尊自重的女孩,她虽然悔恨但是她意在表达对宝玉的情感。五儿就简单地把宝玉的话看作了调戏,把晴雯的话看作了放荡。第四,五儿无法理解宝玉与晴雯之间的纯粹情感。宝玉和晴雯之间的情感我认为是互相喜欢又互相尊敬的。宝玉待晴雯特别好,很宽容,甚至有点儿纵容。这是基于对晴雯的欣赏和喜欢,因为晴雯直率天真且自尊自重。也正是因为他们之间的这种情感,让他们超越了世俗。但是平庸如五儿,自然和世俗的眼光是一样的,她无法理解他们之间的情感。

其次,为什么不写宝玉梦见黛玉?

《红楼梦》中的梦境可不是随便写的,写有写的用意,不写也有不写的原因。第一,宝玉此时的心智依然混沌。宝玉和黛玉之间的爱情是心灵的契合,此时的宝玉梦不到黛玉不是因为不想她,而是因为此时的宝玉心智依然混沌,无法和黛玉达到心灵上的沟通。值得一提的是,袭人也说从来没有梦见黛玉,那是袭人压根儿不喜欢黛玉。所以,宝玉无法梦见黛玉和袭人没有梦见黛玉都很正常。第二,黛玉对宝玉有深深的误解。不写梦境是因为黛玉是带着恨离开的,她认为宝玉是负心汉。而从书中隐含的意义看,黛玉是不会原谅宝玉的,她有情感洁癖,所以连宝玉的梦境也不屑进入。这样,更能体现出黛玉的恨。第三,给宝玉心中留下了巨大的遗憾和歉疚。宝玉对黛玉的死一直耿耿于怀,他非常清楚黛玉对他有多少误解和恨。所以,宝玉很想有机会能解释一番,哪怕是跟紫鹃,哪怕是在梦境中。可是,他无法梦见黛玉。这也就断绝了他唯一的念想,宝玉的遗憾和歉疚也就没有了宣泄的可能。第四,宝玉打开了心结,与宝钗圆了房。没有梦境其实是宝钗和袭人所希望的,她们想借此说明黛玉的魂魄已经升天,不屑与俗世的人打交道。这也是给宝玉最大的安慰,正如她们所料,宝玉果然信以为真。

☑ 考　点

1. 说说贾母病逝因何而起,又因何加剧而最终去世?

_____

_____

2. 琥珀得知史湘云的情况后,为什么让鸳鸯向贾母撒谎?

_____

_____

🍃 学习笔记

第一一〇回

史太君寿终归地府　王凤姐力诎失人心

▤ 情节概要

1. 贾母与宝玉、贾兰和凤姐嘱咐之后,遗憾史湘云不能来看她,不多久就去世了,享年八十三岁。

2. 贾母的丧事,凤姐总理内部,贾琏负责外面。鸳鸯害怕贾政处理丧事一切从简,于是求凤姐把丧事办得体面些,凤姐答应。

3. 因为可用的人少,而来吊唁的人多,且钱被扣留,内部的丧事照应顾此失彼,鸳鸯多有抱怨,邢夫人故意刁难,王夫人也不能体谅,凤姐一肚子冤枉没处说。

4. 李纨看凤姐难以支持,叫来自己的人让他们多出力,众人答应。

5. 史湘云吊唁贾母,想起自己的身世痛哭不已。邢夫人派丫头指责凤姐,凤姐气得吐血不止。

✍ 值得一问

首先,凤姐为什么觉得鸳鸯的话说得古怪?

鸳鸯的话太长了,不好全文引述。我们分点来看,可以知道凤姐觉得鸳鸯古怪在哪里。第一,鸳鸯求凤姐把贾母的丧事办理得体面一点。凤姐认为这原本就是大家的愿望,即使鸳鸯不这样请求,自己也是会尽力去操办的。况且,贾母丧事所需要的费用贾母自己早就安排好了,不需要其他人操心。

实际上,凤姐不明白,鸳鸯已经听到了贾政的意思。她虽然听不懂贾政所说的"丧与其易,宁戚"的真正意思,但是鸳鸯知道贾母的丧事很可能会操办得不够体面。凤姐乍一听,根本不明白其中的缘由,所以觉得鸳鸯的话说得古怪。其实,这是贾政的意思,而邢夫人巴不得省下钱来为将来的生活谋划。鸳鸯的担心是有原因的。第二,鸳鸯强调自己生是老太太的人,死了也是要跟老太太的。这话其实是暗示了鸳鸯想殉主的心思,而凤姐没有真正理解鸳鸯,当然觉得古怪。

其次,凤姐这次处理丧事怎么表现得如此糟糕?

凤姐处理事情,那绝对是运筹帷幄,雷厉风行。在宁国府帮忙处理秦可卿的丧事时,那叫一个爽利!这次贾母的丧事,应该更有经验才对,为何如此糟糕呢?第一,这次规格高,可调度的人太少。贾母那是封了诰命的,所以来吊唁的人的品级和数量都是宁国府当时所不能比的。而凤姐可以调度的人却完全比不上当年宁国府的时候,现在只有七十多个人,完全不够指派。第二,凤姐没有支配钱的权利,钱都被贾政和邢夫人等人控制着。这是最关键的地方!没有可以支配的钱,谁愿意出力?手中没有支配钱的权力,对下人也就失去了约束力。所以,没有人真正愿意为丧事出力了。第三,贾政、王夫人、邢夫人没有大力支持,邢夫人还有意刁难。这个时候,凤姐是需要贾政等人的支持的,毕竟凤姐是贾母的孙媳妇。然而各人都怀着各自的心思,贾政想着低调,王夫人想着周全,邢夫人想着刁难。贾母去世,他们就是贾府中的最高层了。贾府中的奴才多么势利,眼看着他们都不支持凤姐,当然各自偷懒,乐得轻松了。第四,凤姐此时的身体不行。凤姐小产之后就一直有血崩的症状,到这个时候其实病得非常严重了。贾琏来告知凤姐贾母快不行的时候,凤姐几乎一时动不得。这个时候操办丧事,已经是竭尽全力,勉强支撑了。可邢夫人还派丫头奚落凤姐偷懒,直把凤姐气得吐血。

---- ☑**考 点** --------------------------------

1.贾政向来孝顺,但为什么要求贾母的丧事一切从简?

_____

_____

2.史湘云吊唁贾母时为什么哭得如此悲恸?

_____

_____

🍂 **学习笔记**

第一一一回

鸳鸯女殉主登太虚　狗彘奴欺天招伙盗

📋 情节概要

1. 辞灵之时,鸳鸯回到贾母套间屋内,随着秦可卿魂魄的指点,上吊自杀身亡,众人感叹不已。

2. 王夫人叫来鸳鸯的嫂子,从贾母留下的银子中拨出一百两给了她,鸳鸯嫂子高兴得不得了。

3. 周瑞的干儿子何三连同市井混混,趁贾母丧事,潜入荣国府,将贾母所藏一盗而空。

4. 贾芸、凤姐等过来查看失物,因鸳鸯已死,琥珀等送灵未归故不知数目,凤姐让把上夜的女人拴起来,交给营里审问。

👉 值得一问

首先,从鸳鸯死后众人的反应,可以看出各人怎样的形象?

第一,贾宝玉的表现是先哭后笑。哭是因为宝玉想到鸳鸯这么好的一个人,竟然就自杀死了,感到万分的悲伤。笑是因为鸳鸯能够追随着贾母而去,对贾母情深义重,甚至超过了贾母的子孙,宝玉认为她既死得其所,又重情重义。宝玉的表现反映出他的重情,因鸳鸯骤然死去而悲,又因她死得其所而喜。第二,贾政的反应是赞叹。说鸳鸯是个好孩子,不枉老太太疼她一场。

贾政是深受儒家伦理制度影响的人,是所谓"忠孝"思想的坚决维护者,他赞叹鸳鸯的出发点不是"情",而是"礼"。第三,紫鹃的反应是后悔。紫鹃看到鸳鸯自尽,后悔自己当时没有跟黛玉走了,如今在宝玉的房里没有着落。可以看出紫鹃对如今生活的不满和对黛玉的忠诚。第四,鸳鸯的嫂子是高兴。因为鸳鸯自尽,王夫人和邢夫人商量从贾母的银子中拨出一百两给了鸳鸯的嫂子,鸳鸯的嫂子竟然喜形于色。可见这个女人无情无义,恬不知耻,唯利是图!第五,邢夫人先是赞叹后是不让贾琏行礼。贾政觉得鸳鸯因贾母而死,小辈应该行礼。宝玉认为理所应当,贾琏也想行礼的时候被邢夫人制止了。可见邢夫人心胸狭窄,端着主子的架子,打心眼里看不上鸳鸯。第六,薛宝钗真诚哭祭,极有诚意。看见邢夫人阻止贾琏,宝钗的心中是"好不自在",原因如下:第一,邢夫人说有一个爷们儿便罢了,指的是宝玉向鸳鸯行礼的事,在邢夫人看来,宝玉是丢面子的。宝钗是宝玉的夫人,当然心中不爽。第二,宝钗觉得邢夫人摆谱,根本上还是记恨当年鸳鸯不同意嫁给贾赦而让她丢颜面的事。宝钗觉得邢夫人心胸狭窄又道貌岸然,所以很不爽。

其次,鸳鸯的嫂子听了一个婆子的话后,为什么说是戳了她的心,又红了脸?

鸳鸯殉主,王夫人和邢夫人商量给了鸳鸯嫂子一百两银子,她高兴极了。旁边的婆子就说:"罢呀嫂子,这会子你把一个活姑娘卖了一百银子便这么喜欢了,那时候儿给了大老爷,你还不知得多少银钱呢,你该更得意了。"第一,讽刺鸳鸯的嫂子唯利是图。这婆子的话真毒!她是看不上鸳鸯的嫂子得意的样子,才狠狠讽刺了她,很可能也是嫉妒。"活姑娘"是讽刺鸳鸯嫂子靠死了的鸳鸯拿银子,不悲伤反而高兴!那是丈夫的妹妹,因为一百两就不顾亲人生命逝去的悲伤,反而喜形于色。不是赚死人的钱是什么?第二,讽刺鸳鸯的嫂子没能心想事成。鸳鸯的嫂子一心想促成鸳鸯和贾赦的事,从而捞好处。结果被鸳鸯大骂一顿,心中非常窝火。这婆子的话,当然是有意戳她的痛处。第三,讽刺鸳鸯的嫂子目光短浅。说她靠死了的鸳鸯才得了一百两就乐了,活着嫁了贾赦的话好处不知道多少!意思是鸳鸯死了,你应该悲伤,当然不是悲伤鸳鸯之死本身,而是应该悲伤才得一百两,因为活着的鸳鸯更值钱。讽刺之毒辣,真是让人拍手称快!

☑ **考 点**

1. 何三为什么会伙同外人来盗贾府的财物？

_____

_____

2. 鸳鸯回到贾母套间屋内，想要寻死，是谁的魂魄指引的她？

_____

_____

🍃 **学习笔记**

第一一二回

活冤孽妙尼遭大劫　死雠仇赵妾赴冥曹

📋 情节概要

1. 惜春因为被嘱托看家却发生盗贼之事自责不已,包勇说出了妙玉拜访惜春,开了腰门之事,惜春愈加害怕。

2. 贾芸告知贾政家中遭盗一事,贾琏责备贾芸,贾政认为只有报官,只是数目无法具体开出。

3. 林之孝将何三勾结外贼之事告诉贾琏,贾琏异常生气,又叫了包勇夸赞其勇武。检点余下的东西,除了一些衣物,全部盗空。

4. 一伙贼用闷香迷晕了栊翠庵众人,掳走了妙玉,惜春得知更坚定了出家的念头。

5. 贾政等人准备从铁槛寺回去,赵姨娘突然得了疯症,讲出当年与马道婆合谋害宝玉和凤姐的事。林之孝告诉贾政何三之事,并说了衙门拿住鲍二,且搜出失物,贾政大怒。

👆 值得一问

首先,惜春为什么在这一回更加坚定了出家的决心?

第一,惜春父母早亡,兄长冷漠,和嫂子尤氏又不和,没有归属感。尤氏和惜春在第七十四回抄检大观园的时候,牵扯出入画私自帮助自己哥哥私藏贾珍赐予的物品而获罪,惜春要赶走入画,尤氏帮入画讲了几句。谁知道惜春翻脸,骂尤氏无知。所以,她们俩是有矛盾的。至于兄长贾珍冷漠,我们看全本《红楼梦》,几乎没有贾珍和妹妹惜春的对话,这说明他们二人关系很冷淡。第四十五回,凤姐在给惜春画画的材料时说了一番别有意味的话:"过会子我开了楼房,凡有这些东西都叫人搬出来你们看,若使得,留着使,若少什么,照你们单子,我叫人赶着买去就是了。画绢我就裁出来。那图样没有在老太太跟前,还在那边珍大爷那里呢。说给你们,别碰钉子去。我打发人取了来,一并叫人连绢交给相公们矾去,如何?"惜春她们去反而会碰钉子,要凤姐亲自出马,可见贾珍对这个妹妹的态度。第二,贾母非常疼爱自己,如今也去世了,没有了依靠。惜春从小跟着贾母长大,她实际上是贾母的侄孙女。但是贾母从来没有区别对待,抄家了之后还安排了一份嫁妆给惜春,可见贾母对她的疼爱。如今,唯一的依靠也走了,惜春非常伤感。第三,想到迎春、史湘云、探春等人都没有好的结局,对世俗生活深感失望。生活在身边的姐妹没有一个有好下场,让惜春对嫁人充满了恐惧。第四,对妙玉闲云野鹤般的生活非常向往,且因为守家家中却被盗而深感惭愧。

其次,贾政一方面觉得必须报官,另一方面为什么又无法开失物的单子呢?

第一,报官是为了通过官府的力量抓住盗贼。第二,贾母的财物寻常都是鸳鸯管理,如今鸳鸯去世,无人知晓具体的财物。鸳鸯是贾母的大丫头,平常贾母的财物都由鸳鸯看管,所以才会有第七十四回中贾琏求鸳鸯典当贾母财物的事。第三,贾母才去世不久,贾政等人没忍心立马动用里面的财物。这是贾政的孝心和迂腐,贾母虽然给自己备好了安排后事的财物,但是贾政不忍心用,以至于财物无法支取,弄得王熙凤十分难堪。如果立马动用,反而知道财物的名目,且不一定会遭盗。第四,贾府是被抄家的,如果将财物的名目如数报送,会引发私藏财物的舆论。这是贾政最忌讳的一点!抄过家还能有这么好的物品,这舆论一出,同僚认为贾家藏私,皇帝认为贾家不忠,再遭了罪,贾家就彻底玩儿完了!

☑ 考　点

1. 尤氏对惜春说了一句话:"姑娘,你操心了,倒照应了好几天。"这句话为什么让惜春涨紫了脸?

_____

_____

2. 包勇为什么不让妙玉从腰门走?最终为什么又妥协了呢?

_____

_____

🍂 学习笔记

第一一三回

忏宿冤凤姐托村妪　释旧憾情婢感痴郎

--- 📋 **情节概要** ---

1.赵姨娘暴病去世，唯有周姨娘哭得悲切，贾政派人料理后事，众人都说赵姨娘是被阴司里拷打致死的。

2.刘姥姥来看凤姐，凤姐求刘姥姥给她祷告，并把巧姐也嘱托给了她。

3.贾政让贾琏从公中拿四五千两的银子补交贾母的丧事费用，贾琏只好拿出贾母赠予他的财物去折变。

4.宝玉听见妙玉被掳走，想她是必死，又想到大观园中的女子死的死，嫁的嫁，悲伤大哭。宝钗以祖宗遗业相劝，宝玉听着话不投机。

5.宝玉想跟紫鹃说几句知心话，紫鹃逐渐明白宝玉结婚是被人蒙骗，感慨黛玉无福，要是人心如草木，反倒干净。

--- 👆 **值得一问** ---

首先，凤姐为什么愿意把巧姐嘱托给刘姥姥？

第一，凤姐觉得自己时日无多。凤姐自从小产之后，就一直有月经不净的症状，也就是所谓的"血崩"。而凤姐在经历了一系列的打击之后，身体更加糟糕了，因此她能感觉到自己时日无多。第二，凤姐深感贾府每况愈下，气数将尽。贾府自从元妃去世，势力与之前相比可谓差之千里，再加上遭受了抄家之祸,靠贾母分下的财物,大家才勉强生活。而如今,家中遭了盗贼,贾母的财物被一盗而空,更要贾琏将贾母赠予的财物折变来补给贾母去世的丧葬费用。贾府的经济已经到了非常窘迫的境地,尤其是贾琏一家。第三,凤姐对刘姥姥有恩情。当年刘姥姥一家走投无路,第一次进贾府的时候,是凤姐给了她二十两银子,帮助刘姥姥一家渡过难关;第二次进贾府,在凤姐的安排下,刘姥姥逗得贾母很是高兴,从贾府拿走了一百多两银子,再加上布匹、妙玉的茶盅等物品,可以说是满载而归,够刘姥姥家买田、买地、做生意了!凤姐是刘姥姥的大恩人,凤姐的嘱托,刘姥姥是义不容辞的。第四,刘姥姥很有世俗上的见识,给凤姐可靠的感觉。巧姐儿的名字就是刘姥姥取的,刘姥姥认为贱名好养。当凤姐遇见尤二姐这些鬼神的时候,刘姥姥又指明祈祷的庙宇,所以在凤姐看来,刘姥姥见识广,办法多。第五,凤姐深感贾琏不靠谱,平儿又人微言轻。贾琏我们之前就讲过的,他是非常不靠谱的男人,一味沉迷于酒色;平儿又毕竟是丫鬟,人微言轻,身在贾府容易受人摆布。所以,凤姐能嘱托的人只有刘姥姥。

其次,紫鹃知道宝玉娶亲是被骗的,为什么依然不原谅宝玉?

第一,宝玉在黛玉去世的时候娶了宝钗,这是紫鹃所不能接受的,紫鹃心里一直希望宝玉能娶黛玉,而且自认为知道宝玉的心思。结果,宝玉却在黛玉去世之际全然不顾情分,娶了宝钗,紫鹃觉得宝玉过于虚伪和绝情。第二,黛玉是带着巨大的痛恨而离开这个世界的。黛玉弥留之际叫喊着:"宝玉,宝玉,你好……"紫鹃当然知道省略号中的意味,是无尽的遗憾、疑惑、愤怒、不甘和痛苦。黛玉的痛深深刺激了紫鹃,在紫鹃看来这都是因为宝玉。第三,黛玉把紫鹃看作亲姐妹。黛玉原本把宝钗看作亲姐妹,宝钗却背叛了她;黛玉原本把贾母看作依靠,贾母却疏离了她;黛玉原本把宝玉看作托付,宝玉却娶了别人。所以黛玉最亲的人是紫鹃,紫鹃为了这份情也不能原谅宝玉。

---- ✅ **考 点** --------------------------------

1. 宝玉听说妙玉的事大哭,请说说原因。

_____

_____

2. 请说说紫鹃释怀的原因。

_____

_____

✎ 学习笔记

第一一四回

王熙凤历幻返金陵　甄应嘉蒙恩还玉阙

情节概要

1. 王熙凤病危,嘴里喊着金陵归入册子去,让袭人想起了宝玉多年前梦入太虚幻境的事。

2. 宝钗跟宝玉讲了邢岫烟和薛蝌的婚事,并说明薛家要搬出去住。

3. 王熙凤去世,王仁责备丧事办得不好,贾琏没钱,平儿典当了自己的东西给贾琏用。

4. 清客程日兴建议贾政派管事的人清查贾府的账目和资产,贾政并无此意。

5. 甄老爷来贾府,说要去海疆,贾政托他看望探春。甄应嘉见宝玉和自己儿子很像,殷勤嘱咐。

值得一问

首先,王仁为什么要在凤姐的丧事方面为难贾琏?

王仁知道凤姐死了,只得赶过来哭一场。而他看到贾府处理凤姐的丧事如此简陋,他也就给了贾琏难堪,还在巧姐面前冷嘲热讽。其实,王仁这样做是有目的的。第一,为了给王家和自己争个面子。王家真正有牌面的人其实就是王子腾一人。王子腾去世之后,可以说整个王家就败落了,但是王家依然是有豪门的声名在的。所以,王仁觉得凤姐的丧事毕竟也关系到王家的脸面,他虽然表面上是说为了顾及贾府的面子,实际上是为了他自己的面子。第二,王仁觉得当年凤姐夫妻对他不够好。王仁对贾琏和凤姐其实深感不满,虽然他没少从凤姐身上捞好处。我们通过巧姐心里的话也知道,平常这个舅舅经常拿凤姐的好处。但是王仁多么贪婪的人,根本就不满足。王仁对巧姐说:"你娘在时,本来办事不周到,只知道一味地奉承老太太,把我们的人都不大看在眼里。""我们的人"其实指的就是王仁他自己!由此可见王仁对凤姐夫妻的不满意。第三,他想打探贾府此时的家底状况。王仁怀疑贾府,尤其是贾琏、巧姐他们藏着银子。他虽然知道贾府抄家的事,但是也得知贾母把很多东西分给了大家。所以,他想借此为难贾琏,从而套出贾府的积蓄到底如何。毕竟,在王仁的心里贾府还是很富有的,即使妹妹死了,他还是想着从中捞到好处。王仁、王仁,真是忘仁,不是人!

其次,程日兴劝贾政好好查账目,贾政为什么不听?

贾政守孝在外书房,觉得家计艰难,就跟程日兴讲了东庄地亩不知道情形如何的话。程日兴就让贾政派个心腹去清查,贾政却不愿意这么做。第一,贾府的经济是一笔糊涂账,贾政自己也搞不清楚。贾政原本是一个治家无方、治国无术的庸才。他根本就不想真正着手去处理家里的事,因为他也不知道从何入手。所以,家里的事情基本是贾琏去办的。贾政自己清楚,他没有能力和精力去清查此时如同烂摊子一样的贾府账务。第二,贾政怕细查起来,子侄和奴才都不干净。凤姐放高利贷的事情贾政后来知道了,所以他觉得主事的贾琏也不干净。贾政才会感慨"自己的侄儿也靠不住"!贾政只能揣着明白装糊涂,他即便是查出了贾琏有猫腻,他又能拿自己的侄儿怎么办呢?不如继续糊涂着,他毕竟还要依仗贾琏处理家事。第三,贾政害怕以此苛责奴才,对贾府的名声不好。程日兴的指向已经非常明确了,就是指贾府管事的人。比如赖大、林之孝、吴新登等。尤其是赖大,作为荣国府的大总管,他给儿子赖尚荣捐了官。这些钱哪里来的呢?外人都知道贾府奴才的腐败了,贾政当然也是知道的。但是贾政想若是跟奴才清算,怕丢贾府的脸。所以,也只有打落了牙齿往肚子里咽。

✔ 考 点

1. 薛蝌和邢岫烟的婚事，薛家为什么不请亲朋好友，而是简单地就办了呢？

_____

_____

2. 秋桐为什么敢处处压平儿一头？贾琏为什么喜欢平儿嫌恶秋桐？

_____

_____

🍂 学习笔记

第一一五回

惑偏私惜春矢素志　证同类宝玉失相知

📋 **情节概要**

1.地藏庵的尼姑来看惜春,惜春把想出家的事跟姑子说了,姑子们还激了惜春。彩屏怕担责任,将事情告知了尤氏。

2.甄家太太带了甄宝玉来,贾宝玉与之相见,从相见甚欢到贾宝玉觉得甄宝玉是禄蠹,宝钗趁机讽刺了贾宝玉一番。

3.王夫人想把李绮许配给甄宝玉。尤氏劝惜春,惜春越发坚定出家的信念,尤氏以此回了王夫人。

4.宝玉犯病,人事不省,一个和尚给宝玉送还了玉救活了宝玉,并索要一万两银子。麝月忘情,说了幸好当初没有砸坏玉的话,宝玉再次昏死过去。

👆 **值得一问**

首先,惜春跟地藏庵的姑子们说自己想出家的事,姑子们为什么要激惜春?

按理说,惜春跟地藏庵的姑子们说自己想出家,这是了不得的大事,更是贾府所不能接受的事。地藏庵的姑子为何不劝惜春反而激惜春?第一,姑子们想知道惜春的真实心意。姑子们心里认为,像惜春这样的大家小姐有出家的念头,怕是一时的性子,算不得真心。毕竟世俗的花花世界让人醉心,更何况是像贾府这样的高门贵府,以后嫁个好人家享福,才是惜春这样的小姐的归宿。而这样一激，倒是看出了惜春的决心很大，不是戏言。第二，姑子们想让惜春真的出家。这些姑子们是有私心的，她们想让惜春去她们庵里出家。你想，惜春若是在她们庵里出家，她们能跟着得多少好处啊！惜春可是宁国府的小姐，贾珍的亲妹妹，从小又在荣国府长大。所以，两府都会照顾惜春，姑子们巴不得惜春马上出家才好呢。说不定剃头的工具都在兜里了。第三，姑子们想撇清关系。这些姑子们可是油得很！故意激惜春，说让惜春不要闹，"太太奶奶们那里就依得姑娘的性子呢"，表面上是劝惜春不要闹，实际上是让惜春赶紧闹。但是，必须声明是惜春自己要闹的，不关她们的事。

其次，尤氏为什么最终觉得惜春说的话有道理而听从了惜春？

第一，惜春认为女孩不可能都留家里，而出嫁结果往往不好。这一点是很有说服力的！就算是贾元春，嫁给了世界上最有钱有势的男人，最后还是抑郁而终，从她省亲的那番话里就可以知道，她生活得并不好。第二，栊翠庵是贾府的私家庵，凡事可以方便照应。惜春没到其他地方出家，就在贾府里修行，不用担心会有什么安全上的问题，当然，更重要的其实是不会太丢贾府的脸面。第三，贾珍回来了便于交代。我们说过贾珍对这个妹妹不怎么好，可是毕竟是妹妹。惜春以死相逼，弄不好就是一条人命。尤氏作为惜春的嫂子，贾珍不在时是有监护的责任的。所以，尤氏害怕惜春真的做了傻事，把自己也搭进去了，所以就答应了。第四，尤氏和惜春不和，有过节。大家应该记得，抄检大观园的时候，入画因为寄存哥哥的物件被惜春狠心赶走，尤氏劝了几句，反被惜春责备，让尤氏这些人不要牵累了自己。尤氏原本和惜春就不亲近，被这样一顿奚落之后就更不待见惜春了。以至于贾母丧礼，惜春守家时遭了盗贼，尤氏还趁机讥讽了惜春一顿。所以，若惜春出家，尤氏反而眼不见心为净，巴不得呢！

-- ☑ **考 点** --

1. 麝月说的话为什么导致宝玉再次昏死过去？

_____

_____

2. 贾宝玉为什么从相谈甚欢到鄙夷甄宝玉?

_____

_____

📎 **学习笔记**

第一一六回

得通灵幻境悟仙缘　送慈枢故乡全孝道

--- 📑 **情节概要** -----------------------------------

1. 宝玉的魂魄又去了太虚幻境，看了众人的册子，见了一众去世的女子后，和尚告诉宝玉世上的情缘都是魔障，就把宝玉送回了。

2. 宝钗和袭人、麝月说起玉的奇事，惜春听了想起妙玉扶乩的"入我门来一笑逢"的话，觉得宝玉应该会入佛门。

3. 贾政趁着丁忧的空隙，要将贾母和黛玉等人的灵枢送回金陵，吩咐宝玉抓紧学习，同贾兰一起考举人。

4. 宝玉此时既厌弃功名，又看淡了儿女之情。五儿向紫鹃抱怨宝玉对女孩冷漠，紫鹃数落她之际，听到那送玉的和尚又要一万两银子来了。

--- 👆 **值得一问** -----------------------------------

首先，再次写太虚幻境的目的是什么？

第一，形成呼应。宝玉两次进入太虚幻境正好是在小说的开端和结尾。两次"太虚幻境"其实都是为了揭示《红楼梦》"大旨谈情"的主旨。至于说情真情假，执迷于情还是超脱于情，则是个人的选择。形成呼应的还有"金陵十二钗"等人的命运。宝玉第一次进入太虚幻境时设置了各色人物命运的悬念，这一回则揭示了各色人物命运的谜底。第二，形成对比。如果说宝玉第一次进入太虚幻境是"执迷不悟",那么这一次就是"大彻大悟"。在第一次进入太虚幻境的时候,警幻仙姑先是引导宝玉看隐含众人命运的册子,后来又让宝玉听《红楼梦》的曲子,再是授之以男女之事,希望他能悟得真谛。结果宝玉不仅没能悟得,反而愈加地讨厌世俗经济,唯独沉迷于儿女情长。而这一回的太虚幻境让宝玉知道,众人的命运在冥冥之中已经被安排好了,一切的情感最终都会归于虚无,所以不必有执念。第三,交代了去世众女子的归宿和宝玉的告别。太虚幻境中出现了晴雯、鸳鸯、尤三姐、凤姐、秦可卿、迎春和黛玉。这些女子最终都回到了太虚幻境,超脱了世俗之情。除了尤三姐,其他的女子和宝玉都是不带情感地交流。我觉得这是宝玉放下的根源,因为他发现了尘世中多么魂牵梦萦的情感,都会趋向最终的"无情"。

其次,五儿的抱怨是为了说明什么?

我们先看看五儿跟紫鹃抱怨了什么。她说"头里听着宝二爷女孩子跟前是最好的,我母亲再三的把我弄进来。岂知我进来了,尽心竭力的服侍了几次病,如今病好了,连一句好话也没有剩出来,如今索性连眼儿也都不瞧了"。这番话说明了如下几点。第一,五儿及其家人动机不纯。给宝玉当差,是许多年轻女子的梦想。像之前的红玉,现在的五儿,都是这一类人。家人和女孩儿都有自己的打算,宝玉待下人很好,尤其是女孩子,在他房里当差首先不会受苦。第二,贾政袭了爵位,宝玉将来会接手荣国府,正经的当家人,能成为当家人的奴才,那地位也是非同一般的。她们认为,宝玉是酒色之徒。心里想着万一被宝玉看上了当个姨娘,全家都跟着乐。第三,宝玉彻底放下了儿女尘缘。之前宝玉对待女孩子们是万般温柔的,而他如今的态度正好说明了宝玉彻底放下了儿女情长。五儿跟晴雯长得很像,所以,宝玉曾把对晴雯的情感转移到了五儿身上,结果五儿彻底误会了宝玉的情感。想着宝玉当时的温情,和如今的冷漠对比,五儿当然失望。第四,验证了紫鹃内心的疑惑。紫鹃对宝玉看到黛玉灵柩离开的冷漠态度非常不满,认为宝玉没良心,且对房里的人都冷冷的,紫鹃觉得奇怪。而五儿的抱怨使紫鹃更加确定了宝玉态度的转变。

☑ 考　点

1. 惜春认为当年妙玉扶乩"入我门来一笑逢"的"入我门"三个字大有讲究,她认为是什么意思呢?

_____

_____

2. 这一回紫鹃送了黛玉的灵柩回来,她对宝玉非常失望,原因是什么?

_____

_____

✿ 学习笔记

第一一七回

阻超凡佳人双护玉　欣聚党恶子独承家

📋 **情节概要**

---

1. 和尚向贾府索要一万两银子，宝玉要把玉交还给和尚，袭人和紫鹃死死拉住宝玉，王夫人来了，同意让宝玉见和尚一面。

2. 王夫人问小厮宝玉与和尚的对话，众人都听不懂。直到宝玉回来说和尚不是要钱，是要让宝玉常去他那里。

3. 贾琏接到贾赦病重的书信，要去看望。他安排了贾蔷和贾芸看家，并把巧姐托付给王夫人照顾，并劝王夫人成全了惜春出家的愿望。

4. 贾芸、贾蔷送走了贾琏，在外书房住下，随后聚众赌博，饮酒划拳，一起说凤姐的坏话，并打算卖了巧姐。

5. 贾雨村因贪污获罪。惜春立意出家，尤氏只好答应了惜春的请求。

👆 **值得一问**

首先，邢大舅讲的笑话有什么作用吗？

邢大舅讲了元帝庙总是遭盗，元帝请教土地公，土地公教他砌上墙。可是元帝庙太穷，就用了龟将军的肚子挡了门口当作墙，结果还是遭盗。土地公刚开始说这是一堵好墙，仔细一看，说难怪遭盗，原来是一堵假墙。第一，讽刺贾蔷不靠谱。贾府这个时候是真的没有人了，以至于贾琏去看父亲的时候找不出能守家的男人。所以，只能找了贾蔷和贾芸。这两人都是眠花卧柳式的花花公子，只擅长吃喝玩乐。贾琏让他俩住在外书房是守家的，结果两人召集了一群狐朋狗友吃喝聚赌，这当然是不靠谱。我说龄官出去，应该是嫁给了贾蔷，嫁给这样的人，结局估计不会好。第二，影射了要偷盗贾府的"巧姐"这件事。这个故事说元帝庙遭盗，后面就安排了贾环和贾芸等人打巧姐的主意，准备把她卖给外藩王爷，换点银子。而看家的贾蔷，根本就不能真正履行职责。不过幸好是"假墙"，没能看住巧姐和平儿，否则后果还真是不堪设想呢。第三，写出邢大舅等人的庸俗和无聊。大家喝酒，贾蔷本来是要行酒令的，行酒令还挺文雅。可是，邢大舅根本就没什么文化，所以要求唱曲子或者讲笑话。看看，都结交些什么庸俗之流，结果笑话取笑到了贾蔷自己的头上，也是活该。

其次，贾琏为什么要把巧姐儿托付给王夫人而不是邢夫人？

按理说，邢夫人是巧姐正经的祖母，要托付也应该是托付给邢夫人。但是，贾琏没有这么做。第一，邢夫人是一个目光短浅的女人，只能看到眼前的利益。这一点，从她支持贾赦娶鸳鸯就可以看出来。她觉得鸳鸯一定会答应，毕竟姨娘是半个主子。她不能分析鸳鸯于贾母而言的意义，不能分析鸳鸯的心理，结果碰了一鼻子灰。第二，邢夫人唯利是图，薄情寡恩。邢岫烟是她的亲侄女，她尚且能克扣她的月例，让邢岫烟在大观园受寒挨冻，连宝钗都看不下去。对待名义上的孙女儿，估计也好不到哪儿去。第三，邢夫人对贾琏和凤姐不满。贾琏和凤姐原本是贾赦家的人，结果却在贾政这边管家，两人也更巴结王夫人而冷落邢夫人。邢夫人对这些心怀不满，贾琏心中也清楚。所以邢夫人恶其余胥，自然也讨厌巧姐。第四，王夫人和凤姐更亲密。凤姐是王夫人的侄女，又是侄媳妇，这双层的关系可谓亲上加亲。所以贾琏把巧姐托给了王夫人。

✔️ **考 点**

1. 陪酒的人说外藩王爷要选一个妃子，其他人都不大理会，只有一人动心了，是谁？

_____

_____

2. 贾环说妙玉被抢去、死了,他才趁了愿。贾环为什么那么讨厌妙玉?

_____

_____

🍂 学习笔记

第一一八回

记微嫌舅兄欺弱女　惊谜语妻妾谏痴人

情节概要

1.惜春要修行,王夫人问众丫头谁愿意跟惜春修行,紫鹃表示愿意,宝玉非常支持,并念了关于惜春的判词。

2.贾政送贾母灵柩南行,闻得镇海统制钦召回京,想来探春可以回家。向赖尚荣借银五百两,赖尚荣却只给五十两,贾政生气退还。

3.贾环和贾芸谋划把巧姐卖给外藩,王仁得知找邢大舅,在邢、王二夫人前说尽好处,邢夫人安排巧姐相亲,平儿觉得此事蹊跷。

4.宝钗看宝玉读《秋水》,宝玉和宝钗谈赤子之心,二人解读不同,宝钗、袭人劝宝玉好好读书考举业,贾兰找宝玉看文章,宝玉从此一心攻读举业文章。

值得一问

首先,贾政向赖尚荣借银五百两,赖尚荣就给五十两,说明了什么?

第一,赖尚荣忘恩负义,鼠目寸光。不要忘记,赖尚荣能够当知县,倚仗的是贾府的财和权,这一点赖嬷嬷说得非常清楚。赖家世代是贾府的奴才,也就是家生奴才的身份。也正是因为这一点,赖大才能当上荣国府的管家,而贾府也开恩给赖大的儿子赖尚荣以自由的身份,而后又为他捐了前程当了知县。否则,赖尚荣还在贾府当奴才呢!而贾政缺钱借个五百两都不肯借,可见此人的忘恩负义。至于鼠目寸光,那就是赖尚荣怕贾政从此就赖上了自己,所以努力哭穷,弄了五十两打发贾政,只能说他太不了解贾政的为人了。贾府虽然失势,但是多年积累的人脉关系非同小可,对付一个小小的知县,易如反掌。所以,赖尚荣自己也怕引火烧身,干脆装病辞职,大好前程都被自己毁了,可见此人之短视!第二,贾府财力亏空之极。贾政是一个非常看重面子的人,当时程日兴就提过,经过赖尚荣的地方可以向赖尚荣要点儿银子。贾政觉得向自家奴才要钱不成样子,当时拒绝了。可是贾政最终还是向赖尚荣要钱,可见贾府之亏空。第三,贾政为人宽厚实在。贾政向赖尚荣要五百两,天地良心真的是一点都不算多!你想当年刘姥姥跟贾府打秋风,单银子就是一百多两,加上其他的物品折合银子,绝对五百两以上。所以,五百两银子在贾政看来,那真的是小钱。而赖尚荣真的如自己所说的那么拮据吗?显然不是,赖尚荣的弟弟亲口说自己的哥哥"手长",那就是贪污,说明他不缺钱。第四,贾府势力衰微,赖尚荣也不把贾府放在眼里。赖尚荣明明有钱,却不愿意给,说明此时赖尚荣根本不把贾府放在眼里,只拿出五十两银子,这个举动惹怒了贾政,钱直接不要了。毕竟病倒的老虎余威还在,贾政这番动作吓得赖尚荣装病辞职了。

其次,宝玉向来厌恶举业,为什么在这一回愿意静心学习?

第一,为了尽最后的孝道。考得举业是贾府复兴的希望,也是贾政对宝玉心心念念的要求。宝玉决心向佛,而在进入佛门前,他想完成贾政的心愿。第二,为了成全妻妾的愿望。薛宝钗和袭人都希望宝玉能考得举业,光宗耀祖。宝玉投身佛门,伤害最深的人除了父母就是宝钗和袭人。宝钗从此要独守空房,袭人更是连个名分都没有。所以,考举业算是对妻妾的一个交代。第三,为了恢复贾家的世泽,也给贾兰树一个榜样。贾宝玉虽说抛开了尘世,但是他想在最后给贾家一个交代。贾府是需要人去振兴的,按理说这担子在宝玉身上,可是宝玉要出家,他考得功名既是给贾府一个交代,也是给贾兰树一个榜样,宝玉知道贾兰是贾府振兴的唯一希望。第四,是与世俗的最后告别。这种告别方式挺独特,宝玉最讨厌的就是举业,最后竟然考中第七名。这既是对世俗的讽刺,也是表明自己彻底放下了世俗。最厌恶的都看开了,世俗中也就没有什么不能割舍了。

--- ☑ **考 点** ---

1. 宝玉听到紫鹃出家为什么先哭而后又支持紫鹃？

   _____

   _____

2. 平儿是如何觉察出来贾环等人说与巧姐的婚事有诈的？

   _____

   _____

✎ **学习笔记**

第一一九回

中乡魁宝玉却尘缘　沐皇恩贾家延世泽

情节概要

1. 宝玉和贾兰去考试,众人相送。宝玉和众人告别,王夫人、宝钗二人如生离死别一般悲戚。

2. 贾环跑到邢夫人处商量要嫁了巧姐,邢夫人的丫头跑去告诉了平儿,平儿求王夫人相救。

3. 刘姥姥来拜访贾府,提议将巧姐藏到自己村里,王夫人和平儿依计行事。

4. 那外藩王爷本想买民女使唤,得知是贾府的小姐,因而下令责骂,王仁等吓得鼠窜。王夫人故意向贾环要巧姐,贾环等人各处寻找。

5. 考试结束贾兰回来告诉众人宝玉丢了,李贵等人分头去找不见踪迹。探春回家也是苦等宝玉消息。

6. 宝玉中了举人第七名,贾兰中了一百三十名。皇帝免了贾赦、贾珍的罪,还让贾珍仍袭了宁国三等世职。

7. 巧姐回到荣国府,贾琏非常感激王夫人。

值得一问

首先,宝玉去考试为什么独王夫人和宝钗像是生离死别,几乎失声痛哭?

宝玉去参加科举按理说是遂了王夫人和宝钗的愿，为啥她俩哭得那么伤心呢？

第一，宝玉从来没有远离过她们，第一次离别，彼此都非常不适应。尤其是老母亲和妻子，对于宝玉的第一次离别，而且还是好几天，心里是非常空落落的。第二，宝玉的话勾起了她们的伤心事。宝玉跟王夫人说："母亲生我一世，我也无可答报，只有这一入场用心作了文章，好好的中个举人出来。"听了这番话，王夫人马上想到了贾母，想到了许多的伤心事，所以王夫人哭得更加伤心。第三，从宝玉的话里感受到了不祥的预感。"那时太太喜欢，便是儿子一辈的事也完了，一辈子的不好也都遮过去了""我自己也知道该走了""走了，走了！不用胡闹了，完了事了"，这些话在当时的情境看，既是奔赴考场与家人的告别，也是投向空门与世俗的告别。其他的人只感受到了第一层的意思，而王夫人毕竟母子连心，隐隐感受到了彻底离别的悲伤；宝钗则聪慧异常，自然也感受到了异样的悲情。

其次，贾环为什么敢卖了巧姐？

第一，贾环最恨凤姐，他其实是想趁机报仇。贾环对凤姐的嫉恨很好理解，一方面凤姐对待赵姨娘非常不好，赵姨娘是贾环的母亲，所以贾环对凤姐是有恨的；另一方面，凤姐对贾环挺严格的，比如在第二十回的时候，贾环和莺儿赌钱输了，凤姐就教育他大度些要有爷的样子。我觉得严格归严格，其实凤姐对贾环是不错的，可是自卑如贾环也就只能感受到严格，没能感受到温情了。第二，贾琏不在家，贾环趁机使坏。这个时候贾琏因为贾赦生病去看父亲而不在家里，这就给了贾环可乘之机。第三，有邢夫人和王仁等当帮凶。贾环当然知道贾琏终有一天是会回来的，那个时候必然也纸包不住火。但是，贾环知道那个时候贾琏也不能拿自己如何，因为最终的决定者是邢夫人和王仁。邢夫人是巧姐的祖母，王仁是巧姐的舅舅，所以贾琏真要怪罪，那也是邢夫人他们的责任。所以，贾环才极力骗得邢夫人的同意。第四，贾环也是被嫉妒蒙蔽了心，同时也想从中捞一笔好处。贾环看到宝玉和贾兰去考试，他却因为赵姨娘去世而守孝在身不能参加考试。本来贾环不学无术，绝对考不上，但是嫉妒让人面目狰狞，贾环更不能忍受的是宝玉和贾兰去参加考试。所以，贾环想把火发在巧姐身上。另外，参与王仁卖巧姐的计划，贾环也能捞到一笔好处费，贪婪如贾环当然不愿意错过这个机会。

---- ☑考 点 --

1. 邢夫人被贾环欺骗要嫁了巧姐,最后是谁救了巧姐? 计策是什么?

_____

_____

2. 探春回贾府探亲,此回点出探春心情非常难过,能说说原因吗?

_____

_____

🍃学习笔记

第一二〇回

甄士隐详说太虚情　贾雨村归结红楼梦

--- 📋 **情节概要** --

1. 袭人于梦里看见宝玉跟着和尚，又恍惚听见说宝玉不回来就打发房里人走，袭人伤心不已。宝钗自叹命苦，又张罗给薛蟠赎罪。

2. 贾政收到家书，得知宝玉、贾兰高中，宝玉走失，喜中有悲。行至毗陵，在船中写家书的时候看见宝玉向自己下拜，贾政追之不及。

3. 薛蟠被赦免，薛姨妈建议将香菱扶正。贾政派人送信回家，将见宝玉之事说了一遍，众人大哭，薛姨妈安慰王夫人说幸好宝钗怀孕，有了依靠。

4. 王夫人和薛姨妈商量嫁了袭人，袭人不敢违拗。皇帝给宝玉赐了"文妙真人"的道号。巧姐嫁给了刘姥姥说的周家。袭人嫁给了蒋玉菡。

5. 贾雨村犯了事被贬为平民，甄士隐与之相遇，说了宝玉的归宿和贾府的未来，并送了难产而死的女儿香菱去了太虚幻境。

6. 空空道人又从青埂峰过，看见石头上的文字，抄录为《石头记》，交给贾雨村，贾雨村让空空道人转托给曹雪芹，曹雪芹戏称为"贾雨村言"。

--- 👆 **值得一问** --

首先，袭人为什么想着寻死又最终没能死成呢？

王夫人想着宝玉不回来，其他的丫头大的可以配人，小的直接服侍宝钗，唯独袭人不好处理。因为,王夫人已经把袭人当作宝玉的姨娘来对待,但是又没有来得及给袭人一个名分。所以袭人的身份就显得非常尴尬,她要是出去嫁人,却实际上已经是宝玉的人了;要是守在贾府又没有名分,给人笑话。王夫人和薛姨妈最终决定要把袭人嫁出去,所以袭人决定自杀。那最终为什么又没死呢?第一,袭人害怕辜负了王夫人的好意,所以决定不能死在贾府。袭人固然不愿意出去,因为她已经是宝玉的人了。但是袭人和宝玉之间的关系王夫人是不知道的,况且袭人又没有妾的名分。所以,王夫人是出于对袭人的关爱才让袭人的家人把袭人带着许配了人,毕竟要没有依靠又没有名分的袭人守寡太苦了。第二,袭人害怕辜负了哥哥花自芳,所以决定不能死在家里。为了妹妹的婚事,花自芳忙前忙后,袭人对哥哥是充满感激的。如果自己死在了哥哥家里,不仅哥哥会伤心,蒋家还要找花自芳要人。第三,袭人发现蒋玉菡百般温柔,又是姻缘前定,所以无所可死。袭人原本想死在夫家,结果发现蒋家人对待她非常敬重,蒋玉菡在结婚当日不仅没有逼迫她,反而极尽柔情,所以她害怕辜负了蒋家的好意。到了第二天,蒋玉菡看见自己的那条汗巾在袭人那里,所以拿出了宝玉送的袭人的汗巾,袭人相信和蒋玉菡是姻缘前定。

其次,为什么最后又安排贾雨村和甄士隐相遇?

第一,入世与出世的对比呼应。《红楼梦》以贾雨村和甄士隐开始,又以他们二人结束,非常的巧妙。小说的开始,是甄士隐给予五十两银子帮助贾雨村追求仕途,结束的时候又是甄士隐引导贾雨村出世。从后来空空道人找贾雨村抄《石头记》,贾雨村指引他去找一个几世几劫之后叫曹雪芹的人来看,他已然是经过甄士隐点化后的高人了。第二,对贾府后事的交代。通过二人对话引出"兰桂齐芳",实际上是对贾府未来的一个影射。"兰桂齐芳"这个成语指的是后代显达富贵,有出息。用在此处就是为了暗示贾府的后代,比如贾兰等人将重振贾府。第三,借助二人揭示小说的主题。《红楼梦》的主题太多了,但是大旨谈情是不错的。通过他们二人结尾,那就是"真事隐"去,"假语存"焉。世间多少的真情或假意,也就靠你自己去体悟感受了。

✔ 考 点

1. 甄士隐说尘缘未了,今日要去完结。甄士隐要完结的尘缘指的是什么?

_____

_____

2. 贾政收到了家书,为什么喜中有悲?

_____

_____

🍃 学习笔记